분석의 힘

기업의 혈관에 살아 있는 정보를 공급하라

분석의 힘

유태준·한광희 지음

교보문고

분석으로 경영하라

"Life is a sum of all your choices."

　프랑스의 소설가 알베르 카뮈는 "우리의 삶이란 결국 우리가 태어나서 오늘까지 행한 모든 선택의 합"이라고 말했다. 노벨문학상을 수상한 소설가답게 인생의 과정을 예술적으로 표현한 듯하다.

　사실 그의 말에는 인생을 넘어 기업의 경영에도 적용할 수 있는 빼어난 통찰이 담겨 있다. 기업을 경영하는 데 있어서 매 순간 의사결정이 이루어지며, 그래서 기업 경영의 요체는 바로 의사결정의 연속이라고 표현할 수 있다. 그렇기에 한 기업의 경영성과는 곧 그 기업이 지금까지 어떠한 의사결정의 행로를 거쳐 왔는가에 달려 있다.

　이를 너무도 잘 아는 경영자들은 매 순간 기업의 사활을 건 선택을 하고 있다. 올바른 판단을 신속하게 내리는 것은 잠깐의 방심도 허용하지 않고 빠르게 변화하는 비즈니스 환경을 살아가는 경영자들에게 주어진 가장 어려운 과제다. 오랜 시간 수많은 기업들이 올바른 선택을 위해 다양한 노력을 거듭해온 이유가 여기에 있다. 그리고 그들의 고민을 가까이에서 지켜보고 함께 해결하기 위해 노력해온 삼일회계법인의 컨설턴트들 역시 기업의 신속하고 정확한 의사결정을 위해 쉬지 않고 달려왔다.

모든 의사결정의 대상은 다가오는 미래의 일이다. 과거의 현인들은 미래를 내다보고 싶다면 먼저 과거를 돌아보라고 이야기했다. 기업을 경영하는 데 있어 '온고지신溫故知新'의 출발점은 데이터 분석이다. 덧붙여 과거를 돌아보되 어떤 데이터를 어느 관점에서 바라보느냐가 최선의 의사결정을 위한 핵심이다.

이 책은 분석경영에서 그 해답을 찾는다. 더불어 장황한 분석기술과 그 결과에 만족하지 않고 이를 활용해 실질적인 경영성과로 연결시키는 방법을 제시한다. 정보 인프라와 정보 활용 체계, 의사결정 프로세스와 정보분석센터 등 뚜렷한 목표와 실행에 초점을 맞추고 있다.

이는 우리 기업들의 경영 혁신을 위해 비즈니스 현장에서 선택의 기로에 서 있는 경영자들과 함께 고민하고 수많은 데이터를 분석해온 삼일회계법인 컨설턴트들의 경험에서 얻어진 결정체라 하겠다. 글로벌 경쟁이 일상이 되어버린 오늘날, 경영 일선에서 보다 나은 내일을 열어줄 의사결정을 위해 고민하고 있는 모든 분들에게 이 책이 훌륭한 길잡이가 될 것이라 믿는다. 독자들 모두가 이 책에 담긴 다양한 사례와 해법을 통해 당면 과제 해결을 넘어 지속적인 성장을 이뤄나가는 중심축이 되기를 기대한다.

삼일회계법인 회장

안경태

성공 기업의 열쇠, 분석과 통찰

이제는 우리 생활의 일부가 된 컴퓨터와 인터넷은 매일매일 엄청난 양의 데이터를 쏟아내고 있다. 스마트폰의 확산과 소셜 네트워크 서비스^{SNS}는 일반 대중의 데이터 생산으로 연결돼 마치 데이터의 홍수 속에 살고 있는 느낌이다. 한 조사기관의 전망에 따르면 전세계 디지털 데이터의 양은 향후 2년마다 2배로 증가할 것이라고 한다. 지금은 이처럼 기하급수적으로 늘어나는 데이터를 다루는 방법에 대한 고민이 필요한 시점이다.

　기업은 방대한 데이터의 생산자이자 소비자다. 불확실한 경영 환경 아래서 기업이 보유한 자원을 가장 효과적으로 사용하고 최선의 결과를 얻기 위해서는 양질의 정보에 기반한 의사결정이 필요하다. 기업에서 이루어지는 데이터의 수집, 가공, 전달, 활용 체계는 마치 사람의 신경계와 같아 모든 과정이 연결되어 있으며 작은 차이가 전혀 다른 결과를 가져오기도 한다. 그러므로 잘 분석되고 가공된 고급 정보를 기업의 경쟁력으로 연결시키기 위해서는 데이터를 정보로, 정보를 통찰력으로 발전시키는 노력이 필요하다. 가치 있는 정보를 만들기 위해 제대로 된 데이터를 정보로 체계화하고, 이로부터 통찰력을 얻어 기업의 특성지능으로 끌어올려야 한다.

역사상 최고의 리더이자 지략가로 알려진 이순신 장군과 제갈공명은 분석의 힘을 대표하는 인물이다. 이순신 장군은 평소 울돌목의 거친 물줄기 아래 규칙적인 조류 변화가 있음을 알아내고, 명량대첩에서 이를 이용한 전략을 펼쳐 단 13척의 전함으로 133척의 적함대를 물리쳤다. 제갈공명 역시 적벽대전을 치르며 그 지역에 북서풍이 동남풍으로 바뀌는 주기가 있음을 알아차려 화공을 펼침으로써 대승을 거뒀다. 그가 바람마저 뜻대로 다스린다는 명성을 얻은 것도 이때부터다.

기업의 경영자는 전장에 나선 군인과 같다. 매순간 정세를 확인하고 전력을 점검해 뛰어난 전략을 앞세워 생사를 건 실행에 나서야 한다. 이 책은 삼일회계법인의 컨설턴트들이 전장이나 다름없는 수많은 경영현장에서 얻은 경험과 깨달음의 결과다. 우리 기업들이 어떻게 데이터를 수집하고 분석하는 인프라를 구축하고, 효율적인 정보의 활용체계를 세워 신속하고 정확한 의사결정을 내릴 수 있는지를 말한다. 또한 이것이 성과창출이라는 승리로 이어질 수 있는 현실적인 방안도 제시하고 있다. 이 책의 모든 독자들이 경영 일선에서 맞이하는 엄청난 수준의 데이터 홍수 앞에서도 정확한 분석과 본질을 꿰뚫어보는 통찰력을 확보하고 승리하기를 기원한다.

삼일회계법인 컨설팅 부문 대표

장경준

분석으로 '소프트 경쟁력'을 키워라

최근 뉴스를 보면 'IT 강국의 몰락'이라는 말이 자주 등장한다. '대한민국은 지금 위기에 빠져 있다'는 기사도 쉽게 접할 수 있다. 이를 증명하기라도 하듯이 2011년 상반기 우리나라의 IT 수출 비중은 18년 만에 처음으로 30% 아래로 떨어졌다. 얼마 전부터 스마트 혁명을 주도한 애플과 구글 같은 기업들은 탄탄한 소프트웨어 경쟁력을 기반으로 다양한 서비스를 융합하는 전략으로 경쟁자를 압박하기 시작했다. 이에 대항해 우리나라의 IT 기업들은 세계 최고의 공급사슬관리Supply Chain Management 역량을 기반으로 한 제조 경쟁력으로 승부에 나섰다.

그러나 지금 우리는 변화를 선도하는 기업들의 선제공격을 막아내기에 급급한 상황이다. 수세국면을 전환시킬 모멘텀마저 찾지 못하고 있다. 얼마 전까지만 해도 경이적인 성장을 보이며 전세계의 주목을 받던 우리 기업들이 불과 1~2년 만에 살아남기 위해 몸부림쳐야 하는 기막힌 현실은 어디서부터 시작됐을까. 아마도 글로벌 IT 시장의 파워가 하드웨어에서 소프트웨어로 빠르게 이동하고 있기 때문일 것이다. 최근 들어 '소프트 경쟁력'의 중요성이 부각되고 있는 이유도 여기에 있다.

비단 거시적으로 보이는 상황뿐 아니라, 미시적인 개별기업의 경쟁력 강화 노력에서도 유사한 일이 벌어지고 있다. 1990년대부터 지금까지 우리나라의 기업들은 지속적인 혁신활동을 통해 경쟁력을 강화해왔다. 그 노력은 프로세스와 시스템, 그리고 기준정보라는 세 가지 영역에 집중되었다. 이 부분은 인간의 몸으로 이야기하자면 뼈와 근육에 해당되는 근골격계이며, 앞서 말한 IT 경쟁력으로 보자면 하드웨어에 해당된다.

한편 이런 혁신활동은 주로 전사적 자원관리Enterprise Resource Planning의 도입이나 기간계 시스템의 구축과 맞물려 이루어졌다. 그 결과 상당한 성과를 거둘 수 있었다. 군살을 빼고 날렵한 몸매와 근육질의 체형으로 변신해 누가 봐도 감탄할만한 외견을 갖추게 된 것이다. 그렇다면 다음 단계에서 필요한 것은 무엇인가?

운동선수가 경기에서 이기려면 아무리 몸매가 좋아도 예민한 운동신경이 필요하듯이, 기업이 경쟁에서 승리하려면 효율적인 업무처리는 물론이고 기업의 신경계인 의사결정 체계와 정보전달 체계를 제대로 갖춰야 한다. 게다가 이미 경쟁기업들도 동일한 수준으로 프로세스와 시스템, 기준정보의 표준화 수준을 끌어올린 상황이다. 그러므로 다른 차원의 성과를 창출하기 위해 정보의 활용을 통한 '분석의 힘'에 주목해야 한다. 이것을 우리는 개별 기업 차원에서의 '소프트 경쟁력'이라고 부르고자 한다. '분석의 힘'을 통해서 탁월한 경쟁력을 확보한 사례는 이제 글로벌 기업들에서 어렵지 않게 찾아볼 수 있는 정도가 되었다.

과거에 우리는 삼일회계법인 컨설팅팀과 함께 혁신활동을 진행한 여러 기업을 방문해 정보의 활용이 얼마나 잘 되고 있는지를 파악하고자 했다. 놀랍게도 일부 기업을 제외한 대부분이 매우 낮은 경영정보의 활용도를 보였다. 이때 기업의 담당자들과 정보 활용도를 높이기 위한 다양한 방안에 대해서 서로의 고민을 같이 나누는 시간을 가졌는데, 정보를 실제 성과창출로 연결시킬 체계를 만들어보고자 하는 깊은 고민과 갈증, 그리고 엄청난 열망을 느낄 수 있었다. 책을 쓰겠다는 결심을 하게 된 배경에는 이러한 문제제기와 자성이 존재한다. 그때부터 '어떻게 하면 우리 기업들이 정보를 잘 활용하고 분석해 실질적인 경영성과를 창출하도록 도울 수 있을까?'라는 본격적인 고민이 시작됐다.

먼저 'Corporate Intelligence'라는 이름의 T/F를 만들고, 성공 및 실패 사례를 수집해 근본원인을 분석했다. 그리고 문제를 해결하기 위한 처방을 각 분야의 전문 컨설턴트들과 함께 다양한 각도에서 끄집어냈다. 우리의 처방이 실제로 맞아떨어지는지 프로젝트의 실천을 통해 검증했다. 또한 모든 결과를 토대로 전체적인 프레임워크를 만들어 여러 차례의 세미나를 개최하고 기업의 담당자들과 공유하려는 노력을 지속했다. 우리에게 방문 컨설팅 및 설명을 요청한 기업들과는 집중적인 토론을 진행하며 보다 구체적인 대안을 찾아보기도 했다.

이런 다양한 활동의 결과, 여러 기업에 공통적으로 심각한 문제가 존재한다는 사실을 발견했다. 그에 대한 구체적이고 다양한 대안들이 이 책에 살아 숨 쉬고 있다. 《분석의 힘》에서 가장 중요한 것은 궁극적으로 기업 내에 '경영 분석전문가 조직Corporate Intelligence Center'을 신설하고 강화하는 것이다. 이는 기업에서 발생하는 모든 문제를 해결하기 위한 핵심이다. 기업의 방대한 정보를 분석하고 실행에 옮겨 성과를 창출하기 위한 분석전문가 조직이 기업에 성공적으로 정착되기 위해서는 '매뉴얼'의 역할을 할 수 있는 책이 필요하다고 생각했다. 이것이 이 책을 집필하게 된 첫 번째 목적이다.

다음으로 '분석전문가 조직'에서 활동하고 싶은 의욕이 넘쳐나지만 어디에서부터 어떻게 시작해야 할지 모르는 미래의 분석전문가들에게 길라잡이가 될 수 있는 분석방법론을 전달하고 싶었다. 기업 내에 다양한 기획부서들이 있는데, 여기에서 기획과 분석업무를 담당하는 구성원들이 기획력과 분석력을 높이는 데 도움이 되는 자기계발서가 되기를 희망한다. 이것이 이 책의 두 번째 목적이다.

책은 모두 5개의 커다란 줄기와 23개의 세심한 가지로 구성되어 있다. 첫 번째 파트인 '성과실현, 부뚜막의 소금도 집어넣어야 짜다'에서는 '감'이 아닌 '분석'으로 경영을 해야 하는 이유로부터 분석경쟁력을 확보한 기업들의 성공사례들을 소개했다. 다음으로 '스마트 워크, 분석경쟁력을 위한 기본을 사수하라'에서는 분석역량을 키우기 전에 갖춰야 할 세 가지 조건을 제시했다. '경영이슈를 중심으로 정보를 활용하라'에서는 고객과 시장이라는 기업 외부의 분석대상과 경영관리라는 기업 내부의 분석대상에 대해 놓치지 말아야 할 분석의 핵심 포인트를 정리했다. 다음으로 '의사결정 프로세스를 표준화하라'에서는 불확실성시대를 헤쳐나가기 위한 강력한 무기로 새롭게 제안하는 '전사 의사결정목록Chart of Decision Making'에 대한 소개와 이 책에서 말하고자 하는 핵심 중 하나인 의사결정 프로세스 표준화에 대한 내용을 언급하고 있다. 마지막으로 '기업의 혈관에 살아 있는 정보를 공급하라'에서는 결국 모든 일은 사람이 하는 것이므로, 앞에서 말한 모든 것들이 실제로 이루어지도록 하는 조직과 사람의 문제를 어떻게 풀어나갈지에 대해서 제시한다. 그리고 마지막으로 지속적인 성과창출을 위한 상시 개선체계를 제안하며 끝맺는다.

한편 이 책의 뒷부분에는 분석실무자들이 현장에서 활용할 수 있는 다양한 툴을 사례와 함께 제시했다. 이것은 삼일PwC가 실제로 기업현장에서 활용하고 있는 50여 개의 분석 툴 중에서 선정한 것이다. 실무에 활용할 수 있도록 작성한 것이니 한 단계씩 따라서 실습해 보면 분석실무자들의 역량 강화에 도움이 될 것이다.

또한 네이버에 카페(http://cafe.naver.com/pwcci)를 개설해 독자와 저자의 소통 공간을 마련했다. 독자들의 진심 어린 의견과 따끔한 질타, 그리고 새로이 분석했으면 하는 주제들에 대한 생산적인 대안을 공유하는 장이 되었으면 한다.

부족한 글이지만 많은 기업과 독자들이 이 책을 통해서 분석역량을 한껏 높여 빅 데이터 시대를 헤쳐나갈 소프트 경쟁력을 갖추길 바란다.

유태준

목차

PART 1 ▪▪▪▪▪▪▪
성과 실현, 부뚜막의 소금도 집어넣어야 짜다

PART 4 ■■■■■■■
의사결정 프로세스를 표준화하라

■■■■■■■■ **PART 1**

성과실현,
부뚜막의 소금도
집어넣어야 짜다

정보를 쌓아놓기만
할 것인가

턱 밑까지 차오른 데이터와 활용의 절박함

'기분 좋은 소리가 잠을 깨운다. 어제 저녁 다운 받아둔 음악이 알람 대신 울린다. 눈을 뜨자마자 스마트폰으로 날씨를 확인한다. 오늘의 일정을 체크하고 간밤에 들어온 e메일과 트위터를 살핀다. 뒤 이어 주요 기사와 인기 검색어까지 확인한다.

준비를 마치면 출근길에 나선다. 자동차에 올라타 스마트폰으로 인터넷 포털 사이트 다음의 지도 서비스에 접속해 실시간 교통상황을 살펴본다. 평소엔 혼잡하지 않은 출근길이지만 오늘은 사고가 발생해 꽉 막혀 있다. 지하철을 타고 출근하기로 한다. 무료 지하철 노선도 프로그램으로 가장 빠른 노선과 열차가 들어오는 시간을 확인해 탑승했다. 회사에 도착할 때까지 라디오를 듣거나 저장된 영화를 보며 지루함을 달랜다.

오전에는 거래처와의 미팅이 있다. 담당자가 건넨 명함은 명함 인식 프로그램을 이용해 연락처에 저장한다. 바로 회의가 시작됐다. 아침에 e메일로 발송해둔 파워포인트 자료를 바탕으로 이야기를 나눈다. 우리 회사에 유리한 방향으로 기분 좋게 회의를 마쳤다. 점심시간까지는 약 30분가량이 남은 시간, 트윗을 보내 함께 점심 먹을 사람을 찾는다. 곧 가까운 곳에서 근무하는 동창에게서 연락이 왔다. 근처 맛집에서 만나기로 한다. 재빨리 스캔서치 어플리케이션(스마트폰으로 거리나 사물을 비추어 주위의 상점이나 사물의 정보를 보여주는 영상 인식 검색 앱)을 작동해 그곳으로 이동한다.

점심을 먹고 업무를 처리하다 보니 어느새 퇴근 시간이다. 오늘은 여자친구의 생일이다. 며칠 전 미리 예약을 해둔 레스토랑에서 멋진 저녁을 먹기로 했다. 음식이 나오면 스마트폰으로 사진과 동영상을 찍어둔다. 이번 주말 블로깅과 미니홈피, 소셜네트워크 등에 올릴 생각이다.

바쁜 하루를 마감하고 집에 돌아와서는 어제 다운받은 영화를 보거나 다음 주말 공연을 예매한다. 잠자리에 들기 전까지도 카카오톡이나 트위터, 페이스북과 같은 소셜네트워크를 통해 주변 사람들과 대화를 주고받거나 중요한 의견을 전달하기도 한다.

스마트폰 유저 김대리의 평범한 하루다.

우리나라의 스마트폰 사용자는 이미 1,300만 명을 넘어섰다. 하지만 김대리처럼 다양한 기능을 활용하는 사람은 얼마나 될까? 한 통신업체의 조사에 따르면 열 명 중 한 사람만이 스마트폰을 제대로 활용하고 있는 것으로 나타났다. 스마트폰은 일반 휴대전화와 달리 PC의 구매비용에 버금갈 정도로 고가의 휴대기기다. 그럼에도 여전히 많은 사람들이 예전의 휴대전화와 같이 통화나 문자 송수신과 같은 기본적인 기능밖에 사용하지 못하고 있다. 손 안의 PC를 두고 전화와 게임, 음악감상에만 만족한다는 것은 비싼 돈을 주고도 제값을 하지 못하는 셈이다. 한마디로 낭비라고 볼 수 있다.

'상대성 이론'의 창시자 알베르트 아인슈타인은 20세기를 빛낸 최고의 천재로 손꼽힌다. 그는 현실과 괴리된 괴짜나 자폐증 천재 과학자의 모습과도 거리가 멀었다. 그럼에도 수학이나 물리학 등에서 뛰어난 두각을 나타냈으며, 상당한 수준의 바이올린 실력과 영화에도 조예가 깊어 예술적 기량까지 갖췄다는 평가를 받았다. 이러한 모습을 보면서 사람들은 그의 뇌가 분명 일반인들의 그것과 전혀 다를 것이라 추측했다.

1955년 아인슈타인이 76세를 일기로 사망하자, 미국 프린스턴 대학의 토머스 하비 박사는 기증된 그의 뇌를 해부했다. 분명 천재의 탁월한 지능을 설명할 근거를 발견할 수 있다고 믿었다. 그러나 의외의 결과가 나왔다. 보통 사람의 두뇌와 별다를 것이 없었던 것이다. 이후 하비 박사는 캐나다 연구진들에게도 아인슈타인의 뇌를 연구할 기회를 제공했다. 연구진들은 세계에서 가장 유명한 천재 과학자의 뇌와 정상적인 지능을 지녔던 35명의 남자와 56명의 여자의 뇌를 비교했다. 그들 역시 아인슈타인의 뇌가 많은 부분에 있어 일반인들의 뇌와 대동소이하다는 결론을 내렸다. 그의 뇌는 외형적으로 볼 때 특별한 점을 발견할 수 없었으며 크기와 중량에 있어서는 오히려 일반인들의 뇌보다 약간 가벼웠다.

그러나 한 가지 다른 사람들의 뇌와 다른 점이 있었다. 하부두정엽 부위의 뇌세포인 글리아세포가 특히 많았다. 이 부위는 해부학 전문용어로 '브로드만 39번' 영역이라 불리는 곳이다. 뇌과학자들에 의하면 하부두정엽은 시공간을 인지하고 수학적 사고를 돕는다고 한다. 이를 바탕으로 아인슈타인은 시각적 이미지를 수학적 언어로 변환시키는 남다른 통찰력을 가질 수 있었다.

그렇다면 아인슈타인의 39번 뇌영역이 발달한 이유는 무엇일까? 그것은 사고를 담당하는 뇌세포가 다른 세포들에 비해 엄청나게 많은 일을 수행한 결과다. 이는 곧 아인슈타인 스스로가 자신의 뇌를 매우 잘 활용했음을 뜻한다. 매순간 남들보다 열심히 사고하고 인식하는 데 최선을 다한 것이다. 덕분에 뇌신경세포 활동에 필요로 하는 에너지 공급과 신진대사를 돕는 세포가 발달했고 그는 세계가 인정하는 천재가 되었다. 결국 아인슈타인을 천재로 만든 것은 엄청난 사고 훈련으로 뇌를 활용한 그 자신이었다.

이렇듯 동일하게 주어진 것을 어떻게 활용하느냐에 따라 남들과 비슷해 쉽사리 눈에 띄지 않는 영역에서 살아가는 사람이 될 수도 있고, 그 이상을 창출해낼 수 있는 슈퍼맨이 될 수도 있다.

기업에서는 정보자산이 그러하다. 각자 보유한 고유정보를 활용하는 방식이 곧 기업의 성과로 연결된다. 효율적인 시스템으로 하나의 정보에서 열 이상의 결과를 창출해내는 기업이 있는 반면, 막대한 투자로 정보시스템을 구축해놓고서도 제대로 활용하지 못해 유효한 정보를 사장시키는 기업도 존재한다. 데이터만 계속 쌓이는 악순환이 반복되는 것이다. 심지어는 이미 최신 정보시스템을 갖췄음에도 똑같은 시스템 구축에 재투자하는 경우도 있다. 이처럼 허울뿐인 시스템을 제대로 활용하고 더 이상의 낭비를 막기 위해 이제는 기업과 조직원 모두가 움직여야 한다. 아인슈타인이 스스로를 천재로 만들었듯, 기업의 가치를 높일 수 있는 것은 오직 기업 자체와 그 구성원뿐이다. 지금부터 축적된 데이터를 끌어내 분석하고 활용하는 방법을 살펴보자.

■■■■ 성과를 얻고 싶다면 분석하고 활용하라

비즈니스 환경이 점차 글로벌화, 다각화 되면서 경쟁이 치열해질수록 기업은 정보기술IT로 중무장하고 있다. 각종 기술이 표준화의 로드맵을 그리는 상황에서 빠르고 정확한 정보를 보유하는 것만이 명확한 차별점이라 생각하기 때문이다. 기업이 정보기술을 받아들이는 속도는 점차 빨라지고 있으며, 이에 맞춰 정보관리 시스템에 투자하는 규모도 상상을 뛰어넘을 정도로 증가했다.

기업이 본격적으로 대규모 IT 투자에 집중한 것은 20여 년 전이다. 제품에 대한 소비자의 수요가 다양해지고 전자상거래가 시작되면서 '공급사슬관리Supply Chain Management : SCM'의 경쟁력 확보가 시급했다. 특히 납기와 재고량 등에 민감한 제조회사는 제조업자와 유통업자가 공동으로 필요한 시장정보를 데이터베이스화 해서 효율성을 높이길 원했다. 이를 위해 기업 내 통합정보시스템을 구축하는 '전사적 자원관리Enterprise Resource Planning : ERP' 투자를 시작했다. 특히 세계적인 기업들과 치열하게 경쟁을 벌이거나 글로벌 시장 진출을 앞둔 국내 기업의 경우, 최초의 투자에 그치지 않고 지속적으로 정보관리에 대한 대규모의 투자를 진행하고 있다. 그 결과 해외의 여타 기업에 비해 탄탄한 SCM 경쟁력을 확보했다는 평가를 받고 있다.

한편 IT가 제조회사의 설비공장과 같이 막대한 역할을 하는 금융기업에서는 차세대 기간계 시스템 구축을 중심으로 대규모 정보화 투자가 이루어지고 있다. 기간계 시스템이란 데이터의 분석이 아닌 처리 중심으로 운영되는 금융권의 영업을 영위하기 위한 메인시스템을 뜻한다. 보험의 경우 신계약에서 심사, 보전, 수금, 지급, 영업 및 지점관리 등 실제 거래를 처리하기 위한 업무를 지원하는 시스템을 말한다. 증권에서는 계좌의 신설과 해지부터 입출금, 송금, 대체 등 계좌관련 업무와 유가증권·금융상품의 매매 및 결제업무가 이루어지는 시스템을 담당한다.

최근 전산망의 자료가 대규모로 손상되어 여러 서비스 이용이 마비된 농협 사건과 175만 명 고객의 신용등급과 비밀번호까지 유출된 현대캐피탈 해킹 사태에서 보듯이 금융기관에서 IT는 비즈니스를 지원하는 역할을 뛰어 넘어 '비즈니스 그 자체'다. 따라서 기업의 효율적 운영을 위해 필요한 정보 시스템 구축과 여기서 생성된 데이터를 관리하는 기술은 기업의 사활을 건 요소가 되었다.

기업의 대규모 IT 투자가 순작용만 가져오는 것은 아니다. 정보시스템에 저장해야 하는 데이터의 양이 폭발적으로 증가하면서 이로 인한 부작용도 발생하기 시작했다. IT분야의 리서치 기업인 가트너그룹Gartner, Inc.의 조사에 따르면 최근 몇 년 사이 기업이 저장하고 있는 데이터의 양이 기하급수적으로 증가하는 추세를 보이는 것으로 나타났다. 2008년 한 해 동안 기업이 저장한 데이터는 5.8엑사바이트Exabyte : EB인데 2009년부터 2013년까지 5년 동안 필요한 데이터 스토리지는 무려 122EB라고 한다. 참고로 EB는 TB테라바이트의 100만 배라고 하니 무서운 속도로 정보량이 증가하고 있음을 알 수 있다. 이미 기업이 저장하고 관리하는 데이터의 양은 상상을 초월하는 어마어마한 규모로 급증했다. 실로 빅 데이터의 시대가 도래한 것이다.

여기서 우리가 짚고 넘어가야 할 문제는 '폭발적으로 늘어나는 데이터를 어떻게 처리할 것인가?'다. 대규모의 데이터가 활용되지 못하고 쌓여만 가는 상황이 기업에게는 점차 공포로 다가오고 있다. 버릴 수 없는, 그러나 사용 방법조차 알지 못하는 상황에서 기업은 울며 겨자 먹기로 무작정 생성되는 데이터를 쌓아두는 일밖에 하지 못하는 것이 진짜 현실이다.

기업이 빅 데이터를 해결할 수 있는 가장 확실한 방법은 한시라도 빨리 '부뚜막의 소금을 집어넣는 것'이다. 누구나 알다시피 여기서 부뚜막은 정보시스템이고, 소금은 데이터다. 집어넣는 것은 분석하고 활용한다는 것으로 해석할 수 있다. 그래야 짠맛, 즉 성과를 창출할 수 있다. 아무리 소금이 많아도 음식에 넣지 않으면 맛을 낼 수 없듯이 가치 있는 데이터를 잔뜩 쌓아놓고 있어도 그것을 업무에 활용하지 못하면 기업의 성장동력은 헛바퀴만 돌 뿐이다.

게다가 과거 소금이 귀하던 시절에는 한 꼬집의 소금만으로도 음식의 맛을 평가하는 기준이 될 수 있었다. 하지만 이제 소금은 어디서든 손쉽게 구할 수 있는 재료다. 중요한 것은 소금의 양이 아니다. 어느 시점에 얼마나 적정량의 소금을 음식에 넣어 감칠맛을 내느냐의 문제다.

정보 역시 마찬가지다. 기업 간 정보교환이나 소비자와의 소통이 어렵던 시절에는 모든 정보가 그 자체만으로도 가치 있는 것이었다. 점차 시간이 지나면서 통신망이 발달해 정보를 주고받는 것이 용이해졌다. 전문적으로 정보를 다루는 기업들이 공개하는 자료도 증가했다. 대부분의 업계에서 관련정보를 손쉽게 획득할 수 있는 시대가 도래한 것이다.

이제 IT 투자의 규모가 점차 커지고, 그로 인해 정보시스템으로부터 빅 데이터가 생성되는 현실에서 데이터의 분석과 활용을 통한 기업의 성과창출의 중요성은 아무리 강조해도 지나치지 않다. 데이터의 홍수에 빠져 익사하기 전에 꼭 필요한 정보를 선별하고 이를 활용하기 위한 분석체계를 도입하고 뿌리내려야 한다. 그것이 성장을 원하는 기업이 갖춰야 할 조건이다.

피터 드러커, 토머스 프리드먼과 함께 '세계 3대 경영전략 애널리스트'로 불리는 이 시대 최고의 경영 구루 토머스 데이븐포트는 분석의 중요성에 대해 다음과 같이 강조했다.

"경영자의 필수 덕목은 분석이다. 많은 기업이 넘쳐나는 데이터 속에 묻혀 있지만, 실제로 이를 효과적으로 활용하는 기업은 거의 없다. 분석적 접근법을 전략의 핵심이라 생각하고 부서 차원이 아닌 전사적 관점에서 내외부의 데이터를 활용해야 한다. 더불어 의사결정에 도움이 될 정보를 제공할 수 있는 모델을 구축해 활용할 필요가 있다."

이 말을 가슴에 새기며 지금부터 부뚜막의 소금을 넣는 방법을 알아보자. 몇몇 기업의 사례를 통해 정보의 활용 및 분석체계가 기업의 성패에 얼마나 중요한 영향을 발휘하는지 살펴볼 시간이다.

▪▪▪▪ 분석으로 금융위기를 넘긴 골드만삭스

2007년에 발생한 서브프라임 모기지 사태는 미국을 넘어 국제금융시장에 위기를 불러일으킴으로써 세계 경제위기의 단초를 제공했다. 이로 인해 수많은 기업이 타격을 입었다. 그중에서도 직접적인 연관이 있는 미국 내 금융기관들이 가장 큰 영향을 받으며 휘청거렸다. 미국 투자은행인 메릴린치Merrill Lynch, 모건스탠리Morgan Stanley, 리먼브라더스Lehman Brothers Holdings Inc. 의 당시 순이익 추이는 금융위기의 심각성을 보여준다.

2007년 서브프라임 모기지 사태 발생으로 금융위기가 심화됨에 따라 메릴린치는 2007년 1분기에 20억 달러였던 순이익이 3분기에는 20억 달러의 손실로 변했다. 4분기에는 무려 100억 달러에 육박하는 손실을 기록했다. 모건스탠리 역시 3분기에 60억 달러를 잃었으며, 리먼브라더스 또한 계속적으로 손실이 증가해 결국 파산했다.

그런데 이처럼 허망하게 무너지거나 심각한 손상을 입은 다른 기업들과 달리 서브프라임 이후에도 견고한 수익률을 달성한 금융기관이 있다. 글로벌 투자은행인 골드만삭스Goldman Sachs다. 골드만삭스는 금융위기에도 불구하고 4분기 당시 40억 달러의 순이익을 창출했다. 단순히 반짝 상승이 아니었으며 이후에도 꾸준히 수익을 달성했다.

골드만삭스가 성공적으로 금융위기에 대처할 수 있었던 원동력은 무엇일까? 이에 대한 여러 의견 중 가장 유력한 것이 뛰어난 정보 분석과 활용 능력이 골드만삭스를 살렸다는 내용이다. 대부분의 투자은행들이 IT에 집중 투자해 프로세스 효율화와 대규모 DB 구축에 성공했다. 그러나 이를 투자은행의 핵심인 위험헤지risk hedge에 활용하지는 못했다. 반면 골드만삭스는 내부 시스템에 바탕해 정교한 리스크 측정과 빠른 실행이라는 목적을 설정하고 종합적으로 데이터를 분석했다. 참고로 위험헤지는 금융자산의 가격변동위험을 줄이거나 분산, 제거하는 것을 의미한다.

서브프라임 모기지 사태 이전에는 골드만삭스도 리스크 측면에서 다른 투자은행과 비슷한 행동을 취했었다. 2006년 골드만삭스의 서브프라임 증권 보유액은 400억 달러에 근접했으며, 비유동자산 중 모기지 채권 및 부채담보부증권Collateralized Debt Obligation : CDO 보유액도 410억 달러로 전년도 대비 100억 달러 가량 증가된 상태였다. 그러나 2006년 12월에 위기를 감지한 골드만삭스의 최고재무관리자CFO 데이비드 비니어가 회의를 소집했다. 주요 리스크 매니저와 트레이더가 참석한 이 회의에서는 '서브프라임 모기지 시장구조의 취약성이 심화되고 있다. 따라서 우리는 관련 리스크를 헤지해야 한다'라는 전략적 결정이 이루어졌다.

8명으로 구성된 구조화 상품팀은 전략적 헤지 차원에서 기업의 부도위험 등 '신용'을 사고 팔 수 있는 신용파생상품인 '신용부도스와프Credit Default Swap : CDS'를 매입했다. 덕분에 2007년 3분기에 발생한 서브프라임 모기지 사태에도 불구하고 오히려 8억 달러의 추가 순이익을 달성했다. 이는 단순히 데이터를 쌓아놓는 데만 급급했던 다른 투자은행들이 위기에 휩쓸리거나 휘청거린 것과 달랐다. 데이터를 적절히 분석하고 활용한 결과로 위험 헤지라는 큰 성과를 얻은 것이다. 정보자산의 활용, 즉 분석에 기인한 기업의 의사결정은 이처럼 중요한 순간에 결정적인 힘을 발휘한다.

그에 반해 미국의 대표적인 보험사 AIG는 파생상품의 위험규모를 적절히 파악하지 못한 상태에서 수익증대라는 부분적인 가치에만 지나치게 집중했다. 위험관리가 제대로 이뤄지지 못하는 상황에서 서브프라임 사태라는 폭탄은 엄청난 손실을 초래했다. AIG는 데이터 통합과 분석에 많은 노력을 기울여왔다. 그러나 미래지향적 목적과 종합적 안목의 부재로 효과적 활용에 실패하고 말았다.

AIG에서 제공하는 금융서비스 중 AIGFP라는 기관이 있다. 이곳은 AIG 지분이 100%인 자회사로, 투자은행과 같이 파생금융상품을 전문으로 취급하는 금융기관이다. 2000년 이후 부동산 경기가 활황을 맞이하자 AIGFP는 약 4,410억 달러의 CDS를 매도했다. 이 무분별한 CDS 매도에 따라 외부환경에 대한 위험 노출도risk exposure가 급증했다. 서브프라임 모기지 사태 발생 후 AIGFP는 101억 달러의 영업손해를 보았고, AIG의 2008년 1분기 당기순손실은 78억 달러를 기록했다.

AIG는 과거 데이터 분석에만 급급해 CDS로 인한 미래 위험을 예측하지 못했다. 게다가 단기매출에 치중한 나머지 위험헤지라는 큰 목적마저 간과하고 말았다. 이렇듯 빅 데이터를 효과적으로 분석하고 활용해 성과를 이루기 위해서는 먼저 각 기업마다 추구하는 목표를 미래지향적으로 바라보는 시각을 갖춰야 한다. 그리고 이를 바탕으로 정성적 분석과 병행해 정교한 전략을 수립해야 한다. 이것이야말로 기업이 꿈꾸는 미래에 다가가는 지름길이다.

■■■ 패션에 최적화 알고리즘을 입힌 자라

데이터 분석과 활용으로 세계적 기업으로 거듭난 사례는 사양산업이라 불리는 패션업계에서도 찾아볼 수 있다. 글로벌 패션 브랜드 자라Zara는 '패스트패션fast fashion'의 대명사로 세계 패션계에 돌풍을 일으켰다. 패스트패션이란 현재 유행하는 패션 트렌드를 재빨리 포착해 패스트푸드처럼 신속하고 저렴하게 고객에게 제공하는 새로운 형태의 패션 비즈니스 모델이다. 자라는 이를 대표하는 글로벌 브랜드다. 1975년 스페인 서북부의 작은 가게에서 시작해 지금은 세계 400여 개 도시에 진출했다. 우리나라 역시 명동, 강남, 홍대 등 패션에 민감한 젊은이들이 몰리는 거리에는 어김없이 자라 매장이 자리 잡고 있다. 이름조차 생소했던 이 브랜드가 지속적인 매출 성장세를 이어가며 15% 이상의 영업이익률을 유지하는 세계적인 브랜드로 성장한 데는 최대 매출을 창출해낸 최적화 알고리즘이 존재한다.

일반 패션 브랜드의 경우 한 시즌에 판매될 의류는 보통 6개월에서 길게는 1년에 걸쳐 기획과 디자인, 생산, 유통 과정을 거쳐 매장에 진열된다. 그러나 하루가 다르게 새로운 유행이 생겨나고 그에 걸맞은 패션이 요구되는 시대에 1년 전에 기획된 제품은 이미 고루한 디자인으로 전락하기 일쑤다. 자라는 이러한 장기 기획 방식을 과감히 버렸다. 그리고 바로 '지금'의 유행을 신속히 포착하기로 했다. 불과 몇 주 안에 디자인에서 매장 진열까지 연결되는 과정을 완벽하게 이행하는 초스피드 공급방식으로 운영한다. 자라는 매주 화요일과 토요일에 제품을 출하한다. 같은 제품이 아니라 신제품을 1주일에 두 번 출시하는 것이다. 자라가 추구하는 브랜드 에센스는 'High street fashion'으로 트렌드를 선도하기보다는 따라잡아 시장을 선점하는 것을 목표로 한다.

또한 다양한 디자인에 대한 소비자의 니즈를 충족시키기 위해 다품종 소량생산 방식을 택하고 있다. 기존의 패션 브랜드는 시즌마다 약 3,000종 내외의 제품을 선보인다. 이에 비해 자라는 무려 1만 1,000종의 제품을 출시한다. 매장에 전시된 제품은 보통 한 달 정도면 수명을 다한다. 따라서 언제 어디서나 새로운 제품과 트렌드를 선보일 준비가 되어 있어야 한다. 자라 매장에서는 늘 새로운 제품을 만날 수 있다는 기대감은 소비자의 발길을 유도한다. 일반 패션 브랜드의 경우 고객의 연 평균 매장 방문 횟수가 3회 정도지만 자라는 무려 17회에 이른다. 자라의 전략적 경영의 효과가 입증된 셈이다.

유행에 뒤지지 않는 신속한 제품 출시와 다품종 소량생산 과정은 확실히 다른 브랜드에 비해 상당히 많은 비용이 요구되는 전략으로 보인다. 그럼에도 불구하고 자라는 이 방식을 고수하며 제품을 생산해낸다. 그것도 소비자의 눈에 확 띄는 저가의 제품을 말이다. 그 비결은 무엇일까?

미국 MIT의 연구에 해답이 숨어있다. 초기에는 자라 본사에서 전세계 모든 매장과 연결된 IT 네트워크로 물량을 조절해왔다. 그러던 것이 글로벌 팽창 전략으로 자라의 매장 수가 급격하게 증가하면서 전세계 지역의 실제 수요를 판단하는 데 한계를 느끼기 시작했다. 모든 매장을 직접 관리하는 자라로서는 매장마다 인기 제품을 서로 경쟁적으로 유령 주문하는 탓에 혼란이 가중되고 있었다. 이때 꺼내든 카드가 바로 MIT 공대와 협력한 '적정 재고량 산출' 방식이다.

당시 MIT 경영학과 교수로 재직 중이던 제레미 갤리언 교수는 '수학의 최적화' 방식을 유통에 응용하는 연구를 진행하고 있었다. 수학에서 말하는 최적화란 주어진 자원을 최대한 효율적으로 이용해 최대의 목적을 달성하는 방식이다. 당시 금융 포트폴리오 결정 및 제품의 주간 생산량 결정 등 다양한 분야에 응용됐지만 패션 산업에 적용된 사례는 아직 없었다. 그러나 수학의 최적화 문제와 재고 분배문제는 정확히 일치하는 부분이 있었다. 자라의 본사 창고에 있는 특정 제품을 전세계 매장에 적절하게 분배해 최대 매출을 올리는 것이 수학의 최적화와 정확히 괘를 이뤘다. 게다가 자라는 다른 패션 브랜드에 비해 발전된 중앙집중 네트워크 체제를 구성하고 있었다. 본사와 각 매장의 재고에 대한 데이터가 충분했고, 이 모든 것을 본사가 관리했기 때문에 재고에 대한 최적화 진행이 가능했다.

갤리언 교수는 우선 각 매장에서 독립적으로 이루어지던 제품 주문을 본사가 직접 관리할 것을 제안했다. 그리고 매장별 판매와 재고 데이터를 바탕으로 각 매장의 최대 매출이 아닌, 전세계 모든 매장의 매출의 합이 최대가 될 수 있는 분배 알고리즘을 개발했다. 이 과정에서 갤리언 교수는 각 매장의 재고량과 매출에는 흥미로운 상관관계가 존재한다는 사실을 발견했다.

제품이 특정량 이상 소비자의 눈에 띄지 않으면 판매가 미미하다는 것이다. 갤리언 교수는 이를 '노출 효과exposure effect'라 표현했다. 제품이 어느 정도 진열되어야 판매로 연결된다는 이들 관계는 특정 광고 없이 매장 디스플레이만으로 노출의 대부분을 차지하는 자라의 마케팅 특성에 기인한 것이다. 자라 매장을 방문했을 때 같은 제품을 한 벽면에 도배하다시피 진열하거나 여러 곳에 배치하는 것도 노출 효과를 통해 판매를 최대화하기 위한 전략이다. 어느 정도 노출이 된 제품은 판매량이 진열된 제품의 수와 비례해 증가한다. 그러나 일정 수량을 지나 더 이상 판매가 되지 않는 시기가 오는데 이를 '포화현상saturation effect'라고 한다.

이들의 상관관계를 통해 갤리언 교수는 과거의 재고 분배방식이 잘못됐음을 확인했다. 만일 특정 제품의 재고가 100개일 때 전세계 100개의 지점에서 이 제품을 원한다면 본사는 각 지점에 한 벌씩 공급했을 것이다. 그럼 모든 매장에 한 벌씩만 제품이 비치되는데 이 경우 노출 부족으로 제품이 판매로 이어지기 어렵다. 이때는 제품의 포화현상 지점을 파악하고 그에 맞춰 전세계 매장 중 몇 곳만 선정해 집중적으로 공급해야 한다. 만일 포화현상이 50벌에서 일어났다면 단 두 군데의 지점에만 공급하는 것이 제품을 모두 판매할 가능성이 높다.

갤리언 교수는 이러한 수학의 최적화 방식을 적용해 각 매장의 판매 데이터를 바탕으로 각 상품이 매장에 공급될 때 자라의 최대 매출을 달성할 수 있는 공급량을 산출하는 방식을 개발했다. 이 방식을 일부 매장에 도입한 자라는 평균 5%의 매출 신장을 달성했다.

현재 자라의 전세계 지점 판매 데이터는 본사 데이터망에 실시간으로 전송된다. 그것을 바탕으로 매장에 비치된 특정 제품의 재고와 그 제품을 통한 매출의 관계 그래프가 작성되면 최대 매출을 달성할 적정 재고량이 측정된다. 모든 매장은 이에 따라 제품을 진열한다. 이때는 각 제품이 모든 매장에 골고루 공급되는 것을 우선으로 하지 않는다. 매출을 극대화할 수 있는 매장에 더 많은 제품을 공급함을 원칙으로 한다. 지금 자라는 사양산업이라 평가 받던 패션의 중심에서 세계 일류 브랜드의 중심으로 이동하고 있다. 여기에는 누구도 신경 쓰지 않았던 정보에 집중한 자라의 노력이 숨어 있다.

우주 항공학이나 반도체와 같은 첨단 기술이 패션에도 적용되는 시대다. 이제 새롭고 성공적인 비즈니스 모델은 태어나는 것이 아니라 만들어지는 것이다. 자라의 성공이 이를 증명한다.

■■■■DVD 시장을 장악한
넷플릭스의 시네매치 시스템

자라와 같은 패션 산업이나 첨단과는 거리가 먼 비즈니스 분야에서 데이터 분석을 통해 정보의 재탄생으로 성공한 사례를 찾을 수 있다. 데이터의 분석과 활용은 그 방식 자체가 때로는 새로운 비즈니스 시장의 가능성을 열어주기도 한다.

미국의 넷플릭스Netflix는 DVD영화 대여라는 사양산업을 고객 데이터 분석을 통한 차별화를 통해 새로운 첨단산업으로 재탄생시킨 미국 최대의 미디어 기업이다. 스탠퍼드 대학 컴퓨터 공학자 출신이자 평화봉사단에서 수학을 가르치는 자원봉사를 하던 리드 헤스팅스는 1997년 인터넷 DVD

영화 대여업체를 창업했다. 당시 시장 1위를 고수하던 기업인 블록버스터 Blockbuster를 10년 만에 몰아내고 업계 최고 기업으로 부상한 원동력은 다름 아닌 영화 추천 알고리즘이다.

헤스팅스는 많은 사람들이 영화를 빌려 볼 때 어떤 영화를 볼까 망설인다는 사실에 주목했다. 그는 수학자, 컴퓨터 공학자, 인공지능 엔지니어 등을 영입해 가입회원의 DVD 클릭 패턴, 검색어, 실제 DVD 대여목록, 시청한 영화에 부여한 평점 등의 데이터를 기반으로 회원의 취향을 분석했다. 그 결과를 가지고 자동으로 고객을 위한 DVD를 추천하는 시스템인 '시네매치Cinematch'를 개발했다. 80% 이상의 정확도를 자랑하는 이 시스템은 회원의 대부분이 시네매치가 추천한 DVD를 대여할 정도로 영향력이 크다. 게다가 꼭 1순위 추천이 아닌 다음 추천 DVD를 봐도 회원들은 별다른 불만을 보이지 않는다. 축적된 데이터에 의한 치밀한 분석이 있기 때문에 추천한 어느 영화를 봐도 만족하는 것이다.

흔히 영화는 감성산업이라고 한다. 하지만 넷플릭스는 수치화하기 힘든 고객의 취향을 분석해 DVD 대여 사업을 첨단산업으로 일궈냈다. 창업 이래 꾸준한 성장률을 기록하며 전체 산업의 기조마저 바꿔놓은 그들의 모습은 축적된 데이터의 치밀한 분석경영이 가져다주는 효과가 얼마나 큰지 보여준다.

넷플릭스의 시작은 '이 많은 DVD 중에서 어떤 영화를 골라볼까?'라는 소비자의 귀차니즘을 해결해준 데서 시작했다. 하지만 미국 온라인 DVD 시장의 95%를 장악하며 오프라인 비디오 시장까지 정복한 티핑포인트는 영화 추천 알고리즘이 상당히 정확하다는 데 있다. 게다가 시네매치는 재고관리에도 도움을 준다. 회원들이 흥미를 가질 만한 DVD 목록 가운데 상대적으로 수요가 적은 DVD를 먼저 추천함으로써 재고 조절이 용이하도록 돕는 것이다.

넷플릭스의 수익구조는 영화배급사와 계약을 통해 대여 편당 일정 금액을 배급사에 지불하는 방식에서 결정된다. 엄청난 마케팅 비용을 쏟은 할리우드의 상업영화의 경우 넷플릭스가 배급사에 지불해야 할 금액이 높다. 반대로 저예산 영화나 독립영화의 경우 넷플릭스가 지불해야 하는 금액은 낮다. 넷플릭스의 편당 수익률에 있어 독립영화가 할리우드 상업영화보다 유리하다. 회원들에게 수준 있는 독립영화를 추천하는 것도 이 때문이다.

사실 회원의 입장에서도 나쁠 것은 없다. 상업영화에 대한 정보는 이미 TV나 광고 등을 통해 접했을 가능성이 높다. 반면 독립영화는 마니아층이 아니면 정보를 얻기 힘들다. 이러한 환경에서 넷플릭스는 다양한 독립영화를 회원의 데이터에 기반해 눈높이에 맞게 선별해 준다. 회원의 입장에선 자신의 취향에 맞는 새로운 영화를 볼 수 있어서 좋고, 독립영화 제작자의 입장에선 관객에게 다가갈 수 있는 새로운 루트를 확보할 수 있으니 좋다. 결국 영화산업 전체가 성장할 수 있는 기회를 제공한 셈이다.

넷플릭스의 추천 알고리즘이 긍정적인 평가를 받는 것은 어느 쪽도 손해를 보거나 희생할 필요가 없는 시스템이기 때문이다. 데이터의 수집과 분석, 데이터의 정보화, 실행 및 검증과 개선을 반복한 분석경영은 넷플릭스와 고객, 그리고 영화산업 모두에 긍정적인 영향을 가져왔다. 넷플릭스는 창업 이래 매년 80% 이상의 성장률을 기록해왔다. 미국을 강타한 금융위기에도 쓰러지지 않고 13억 달러의 순이익을 거뒀다. 한치 앞을 내다보기 어려운 요즘, 후발주자로 시작했지만 DVD 업계의 판도를 바꾼 넷플릭스의 힘은 철저한 분석경영에 있음을 다시 한번 보여준 셈이다.

■■■■ 잘 분석한 데이터는 승리를 부른다

데이터의 분석과 활용은 기업뿐 아니라 스포츠에서도 널리 활용되고 있다. 스포츠는 비효율을 가장 싫어하는 서구 사회가 자기 고유의 논리적 체계로도 정복하지 못한 영역이다. 영국 프리미어리그에서 가장 돈이 많은 구단 첼시는 매년 수백 억 원을 들여 스타 선수를 영입하지만 단 한 번도 챔피언스리그에서 우승하지 못했다.

이번엔 미국으로 건너가 보자. 2000년대 초반, 메이저리그에서 부자 구단으로 손꼽히는 LA 다저스와 텍사스 레인저스, 뉴욕 메츠, 볼티모어 오리올스 등은 매년 수천 억 원의 연봉을 선수단에 지급했다. 연달아 우승을 해도 이상하지 않을 액수의 돈을 쏟아 부었음에도 이들은 줄줄이 꼴지를 차지했다. 이 가운데 빈약한 재정 상황에서도 좋은 성적을 내며 주목받는 팀이 있었다. 바로 오클랜드 애슬레틱스가 그들이다.

오클랜드 애슬레틱스는 같은 지구에 속한 텍사스 레인저스가 한 경기마다 승리를 위해 300만 달러를 지불할 때 고작 50만 달러밖에 지불할 수 없는 팀이다. 그럼에도 메이저리그에서 오클랜드보다 승리 횟수가 많은 팀은 애틀랜타 브레이브스가 유일했다. 덕분에 애슬레틱스는 무려 4시즌 연속으로 포스트 시즌에 진출하는 쾌거를 달성했다. 그런데 그 중 두 번이 메이저리그의 가장 부자 구단이자 몸값이 높은 선수들이 많은 뉴욕 양키스와의 혈전이었다.

어떤 강한 상대를 만나든 애슬레틱스가 취하는 전략은 동일했다. 바로 '낭비를 하지 않는 것'이다. 주변의 부자 구단들이 선수의 타율과 도루에 열을 올릴 때 애슬레틱스는 출루율과 사사구를 얻어내는 능력에 집중했다.

그들의 논리는 간단했다. 점수를 얻으려면 아웃카운트를 낭비해서는 안 됐다. 따라서 무슨 일이 있어도 참을성을 갖고 아무 공에나 방망이를 휘두르는 습관을 버리는 것을 우선시했다.

더불어 지난 수십 년 동안 메이저리그에 겹겹이 쌓인 비과학적 직관, 즉 미신을 돌파하기 위해 촘촘히 짜인 과학적 통계를 사용했다. 통계에 따르면 애슬레틱스가 포스트시즌에 진출하기 위해 얻어야 할 승리 횟수는 95경기 정도였다. 그리고 95경기에서 이기기 위해 상대팀보다 최소 135점을 더 많이 획득해야 했다. 이어서 자신들이 보유한 인내심 많은 선수들이 얻을 수 있는 점수와 상대팀에 내줄 점수를 계산해 보았다. 부상이나 시즌 중 트레이드와 같은 커다란 변수만 발생하지 않는다면 그들은 800~820점을 기록할 것이고, 650~670점을 내어줄 것이었다. 결국 애슬레틱스는 93~97경기에 승리해 플레이오프에 진출할 것이라는 결론이 나왔다.

애슬레틱스는 선수들을 트레이드할 때도 통계를 철저하게 이용했다. 그들은 특히 선수들의 갖가지 기록과 숫자를 있는 그대로 믿지 않았다. 예를 들어 매년 3할 2푼 7리를 기록하는 타자가 있다면 그는 분명 메이저리그 최고의 타자일 것이 분명하다. 그렇지만 그가 친 안타가 타점이나 득점으로 연결되지 않는다면 기록은 아무런 소용이 없었다. 기록은 기록일 뿐이라는 확신을 굳힌 애슬레틱스는 2할 7푼 4리를 쳐도 출루율과 장타율이 상대적으로 높은 선수를 선호했다. 앞선 타자가 무슨 수를 써서라도 누상에 진출해 있을 때 다음 타자가 장타를 쳐야 그들을 홈으로 불러들이기 쉽다는 생각에서다.

애슬레틱스가 투수를 선택하는 법은 타자와 정반대였다. 이는 곧 4구를 잘 내주지 않고 장타를 허용하지 않는, 마이너리그에서나 볼 수 있는 투수를 물색했다는 뜻이다. 더불어 어떤 위기 상황에서도 침착함을 잃지 않고 게임을 자기 것으로 만드는 나만의 룰을 가진 투수를 이상적이라 여겼다. 이는 이제 막 고등학교를 졸업한 투수들에게는 기대하기 힘든 능력이었다. 시속 150km가 넘는 속구를 날리며 혜성같이 등장한 고교생 괴물투수가 한순간 메이저리그에서 사라져버리는 것을 수차례 목격한 그들이었다. 게다가 통계상으로도 투수의 경기력이 구속이 아닌 나이와 경험에 비례한다는 것을 확인했다.

이러한 이유로 애슬레틱스의 드래프트 1순위 명단은 그들의 관점에서 굉장한 실력을 지닌 선수들로 가득 채웠다. 한 가지 다행인 사실은 메이저리그에 속한 나머지 29개 구단 중 어느 한 팀도 명단에 오른 선수를 굉장하다고 평가하지 않은 것이었다. 애슬레틱스를 따르는 또 하나의 행운은 그들이 지명하는 대부분의 선수들이 자신이 1순위로 지명되리라 생각하지 못했다는 사실이다. 덕분에 1순위 지명자들은 다른 구단이 지명하는 스타 선수들과 달리 높은 계약금 문제로 아옹다옹하지 않았다. 자신이 1순위에 지명된 사실만으로도 충분히 보상받았다고 느꼈다. 그들은 자신을 믿고 계약을 제시한 애슬레틱스에 감사를 표하며, 다른 팀의 1순위 지명자가 받는 계약금보다 턱없이 모자란 금액에도 손쉽게 서명했다.

애슬레틱스에 과학적 데이터와 통계를 도입한 인물이 바로 빌리 빈이다. 그는 선수시절 최고의 신체조건과 운동신경으로 주목받았다. 스카우터들은 베테랑의 직관을 덧붙여 그의 능력을 한없이 높게 평가했다. 대학 진학을 목표로 하던 빌리 빈은 스카우터의 등에 떠밀려 프로야구 팀과 계약을 맺었다. 이후 메이저리그와 마이너리그를 수시로 드나들며 최고의 시절을 허비했고, 급기야 27세에는 야구를 그만두었다. 그의 통산 타율은 2할 1푼

9리, 홈런은 고작 3개였다.

빌리 빈은 선수생활을 통해 스카우터의 미사여구는 모조리 거짓말이며 어떠한 과학적인 근거도 없다는 사실을 배웠다. 애슬레틱스의 단장에 취임한 그에게 괴물 선수를 발견했다며 접근한 스카우터의 감언이설에도 흔들리지 않은 그는 그동안 메이저리그가 손대지 않은 먼지 묻은 데이터에 집중했다. 출루율과 장타율, 사사구 비율 등을 분석해 경기에 맞는 최고의 선수들을 최적의 금액으로 영입한 애슬레틱스는 그렇게 재탄생했다. 그리고 메이저리그에서 가장 가난한 구단을 2000년대 최강의 팀으로 변신시켰다.

《머니볼》을 통해 국내에 소개된 빌리 빈의 이야기는 '데이터 야구'라 불리며 주목을 끌었다. 데이터 야구는 축적된 데이터를 바탕으로 상대팀의 전술을 이길 전략을 말한다. 최근에는 과학기술 및 통계, 카메라 등의 기술이 발달하면서 더욱 정교한 데이터의 수집이 가능해졌다. 이를 바탕으로 투수나 타자를 교체하거나 타자를 볼넷이나 사사구로 출루시키기도 한다. 야수들은 데이터를 통해 타구의 방향을 유추하고 미리 자리하는 것 또한 데이터 야구에 속한다.

우리나라에서 데이터 야구를 진행하는 것으로는 SK와이번스의 수장이었던 김성근 감독과 KIA타이거즈의 조병현 감독이 알려져 있다. 지난 2009년 한국시리즈에서 마주한 두 감독은 데이터 야구 신봉자끼리의 대결이란 사실만으로도 많은 화제를 낳았다.

애슬레틱스의 눈에 띄는 성공은 전통적인 고정관념을 깨고 새로운 대안을 받아들인 데서 시작됐다. 강속구, 높은 타율, 홈런타자를 보유한 팀이 강할 것이라는 직감이나 추측에 기반한 기존방식을 과감히 버리고 철저한 통계에 바탕해 선수들의 능력을 보다 정확하게 판단할 수 있는 새로운 척도를 만들었다. 그리고 누구도 관심을 기울이지 않던 팀에서 우승을 기대해 볼 만한 엄청난 팀으로 성장했다.

　데이터 야구의 진실은 한정된 자원을 효과적으로 배분할 수밖에 없는 우리 주변의 모든 경제활동에 적용이 가능하다. 우리가 승리하기 위해서는 단지 야구장이 아니더라도 기존의 선입관에서 벗어나 정확한 데이터와 통계에 입각한 효율적인 기준을 세울 수 있다. 모두가 등한시해온 데이터를 분석하고 그것을 바람직한 의사결정에 이용하는 것은 기업과 경영자가 갖춰야 할 필수조건 중 하나다.

투자를 했으면
성과를 내라
업무개선과 성과창출은 다르다

직장인의 하루 중 가장 큰 즐거움인 점심시간. 삼삼오오 줄지어 움직이는 넥타이 부대의 모습을 주의 깊게 살펴보면 어느 곳이 맛집인지 금세 알 수 있다. 사실 음식점만큼 성공과 실패를 쉽게 확인할 수 있는 곳이 없다. 짧게는 가게에 들어서는 순간부터 길게는 주문한 음식을 먹고 난 뒤까지 한 시간 남짓이면 성공할 것인지 실패할 것인지 대략 감이 잡히기 때문이다.

한때 옆집은 손님이 넘쳐나는데 우리는 파리만 날리고 있는 이유를 모르겠다는 식당 주인들이 열심히 시청하던 프로그램이 인기였다. '쪽박집'을 찾아가 환경과 매출 등을 살펴본 뒤 '대박집' 주인으로부터 성공비결을 배우는 창업 프로그램이다. 이 과정에서 방송국은 컨설턴트의 도움을 받아 설비, 및 인테리어 등을 지원한다. 프로그램은 변화를 모색한 '쪽박집'이 '대박집'으로 바뀌는 성공스토리를 보여주며 마무리한다. 하루에 고작 몇 만원의 매출로 연명하던 가게가 수십 배의 매출을 기록하는 극적인 반전이 눈

길을 사로잡기도 했지만 많은 사람들이 이 프로그램에 주목한 또 다른 이유가 있다.

작은 음식점 하나에도 핵심역량, 차별화, 정확한 포지셔닝, 고객만족, 조직문화와 같은 경영의 룰이 고스란히 적용되기 때문이다. 사실 대박집도 알고 보면 처음부터 승승장구한 것은 아니다. 작은 가게가 대부분 그러하듯 초기에는 모두가 시행착오를 거친다. 그 과정에서 몇 가지 사소한 차이가 생기는데 시간이 지날수록 이것이 전혀 다른 결과를 가져온다.

쪽박집 주인에게 왜 이렇게 장사가 잘되지 않느냐고 질문하면 그들의 대답은 한결같다.

"인테리어가 우중충하고, 메뉴가 다양하지 않아서 그런 것 같아요. 주방도 낡고 가게도 지저분하니 단골손님도 없어요."

틀린 말은 아니다. 하지만 대박집이 모두 세련된 인테리어에 다양한 메뉴를 선보이는 것 역시 아니다. 이 상황에서 무엇을 어떻게 해야 손님들이 몰려올지 논의해보자. 대박집과 쪽박집으로 나뉘는 극명한 차이가 보일 것이다. 한쪽은 적극적으로 변화를 모색하고, 다른 한쪽은 변화에 끌려다니기 바쁘다. 한쪽은 무엇을 다르게 할 것인가로 고민하고 다른 한쪽은 따라하느라 바쁘다. 한쪽은 주방장을 파트너로서 포용하고 같이 발전해 나가지만, 다른 한쪽은 잘 나가는 집 주방을 곁눈질하느라 정신없다. 그리고 한쪽은 대박집으로 다른 한쪽은 쪽박집으로 변신한다.

이제 대박집은 자신만의 스타일을 고수하며 단골손님을 확보해 나간다. 반면 왜 자꾸 실패하는지 모르는 쪽박집은 계속해서 새로운 주방설비나 인테리어에 투자하고 신메뉴를 개발하며 실망감과 배신감에 빠져든다. 앞으로 얼마나 더 많은 투자를 해야 손님이 몰려올지, 그저 막막할 뿐이다.

쪽박집은 확실히 식당 인프라를 개선하기 위해 많은 투자를 했고 실제로 다양한 개선이 있었다. 하지만 그것이 직접 손님으로 연결되지 않았으며 매출 또한 상승하지 않았다. 대체 무엇이 문제이며 쪽박집에서 벗어날 방법은 어디에 있을까?

투자 효과를 제대로 얻지 못하는 경우는 작은 식당뿐 아니라 막대한 자금을 투입한 대기업에서도 흔히 벌어지는 현상이다. 지금부터 투자한 만큼 성과를 얻는 기업의 조건에 대해 살펴보자.

▪▪▪▪ERP만 구축하면 성과를 실현할 수 있을까

어느 기업이 대대적인 업무 프로세스 개선을 위해 대규모 ERP 투자를 결정했다. 수십 억 원에 달하는 규모의 투자로 인해 어렵게 CEO의 승인을 받았다. 사내 최고 인력을 투입해 프로젝트 팀을 구성했다. 1년 이상 진행될 장기 프로젝트는 ERP 시스템만 구축되면 상당한 업무 개선이 이루어지고, 기업 내 모든 정보를 한눈에 확인할 수 있을 것이라 기대했다. 이를 바탕으로 프로젝트가 종료되는 동시에 수익증가와 원가절감이 가능할 것이라 공표했다. 이때부터 시스템을 성공적으로 오픈하기 위해 수많은 사람들이 각고의 노력을 기울였다.

ERP 시스템을 오픈하는 날, CEO를 비롯한 임원들과 프로젝트 팀원들은 모두 '이제 ERP 시스템이 구축되었으니 모든 정보를 한눈에 볼 수 있고, 우리 회사는 최고의 경쟁력을 확보할 것'이라는 꿈에 부풀었다. 그러나 시스템의 안정화까지 크고 작은 장애와 사고가 발생했다. 사용자들은 달라진

화면구성과 사용환경에 불만에 찬 소리를 쏟아내기 시작했다. 이들의 고충을 해결하는 데 급급한 프로젝트 팀원들은 처음에 꿈꿨던 성과 실현은 이미 잊은 지 오래였다. 하루 빨리 시스템이 안정화되어 현업부서로 복귀하고 싶은 마음만 가득했다.

이런 식으로 프로젝트가 마무리되고 나니 프로젝트 매니저는 CEO와 임원들에게 어떻게 성과를 보고해야 할지 난감했다. 설상가상으로 프로젝트가 끝났음에도 원하는 정보는 한눈에 들어오지도 않았다. 업무 프로세스 개선 효과도 아직은 확실히 나타나지 않았다. CEO의 입장에선 대규모 IT 투자에도 불구하고 정보의 활용은커녕 현장의 업무처리 방식도 마음에 들지 않으니 답답할 노릇이었다. 결국 담당자에게 문제해결과 ERP 활용에 대한 대책을 수립해올 것을 지시했다. 이런 상황에서 개선을 위한 추가 프로젝트의 추진이 필요하며, 이를 위해 추가 예산이 필요하다는 사실을 보고한다면 CEO의 반응은 어떠할까?

지나치게 과장된 사례라 생각했다면 재빨리 그 생각을 거두길 바란다. 이와 같은 일은 기업 현장에서 흔히 벌어진다. 이미 투자한 것이 있으니 추가 투자를 감행해서라도 눈앞의 문제를 해결하려는 것이다. 이들은 일반적으로 시스템의 범주 내에서 기록과 통계 등을 관리하는 '정보계'나 비즈니스 의사결정을 위한 데이터의 접근, 수집, 보관, 분석 등을 총칭하는 '비즈니스 인텔리전스Business Intelligence : BI' 투자로 ERP 활용의 문제를 해결하려고 시도한다.

'경영자 정보시스템Executive Information System : EIS'은 임원 및 관리자가 전략적으로 의사결정을 내리고 경영을 관리하기 위해 필요한 모든 정보를 조회할 수 있는 시스템이다. ERP와 동시에 EIS 구축 프로젝트를 진행한 D사는 경영정보시스템의 활용도를 높이고자 역할기반role-based EIS 방식을 구축했다. 역할기반 EIS란, 임원들이 필요로 하는 경영정보 데이터를 직접 파악하고 조회할 수 있는 화면을 맞춤형으로 구성하는 방식이다.

임원과 관리자의 업무 흐름을 파악하고 그들이 각자 개별적으로 관심을 보일 만한 화면들을 설정하는 것이다. 예를 들어 소매금융사업부의 경우, 팀장이 출근해 EIS에서 가장 먼저 확인하는 경영정보 카테고리와 데이터, 업무지시사항 등을 확인한다. 이를 기반으로 경영정보를 크게 일일정보, 월별정보, 손익관리, 전략관리 등으로 카테고리화한다. 이어서 각각의 카테고리에 포함될 화면에 대한 시나리오를 작성한다. 소매금융사업부는 대출과 연체현황을 매일 확인할 필요가 있으니 일일정보 메뉴에서는 대출실적현황과 연체율현황을 조회 가능하도록 구성한다. 월별정보, 손익관리, 전략관리에 대해서도 시나리오를 작성하고 EIS를 조회하는 모든 부서에 대해 동일한 작업을 반복해 최종적인 메뉴와 화면들을 구성한다.

최종 목적은 각각의 부서를 운영하는 데 있어 임원과 관리자가 필요로 할 관심사항 및 정보를 맞춤형으로 제공하는 것이다. EIS의 방대한 카테고리에서 유의미한 정보만을 빠르게 선택해 확인할 수 있으니 시간 단축은 물론 효율적인 정보 활용이 가능하다는 장점이 있다.

D사는 시스템의 활용도를 높이기 위해 막대한 노력을 쏟았다. CEO는 EIS 화면을 직접 띄워놓고 임원회의를 진행했다. 간부들을 대상으로 '정보 활용 경진대회'를 개최하기도 했다. EIS를 사용해 정보를 적극적으로 활용하는 직원에게는 별도의 포상을 하는 등 다양한 시도로 시스템의 효율성을 체감시키고자 했다. 그러나 1년 후 시스템 활용도를 조사한 결과는 처참했다. 직원들의 월평균 접속은 20회에 그쳤으며 임원의 70%가 매달 19.2회

라는 접속으로 척박한 활용도를 보여줬다. 결국 시스템은 구축한 지 1년도 지나지 않아 사장되기 시작했다.

D사의 문제는 과연 무엇이었을까. 정보를 활용하고 싶어 그에 걸맞은 시스템을 구축했다. 여기에는 막대한 비용이 필요하지만 의미 있는 정보를 얻어서 성과를 창출하기 위해서라면 그만한 대가는 치러야 한다고 생각했기에 과감히 투자한 것이다. 시스템을 구축한 뒤에는 활용도를 높이고자 다양한 방식을 시도했다. 노력을 안 한 것도 아닌데 어디서부터 무엇이 잘못된 것인지 확인할 방법이 없으니 그저 답답할 뿐이다. 이제 이들 기업은 정보를 활용하기 위한 노력을 포기해야 하는 것일까?

▪▪▪▪ 실행이 없으면 성과도 없다

다시 앞의 이야기로 돌아가 보자. 음식점 주인이든 대기업 CEO든 대규모 투자를 한 뒤에는 모두 같은 심정이다. '어떻게 해야 투자효과를 뽑아낼 수 있을까?'에 모든 신경이 집중된다. 이런 상황에서 추가 투자는 절대로 문제를 해결해주지 못한다.

음식점 주인에게는 실제로 손님을 끌어 돈을 벌 수 있는 방법, 즉 구체적으로 설비를 활용하는 노하우가 필요하다. 최신식 주방설비를 어떻게 잘 활용하면 맛깔스러운 음식이 나오는지, 인테리어에 어울리는 메뉴판까지 투자로 바뀐 환경을 최대한 활용하기 위한 교육이 필요하다. 그리고 계절마다 어떤 메뉴를 손님들에게 제공해야 하는지, 새로 들여온 주방설비로 만들 수 있는 음식을 구체적으로 조사해야 한다. 이렇게 준비한 것을 손님들에게 잘 홍보해서 실제로 방문할 수 있도록 하는 것이 목적이다. 나아가 한 번 방문한 손님들이 재방문하고 싶을 정도로 친절한 서비스와 응대도 잊어서는 안 된다.

대기업도 마찬가지다. 업무 프로세스 개선 효과를 실질적인 수익창출과 원가절감으로 연결시켜야 한다. ERP에서 나오는 고급정보를 활용해 성과를 창출할 방법이 필요하다. 이를 위해서 고객이 원하는 제품과 그에 어울리는 판매정책은 무엇인지, 원가를 절감하기 위한 프로세스를 새로 구성할 수 있는지 등 구체적인 행동으로 연결시켜야 한다. 이것이 바로 업무 프로세스 개선을 성과로 연결하기 위한 목적의식이 깃든 활동이다. 시스템 구축이 기둥이라면 목적의식적인 활동은 그 위에 덮는 지붕이다. 이제야 비로소 비를 피할 최소한의 여건이 마련된 셈이다.

그렇다면 어떻게 투자효과를 얻을 것인가에 대해 논하기에 앞서 '성과란 무엇인가'에 대해 정의해 보자. 기업의 성과란 궁극적으로 재무적인 효과를 얻는 것을 말한다. 좀 더 직접적으로 말하자면 수익의 증가나 원가의 감소 또는 위험의 감소로 나타나는 것이다. PwC는 이를 기대효과라 부른다. 여기서 반드시 짚고 넘어가야 할 것이 있다. ERP와 같은 IT를 기반으로 한 혁신 프로젝트를 통한 업무 프로세스의 개선 그 자체가 성과를 의미하는 것은 아니라는 사실이다.

예를 들어 제품의 95% 이상이 적시에 출하되었으며, 리드타임lead time이 50% 이상 감소했다면 우리는 이를 업무 프로세스 혁신이라 부른다. 프로젝트 자체는 성공적으로 진행된 것으로 볼 수 있다. 하지만 이 같은 혁신은 궁극적으로 재무효과로 나타나야 비로소 제 역할을 다한 것이라 평가된다. 적시에 출하된 95%의 제품들이 고객 만족을 통해 매출의 증대로 이어져야 하고, 리드타임의 감소가 비부가가치 업무의 생략으로 이어져 비용 감축을 달성해야만 성공이라 볼 수 있다.

그런데 이 같은 재무효과는 저절로 만들어지지 않는다. 업무 프로세스 혁신을 재무효과로 연결시키기 위한 목적의식적인 활동과 노력만이 목표를 현실로 바꿔준다. 예컨대 리드타임이 감소되었다면 이때 창출된 여유시간을 보다 부가가치가 높은 업무로 전환시키려는 별도의 노력이 필요하다는 것이다.

생명보험업계의 선두주자 중 하나인 A 보험사는 2000년대 중반에 '전사적 기업가치 혁신'이란 목표달성을 위해 재무 인프라 고도화, 의사결정 정교화, 성과평가 및 보상체계 선진화를 영역별 추진전략으로 내세웠다. 1년이 넘는 장기 프로젝트가 마무리되고 CEO에게 결과를 보고하는 날이 다가왔다. 프로젝트 책임자는 영역별 기대효과를 제시하면 충분한 공감을 얻을 것이라 예상했다. 그런데 보고 중간에 다음과 같은 CEO의 질문이 날아왔다.

"그 기대효과 금액이 올해 우리 회사 재무제표에 직접적으로 반영되는 겁니까?"

"…"

책임자는 얼굴을 붉히며 아무 말도 하지 못했다. 결국 CEO의 질문에 대한 답변을 반영한 추후 보고를 조건으로 발표는 마무리되었다.

CEO의 입장에서 리드 타임의 감소나 프로세스 자동화는 분명 긍정적인 성과다. 하지만 기업의 본질적인 목표인 성과 창출의 측면에서 볼 때 이는 확실한 만족을 주기엔 부족하다. '업무 프로세스 개선'과 '재무성과 달성'은 다르기 때문이다.

재무성과 달성은 개선된 프로세스에서 나오는 신속하고 정확한 정보를 활용해 비용을 절감하거나 매출의 원천인 고객을 유인하는 등의 세부과제 실행을 통해 성과가 측정될 때 가능하다. A 보험사 프로젝트 책임자는 추가 과제 달성을 위해 프로세스에서 산출된 정보를 활용해 구매비용, 판매관리비 등 세부비용 절감 및 고객 확보 계획을 도출했다.

우선 총액인건비제도를 통해 인력지원실에서 인건비 총액을 정해주면 각 부서가 정원 범위 안에서 자율적으로 인력을 운용할 수 있도록 했다. 여기서 정해진 한도 이상으로 인건비가 발생하지 않아 절감이 이루어졌다. 그리고 사무실 사용면적을 포함한 각 지점의 공간비용 관리에 들어갔다. 지점별 1인당 표준 사용면적을 지정하고 인테리어 시공비 절감과 구매비용 절감 계획을 세웠다. 또한 컬러 인쇄를 지양하고 문서 없는 회의paperless meeting를 본격적으로 도입했다. 판매관리비는 무분별하게 책정하기보다 투자수익률Return On Investment : ROI 산출을 통해 그에 합당한 수준에서 할당하고 관리했다. 마지막으로 지금껏 IT 비용의 70% 이상을 차지하던 IT 유지비용을 절감함으로써 원가절감의 지속적 실현과 재무성과 창출을 목표로 설정했다. 이를 위해 지속적인 모니터링과 프로세스 관리가 이루어지고 있다.

눈에 보이는 업무 프로세스 혁신임에도 이를 성과로 연결시키는 것이 이렇게 어려운데 눈에 잘 보이지 않는 성과인 정보 활용을 통한 성과 창출은 더할 나위 없이 까다로운 숙제다. 예전보다 훨씬 다양하고 정확한 정보가 신속하게 산출된다 해도 이를 활용하기 위한 별도의 노력이 없다면 손에 잡히는 성과 또한 없다. 높은 수익성을 보장하는 분석정보가 산출돼도 이를 이용해 전략적으로 집중할 상품이나 채널, 고객군을 찾아내고 실제 상품개발이나 마케팅활동에 활용하지 못한다면 그것은 죽은 정보와 같다. 그렇게 산출된 데이터가 그저 쌓여만 가는 상황에선 아무리 훌륭한 시스템을 갖춰도 기업의 성과 개선에 전혀 도움이 되지 않는다.

그럼 우리는 어떻게 해야 정보 활용을 통해서 성과를 창출하고 투자효과를 극대화할 수 있을까. 사실 성과 창출 프로세스는 단순하다. 정보 인프라 구축·수집·활용·분석·실행·성과 창출의 순서로 진행하면 된다. 다만 무엇보다 정보 활용에서 분석, 그리고 실행으로 이어지는 단계에 집중해야 한다. 이 세 단계가 작동할 때 방대하게 축적된 데이터가 비로소 그 힘을 발휘한다. 결국 데이터를 수집하는 것 자체만으론 아무런 성과도 거둘 수 없다. 대부분의 기업이 이 단계에 머물러 있는 우리나라는 아직 가야 할 길이 멀다. 수집된 데이터는 이를 '활용'하고자 하는 목적의식적인 노력에 의해서만 '분석력'을 갖고 더 나아가 '실행'으로 발전할 수 있다는 사실을 잊지 말자.

■■■■ 기업현장에서 풀리고 있는 정보 활용의 실마리

정보 활용 문제를 위한 노력이 계속 되면서 다행히도 해결의 실마리를 찾아가고 있다. 앞선 D사의 사례보다 진일보한 다음 C사의 사례를 살펴보며 정보 활용의 근본문제는 무엇인지 잠시 고민해 보자.

C사는 대규모 IT 투자를 마친 뒤 시스템에서 산출되는 대량의 정보를 최대한 활용하기 위한 방안을 수립했다. 이 회사가 정보의 활용도를 높이는 데 큰 관심을 갖는 것은 프로젝트의 후원자인 CEO가 "활용되지 않는 정보시스템을 구축하는 것은 부정행위와 동일하다"는 철학을 내세운 것에 강

한 영향을 받았기 때문이다.

C사는 프로젝트에서 산출한 정보를 분석해 경영 이슈를 제기하고, 현장과의 협업을 통해 대책을 수립하는 업무를 정기적으로 실시해 이를 일정한 업무로 정착시키는 것을 최종 목표로 설정했다. 따라서 다음과 같은 세 가지 목표를 갖는 조직을 신설했다.

첫째, 이미 구축한 시스템에서 산출되는 정보 활용을 통한 데이터 분석 및 비즈니스 이슈를 제기할 것. 둘째, 데이터 분석결과에 대한 현업 검토를 지원하고 현업과의 협업을 통한 대안 수립을 지원할 것. 셋째, 정보 분석이 일회성에 그치지 않고 지속적으로 활용할 방안을 확대, 고도화할 수 있도록 업무 경상화를 추진할 것.

이에 발맞춰 두 가지 정기적인 활동을 진행하기로 했다. 매달 정보 활용 워크숍을 개최해 결과를 발표하고 개선작업을 실행했다. 현업의 정보 활용 우수사례를 발굴해 전사적으로 소개하기 위함이다. 분기별로는 '정보 활용집'을 업데이트해 직원들에게 배포했다. 정보 활용집은 회사의 정보자산을 활용하는 방법이 설명되어 있는 매뉴얼로, 업무마다 구체적인 사례들이 소개되어 있다.

외국계 보험사인 A사는 최근 출시한 상품 때문에 긴급회의를 소집했다. 상품개발팀에서 40대 직장인을 대상으로 한 야심찬 신규상품을 출시한 지 3개월이 지난 시점이었다. 판매량을 목표대비 손익분기의 80~90% 정도밖에 달성하지 못했기 때문이다. 기획팀은 이러한 추세로 간다면 연말까지 판매목표를 달성할 수 없을 것이라는 분석과 함께 상품의 판매를 즉각 중단하자는 의견을 제시했다.

하지만 상품개발팀의 의견은 달랐다. 과거 유사상품의 데이터에 기반해 적절한 가격을 설정한 상태였으며, 손익분기 목표를 달성하는 데 무리가 없을 것이라 판단했다. 또한 향후 프로모션과 TV, 인터넷 광고를 통해 상품을 대대적으로 홍보할 계획이 있었기 때문에 현 상황을 충분히 반전시킬 기회가 올 것이라 생각했다. 여기서 판매를 중단하는 것은 투자한 금액을 보전하지 못하는 것은 물론 더 큰 손해만을 불러일으키기 쉽다는 주장을 펼쳤다. 이에 더해 이 상품을 개발할 당시 세웠던 여러 가정들이 실제로 크게 바뀌지 않은 상태이며 판매목표의 미달은 일시적이라는 점도 근거로 제시했다.

아마도 요즘처럼 초단기적인 외형에 초점을 두는 경영진이라면 기획팀의 손을 들어주었을 가능성이 높다. 하지만 A사는 상품개발팀의 의견을 수렴해 3개월간의 지속적 관찰 기간을 갖기로 했다. 실제로 이 상품은 출시 후 6개월 누적실적을 기준으로 매출목표의 95%, 연간 기준 손익분기점 목표도 달성했다. 실적으로 상품개발팀의 주장을 입증한 것이다. 현실에서는 이처럼 출시된 지 3개월가량 된 상품의 실적이 애초 계획에 못 미칠 경우 기존의 상품전략을 그대로 유지할지, 일정기간 동안 관찰할지, 해당 상품에 대한 전략을 수정(판매채널 조정, 상품 개정, 판매 중지)할지에 대해 갈피를 잡지 못하고 직감에 의지해 결정을 내리는 경우가 많다. A사는 과거 데이터에 대한 분석 및 실적에 대한 향후 추세분석을 통해 직감에만 의지한 판단이 가져올 수 있는 오류를 피해갈 수 있었다.

앞선 D사의 사례와 C사, A사의 가장 큰 차이점은 무엇인가?

D사는 "여기에 정보가 쌓여 있으니 가져다 쓰세요"라며 정보 공급자로서의 역할만을 수행했다. 그러다보니 정보의 분류체계나 검색의 편리성에 대부분의 노력을 쏟아 부었다. 그런데 C사는 여기에서 한 걸음 더 나아갔다.

먼저 '분석전문가 조직'을 만들었다. 분석전문가들은 축적된 정보를 다양한 각도로 분석하는 작업에 집중한다. 다음으로 정보를 활용해 어떻게 분석을 하고 어떤 경영의 시사점이 도출되었는지 이야기한다. 분석전문가들은 단순히 결론만 도출하는 것이 아니라, 어떤 순서로 정보를 파고들었으며 정보를 활용하는 방법론까지 제시했다. 이를 통해서 현업의 공감대 형성은 물론 회사에 적합한 고유의 분석방법론을 지속적으로 축적하고 고도화해 나갈 수 있었다.

마지막으로 A사는 D사, C사의 접근방법보다 한 걸음 더 나아갔다. 이것은 실로 어마어마한 차이를 가져왔다. A사는 정보 활용집을 제공하는 수준을 뛰어 넘고, 분석전문가를 동원한 분석정보 및 시사점을 제공하는 역할마저 넘었다. 실제로 분석결과를 통해 부진한 원인에 대한 해결과제를 제시했다. 이후 해결과제의 실행을 통해서 실질적인 성과를 창출하기까지 끈질기게 밀고 나갔다는 점에서 앞의 두 사례와 본질적인 차이를 보였다. 그들이 확실한 재무성과를 얻었음은 두말 할 것도 없다.

속자생존의 시대,
스피드 경영만이 살길이다

찰나의 방심이 몰락으로 이끄는 불확실한 경영환경

아프리카의 초원에는 치열한 먹이사슬이 존재한다. 이곳에 사는 동물들은 모두 '먹는 자'와 '먹히는 자'로 구분된다. 그곳에 살고 있는 가젤은 매일 아침 일찍 잠에서 깬다. 초식동물인 가젤은 약자다. 빠른 사자보다 더 빨리 달리지 않으면 죽음만이 그를 기다리고 있다. 그렇기 때문에 깨어나자마자 온 힘을 다해 달려야 한다.

아프리카에 살고 있는 사자 역시 매일 아침 일찍 잠에서 깬다. 사자는 가장 강한 동물이다. 하지만 가젤을 앞지르지 못하면 먹이를 구할 수 없다. 그래서 사자는 온 힘을 다해 달린다. 결국 약한 가젤과 강한 사자의 싸움의 승패는 누가 더 빠르냐로 결정된다.

아프리카의 초원뿐 아니라 비즈니스 현장에서도 '스피드'는 생존을 결정하는 매우 중요한 능력이다. 수많은 경쟁이 끊임없이 되풀이되는 상황에서 나를 쫓는 사람보다 빠르지 않으면 살아남을 수 없기 때문이다. 넓은 아프리카 초원에 살고 있는 느린 사자가 굶어 죽을 수밖에 없듯, 불황의 시대를 지나는 느린 기업 역시 사라지고 만다.

최근 다양한 글로벌 기업들이 '스피드 경영'을 21세기형 기업의 필수 조건으로 내세웠다. 이는 찰스 다윈의 적자생존을 지나 혁신한 자만이 살아남는다는 '혁자생존'까지 뛰어넘은 능력이다. 혁신조차 빠르게 일궈내지 않으면 안 된다는 '속자생존' 시대의 도래를 알리는 것이다.

스피드 경영은 한국인의 고질적인 특징인 '무조건 빨리빨리'를 의미하는 것이 아니다. '빨리빨리'는 우리나라 특유의 국민성을 나타내기도 하지만 이로 인해 부실공사와 같은 수많은 부작용을 경험했다. 21세기형 스피드는 급변하는 경영 환경에 대한 대응력을 키워, 보다 빠르게 기회를 선점하는 효율적 전략이다.

■■■■ 신도 침몰시킬 수 없던 배를 가라앉힌 허술한 보고체계

1912년 4월 14일 늦은 밤, 세 번의 커다란 종소리와 함께 비극은 시작됐다. "정면에 빙산이 있다"라는 감시원 플리트의 외침을 들은 기관실은 전속 후진 신호를 보내는 동시에 조타수에게 최대한 우현으로 배를 돌릴 것을 지시했다. 그러나 충돌을 피하기에는 이미 늦은 상황이었다. 배는 20만 톤이 넘는 커다란 빙산에 우현을 긁히고 말았다. 빙산을 발견한 지 37초 만에 벌어진 일이었다. 그 순간 보일러실에 차가운 바닷물이 폭포처럼 쏟아져 들어왔다. 사태의 심각성을 감지한 선장은 근처의 모든 배에 구조를 요청했다.

100년이 지나도 잊을 수 없는 비극 '타이타닉호의 침몰'은 이렇게 시작됐다.

당시 12척의 배가 타이타닉호의 구조 요청을 수신했다. 각 선박의 무선 기사들은 '불침함'이라 불리며 당당히 항해에 나선 타이타닉호가 침몰하고 있다는 소식에 경악했다. 황급히 구조를 위한 항해에 나섰지만 수백 킬로미터나 떨어진 거리를 뛰어넘을 수는 없었다. 그나마 가장 가까운 거리에서 캘리포니아호가 항해를 하고 있었지만 잠이 든 무선사는 구조 요청을 받지 못했다. 잠시 후 수습선원이 하늘에 쏘아올린 구조 요청을 알리는 신호탄을 목격했다. 하지만 하늘같은 선장을 깨울 수는 없어 그냥 무시하고 말았다.

당시의 타이타닉호는 획기적인 이중 선저船底와 방수구획을 채용한 최신 기술의 집약체였다. '신도 이 배를 침몰시킬 수 없다God himself could not sink this ship'는 문구를 넣어 광고할 정도였다. 하지만 4만 톤이 넘는 세계 최대의 거선은 빙산과의 충돌로 침몰하고 말았다. 규모와 성능만을 지나치게 과신해 빙산의 움직임에 민첩하게 반응하지 못한 탓이었다. 여기에 체계적 의사전달 시스템의 부재는 결국 1,500명의 목숨을 빼앗았다. 너무 멀리 바라보느라 눈앞의 장애물을 재빠르게 처리하지 못한 결과는 참혹했다. 우리는 두 번 다시 이러한 비극을 경험하지 않기 위해서 가장 먼저 닥쳐올 변화와 위기에 빠르게 대처하는 능력을 키워야 한다.

일본 기업은 중장기 경영계획 수립에 상당한 공을 들이는 것으로 유명하다. 10년 이상 계획은 보통이고 20년 정도의 계획을 세우는 기업도 아직 많다. 이에 반해 최근 한국 기업들은 중장기 계획보다는 단기 계획에 집중하고 있다. 그중에서도 3개월 내외의 선행계획Rolling Plan에 공을 들인다. 빠른 발전과 변화의 속도에 대한 대응력을 높이기 위해서다.

과거 기업의 경영 기반 및 시스템 구축이 열악한 환경에서는 장기 계획이 성장의 발판이 되었다. 그러나 발전과 변화가 빠르게 이루어지고 이를 따라가지 못하는 기업이 속출하는 불확실한 시대에는 별 도움이 되지 못한다. 마치 커다란 빙산이 눈앞에 있음에도 빙산 너머의 목적지만을 바라보며 뱃머리를 조정하는 것과 같다. 최근 일본에서 '일본 파탄'이라는 단어가 심심치 않게 등장하는 것 역시 속도에 대처하지 못한 결과는 아닐까?

PwC의 2010년 'Global CEO Survey'에서 불확실한 경영환경에 놓인 기업가치를 관리하기 위해서는 "변동성을 생각하고 전략을 재수립해야 한다"는 주장이 나왔다. 세상에 공짜 점심은 없다는 것을 되새기며 기본으로 돌아가 가치 중심 경영에 초점을 맞춰야 한다는 것이다. 불확실한 환경에서 살아남기 위해서는 시시각각 변화를 감지하며 신속하고 민첩하게 적응할 수 있는 능력이 필요하다.

최근의 경영환경에서 중장기 계획은 변화와 속도를 반영하지 못해 정확도가 떨어질 수밖에 없다. 이로 인해 중요성 역시 점점 낮아지고 있다. 자고 일어나면 다른 세상이 펼쳐져 있다는 말이 오갈 만큼 시시각각으로 변하는 환경에서 언제 어디서나 신속하고 민첩하게 적응할 수 있는 능력을 기르는 것만이 생존의 기술이다.

■■■■불확실한 현대 경영환경의 돌파구, 스피드 싸움

지금 기업이 직면한 가장 큰 이슈는 '불확실한 환경에서의 기업가치 관리'다. 끊임없이 위기 상황이 밀어닥치는 상황에서 문제해결을 이끌어낼 경영관리법을 준비해야 하는 것이다. 모든 것이 불확실한 환경에서는 위기가 발생할 때마다 '속도전'으로 귀결된다. 마치 안갯속에서 달리기 시합을 하는 것과 같다. 이때는 얼마나 빨리 달릴 수 있는가도 중요하지만 앞이 잘 보이지 않는 상황에서 얼마나 정확히 결승점을 향해 달리는가도 중요하다. 아무리 빨라도 엉뚱한 방향으로 달린다면 이길 수 없기 때문이다.

그렇다면 불확실성의 원인은 어디에 있는 것일까?

그동안 한국 경제는 지속적인 글로벌화와 자본시장 개방 등에 주력하며 해외 금융시장의 변동에 민감하게 반응해왔다. 그러던 중 2008년 세계 금융위기가 발생했고, 큰 영향을 받았다. 이후 국내외 금융시장의 불안이 계속되면서 기업들은 국제 금융위기에 직접적으로 노출됐다. 2008년 9월 리먼브라더스는 파산보호 신청을 했고, 한달 뒤 코스피는 3년 4개월 만에 1,000선이 붕괴됐다. 2009년 미중앙은행은 연방기금 금리를 0~0.25%로, 한국은행은 기준금리를 2%로 하향 조정했다. 엎친 데 덮친 격으로 2010년에는 유럽 4개국PIGS의 재정적자 문제까지 부각됐다.

급변하는 환경에서 기업 민감도가 증가하기 시작했다. 국내 금융기관은 파생 및 구조화 상품 투자비중을 급격히 확대했고, 외부환경에 대한 금융사의 민감도가 크게 상승했다. 끊임없이 발생하는 국내외 금융시장의 위기 발생은 국내 기업을 휘청이는 가장 큰 위협요인이었다.

이러한 상황에서 기업들은 주주와 이해관계자에게 실적 향상 및 이익 증대를 보고하기 위해 고수익-고위험 자산 투자를 확대했다. 이는 기업의 가치를 상승시키기 위한 노력임에도 불구하고 오히려 기업 가치의 변동성을 심화시키는 원인으로 작용했다.

여기에 설상가상으로 국제회계기준IFRS이 도입되면서 재무제표상의 손익 변동성도 심화되었다. 기업이 공시하던 기존의 재무제표는 역사적 원가주의에 입각해 일단 계상된 금액은 해당자산이 판매 및 처분될 때까지 원가로 기록돼 왔다. 그러나 IFRS는 공정가치 평가주의에 바탕을 두고 기업가치의 변동성을 반영하는 방식이었다. 연결회계 중심은 자회사와 유동화 회사의 손익을 반영할 것을 요구했고, 파생상품에 대한 헤지 유효성의 평가기준도 강화되었다. 또한 금융상품 및 대손충당금 등에 대한 리스크도 공시해야 했다. 이로 인해 환율, 금리 등 다양한 변수 역시 불안요소로 작용하기 시작했다. 결국 불안한 금융시장은 기업의 활동에 커다란 영향을 주었다.

이렇게 한치 앞도 가늠할 수 없는 불확실한 환경에서 기업이 생존하기 위한 핵심역량은 무엇일까. 바로 정보의 가시성visibility과 민감성responsiveness 이다.

가시성은 외부 환경뿐 아니라 기업 내부에서 벌어지는 일을 파악하는 능력을 뜻한다. 즉 타이타닉호가 저 앞에 빙산이 있다는 것을 파악하는 것을 넘어 망루에 있는 선원이 그것을 제대로 관측하고 있는지, 기관실에서는 이러한 비상 상황에 대처해 철저히 준비를 하고 있는지 보이지 않는 곳의 상황까지 파악하고 대처하는 것이다.

기업과 그 기업을 움직이는 구성원들이 원하는 정보의 양은 엄청나다. 문제는 정보가 여기저기에 산재해 있는 데 있다. 무조건 빠르게만 위기에 대처한다고 이기는 것은 아니다. 올바른 방식으로 처리해야 살아남을 수 있다. 따라서 우리는 모든 정보를 쉽고 빠르게 활용할 수 있도록 철저하게 관리해야 한다. 특히 과거의 실적에 얽매여 있는 정보는 스피드 경영에 전혀 도움이 되지 않으므로 주의해야 한다. 배가 빙산에 부딪혔다면 이는 즉시 과거의 사건, 과거의 정보로 넘어간다. 동시에 이 사건이 얼마나 큰 파손을 야기했으며, 배가 가라앉기까지 어느 정도의 시간과 인력을 확보할 수 있는

지에 대한 미래의 예측정보 수집에 집중해야 한다.

민감성은 중요한 정보를 경영층에게 얼마나 신속하게 전달하고 이에 따른 피드백이 민첩하게 이루어지는가에 대한 능력이다. 고객과 시장이 어떻게 변해가고 있는지, 우리의 상품과 서비스가 고객을 만족시키고 있는지, 고객의 니즈는 어떻게 변화하고 있는지, 이에 따라 기업의 가치는 어떻게 변화해야 하는지 등을 신속하게 파악할 수 있다.

더불어 정보의 빠른 전달뿐 아니라 위기상황에 대한 신속한 조치를 취하는 실행력으로 연결되어야 한다. 배가 빙산에 부딪혀 물이 밀려드는 상황에서 모든 것을 선장에게 보고했으니 이제부터는 그의 지시를 기다리기만 하면 된다는 생각으로는 목숨을 잃기 십상이다. 이때는 즉시 수문을 닫아 밀려들어오는 물을 막는 것을 우선에 두고 사후에 보고해야 한다. 어떤 상황에서도 실행을 망설이지 않는 체계와 의사전달 시스템의 사전 준비와 훈련은 기업과 구성원의 민감성을 키워줄 것이다.

한때 국내 기업들은 균형성과평가제도Balanced Scorecard : BSC에 열광했다. 하지만 현재 BSC가 경영관리에 효율적으로 활용된 사례는 찾아보기 어렵다. 기업은 BSC만 도입하면 회사의 전략이 한눈에 보일 것이라 생각했다. 이를 바탕으로 목표와 전략을 세워 시장을 주도할 것이라는 장밋빛 미래를 꿈꿨다.

하지만 긴박하게 돌아가는 현실에서 다단계의 결재과정을 거쳐 정보가 전달되는 BSC의 지나치게 정교한 시스템은 민감한 시장 환경의 변화를 포착하지 못했다. 이러다보니 실제 성과와 연결되지 못해 본래의 의도를 상실한 채 무용지물이 되고 만 것이다. 이러한 실패 사례를 통해 역동적으로 변화하는 기업 환경에서의 의사결정을 지원하는 도구가 자리 잡는다는 것이 결코 쉽지 않음을 깨달았다.

어떤 도구라도 본래의 의도를 상실한다면 사장되어 사라져버릴 수밖에 없다. 불안한 안갯속에서 기업과 그 구성원의 달리기가 진행되고 있는 우리나라 환경에서는 가시성과 민감성이 중요한 조건이다. 경영의 가시성과 민감성을 높이기 위한 이상적인 정보 활용 체계는 수직이 아닌 수평구조로 주요 정보와 포인트가 빠르게 전달되는 것이다. 동시에 이들에 대한 직접적인 경영관리가 가능해야 한다.

타이타닉호를 침몰로 끌고 간 가장 아쉬운 원인 중 하나는 캘리포니아호의 정보전달 부족이다. 조난을 알리는 신호탄을 본 수습선원이 곧바로 선장에게 이를 전달했다면 훨씬 많은 승객들의 목숨을 구했을 것이다. 하지만 캘리포니아호에는 수습선원이 선장에게 직접 보고하는 수평적인 정보전달 체계가 없었다. 불과 한 시간 거리에서 빙산과 충돌한 뒤 무려 2시간 20분 동안 떠 있던 타이타닉은 그렇게 침몰할 수밖에 없었다.

■■■■ 빠른 의사결정이 기업의 성공을 결정한다

오늘도 늦잠을 잤다. 눈을 뜨자마자 지각할 때마다 눈총을 주는 부장님 얼굴부터 떠오른다. 허겁지겁 세수만 간단히 하고 집을 나서면서 고민이 시작된다. '지하철을 타야 하나, 택시를 타야 하나.' 택시비가 아깝기는 하지만 평온한 직장생활을 위한 투자라 생각하고 큰길로 나섰다. 가는 날이 장날인지 오늘따라 5분이 지나도, 10분이 지나도 빈 택시가 없다. '지금이라도 지하철역으로 갈까? 아니야, 지금까지 기다린 게 아까워. 조금만 더 기다려

보자.' 마음은 초조하고 시간은 지나간다.

우리는 일생을 살면서 늘 크고 작은 의사결정을 내려야 할 상황에 직면한다. 특히 1분 1초가 아쉬운 출근시간에는 신속한 의사결정이 지각과 시간 내 출근을 결정한다. 이런 상황은 대부분의 기업과 조직에서도 쉽게 벌어진다. 경쟁사가 새로운 제품을 출시할 때 이미 출시된 제품의 유지, 보수에만 매달려 머뭇거리는 것은 어정쩡하게 길거리에서 오지 않는 택시를 기다리며 시간만 버리는 것과 같다.

노키아는 스마트폰이 휴대폰 시장의 판도를 바꿔놓는 상황에서도 중저가폰에 대한 미련을 버리지 못해 결국 다른 기업에 시장점유율을 빼앗기고 말았다. 트렌드의 주기가 짧아지고 기업환경이 빠르게 변화할수록 그에 발맞춘 속도감 있는 의사결정이 필요하다. 26년 동안 GE의 핵심임원으로 수많은 의사결정을 주도한 빌 그레이버는 성공의 비결에 대해 "GE가 다른 조직보다 더 나은 의사결정을 한 것이 아니라, 더 빠른 의사결정을 했을 뿐이다"라고 말했다. 속도의 중요성을 강조한 것이다.

삼성전자는 글로벌 ERP를 구축한 뒤 전세계적으로 통합된 신용한도 관리체계와 이를 바탕으로 한 탁월한 조기경보체계를 갖춘 것으로 유명하다. 만일 해외법인의 영업사원이 적절한 승인절차 없이 매출거래처의 신용거래한도를 증액할 경우, 즉시 현지법인의 관리담당자와 본사의 해외법인 신용한도 담당자에게 포착된다. 그리고 영업사원의 행동에 합리적인 이유가 있는 것인지 점검한다.

대부분의 기업은 해외법인의 재무적 부실이 쌓여도 전혀 관리하지 못한다. 나중에 눈덩이처럼 불어난 부실이 사고로 드러나야 상황이 파악된 본사가 수습에 나선다. 하지만 삼성전자는 '실시간 관리체계'의 수립으로 작은 문제라도 발생하는 순간 바로 처리에 들어가는 시스템을 갖췄다. 이 과정에서 작은 조직의 경쟁력이 상승하고 이는 곧 기업 전체의 경쟁력이 상승하는 결과를 가져온다.

이뿐만 아니다. 전세계 금융위기가 발발하기 전, 활발한 영업전략을 펼치며 영역을 확대하던 기업들은 조금씩 이상 징후를 포착하기 시작했다. 소비자들이 지갑을 잘 열지 않고 장기적으로 소비가 둔화될 조짐을 보인 것이다. 삼성전자의 CFO는 즉시 주의경보를 내리고 영업확대정책에 대한 점검에 들어갔다. 보다 면밀하게 시장을 예의주시한 결과, 북미지역에서 본격적으로 소비둔화가 시작됐음을 확인했다. 즉각 비상 경영체계를 선포하고 불요불급한 신규투자를 중단했다. 그리고 채권회수에 집중하면서 현금 확보에 주력했다.

비상 경영체계를 선포한 지 불과 6개월 뒤 글로벌 금융위기가 강타했다. 이에 대한 준비가 전혀 없던 다른 기업들은 휘청거렸지만 삼성전자는 거의 타격을 받지 않은 것으로 알려졌다.

세계시장의 흐름을 손바닥 보듯 읽으며 먼저 상황을 제압해 상대방을 앞서는 능력은 삼성전자의 가장 큰 힘이다. 애플과 같은 거대기업의 독주와 공격에도 밀리지 않고 당당히 경쟁하는 원천이 모두 여기서 비롯된 것이다.

신용카드 시장을 선도하는 A사 역시 작은 징후도 놓치지 않고 재빨리 정보로 활용해 승승장구하는 기업이다. 2008년 글로벌 금융위기 당시 자산 포트폴리오를 적절히 관리하여 수익성을 유지할 수 있었다. 시장에서의 영향력도 확대했다. A사의 비결은 환경변화에 빠르게 대응하는 경영이었다. 금융위기의 징후를 읽자마자 신용도가 낮은 고객의 카드 발급을 억제하고, 위험자산군의 규모를 축소했다. 카드론 이자율 인상과 저수익자산의 비중을 축소한 것도 위기가 본격화되기 전이었다. 또한 변동성 높은 유가증권 시장의 정보를 꾸준하고 면밀히 분석해 금융위기의 징후가 있을 때마다 신속히 가치투자 비중을 높였다. 덕분에 경쟁사보다 훨씬 높은 수익률을 달성할 수 있었다. 금융위기가 한창이던 2009년까지 다른 금융기업들과 비교했을 때 압도적으로 높은 상대수익률로 위기관리 능력을 입증했다.

당시 국내증시는 2개월 사이에 주가가 30% 이상 급락할 정도로 심각한 상황이었다. A사를 제외한 대부분의 카드사는 이 영향을 받아 주가하락은 물론 수익률까지 큰 폭으로 감소했다. 크게 드러나지 않는 위험의 징후들을 그냥 흘려버렸기 때문이다. 결국 미래를 보는 눈은 작은 정보도 얼마나 쓸모 있는 정보로 만드느냐에 달렸다고 볼 수 있다.

이에 반해 국내 대형보험사 중 하나인 한 기업은 특정 상품을 출시한 지 8개월이 지난 시점에서야 상품의 수익성이 상당히 악화된 사실을 인지했다. 확인해보니 이미 목표 손익분기점과 수십 억 원 이상의 차이가 발생한 뒤였다. 상품 출시 후 시장점유율의 상승을 위해 판매 활성화 전략을 수립하고, 상품의 판매수당 비율을 높였다. 그러자 설계사들이 판매수당이 높은 이 상품만 집중적으로 판매하기 시작했다. 결국 상품은 많이 팔렸으나 반대로 수익률은 오히려 감소한 최악의 상황이 벌어졌다. 당황한 기업이 뒤늦게 수당비율을 낮추고 상품의 일부분을 개정했지만 수익률을 되돌리기엔 이미 늦었다.

통제 불가능한 외부환경의 미세한 변화를 읽는 것은 고사하고, 충분히 혜안을 발휘할 수 있는 자사의 상품에 대한 미비한 대처는 기업 스스로가 갈림길에서 위기를 선택한 것과 같다. 우리 회사의 상품이 수익을 내고 있는지, 적자를 내고 있는지 정도는 누구보다 확실하게 인지하고 있어야 한다. 사실 문제는 모든 기업에서 발생한다. 하지만 이를 인지하고 즉각 수정하고 보완에 들어가는 기업과 아무것도 알아차리지 못하고 자신도 모르는 방향으로 끌려가는 기업의 차이에서 성공과 실패가 결정된다.

두 눈을 감고 아무것도 보이지 않는 상황에서 어디로 가는지 모른채 질주하는 '블라인드 경영'의 주인공이 되고 싶지 않다면 조직의 작은 부분까지도 기능을 최적화 시키려는 노력이 필요하다. 항상 문제는 어느 한 부분에서 생겨나기보다 기업 전체가 기능별, 조직별로 단절된 데서 발생하기 때문이다. 기업은 우리의 몸과 같다. 수없이 많은 혈관 가운데 한 곳만 막혀도 뇌출혈과 같은 심각한 문제를 초래하듯, 아무리 작은 조직의 일부라도 정보의 원활한 흐름과 각 계층의 소통이 없으면 기업 전체의 활동이 변질되고 더뎌지기 쉽다.

▪▪▪▪ 아무리 바빠도 의사결정의 품질은 꼭 챙겨라

성공적인 의사결정에서 중요한 것은 속도만이 아니다. '의사결정의 질 quality'도 매우 중요하다. 속도를 높이기 위한 방법이 한편으로는 의사결정의 수준을 떨어뜨릴 위험을 내포하고 있으므로 각별히 주의해야 한다. 최근 생수 시장에 진입하겠다는 결정을 내린 캐나다의 한 기업은 속전속결 중에도 잊지 않아야 할 것이 무엇인지를 알려주는 좋은 사례다. 이 기업은 캐나다 청정지역에 있는 호수의 물을 병에 담아 파는 사업을 구상하고 있었다. 시작부터 모든 일들은 일사천리로 진행되는 듯했다. 시市 당국은 생수 사업을 통한 고용 확대를 위해 99년 동안 호수의 물을 사용할 수는 허가권을 주었다. 기업은 곧바로 생수 생산을 위한 설비를 확보했다. 안전한 물이 점점 귀해지고 이에 대한 수요가 증가하면서 생수 시장은 폭발적 성장을 기록할 것으로 보였다. 혹시라도 다른 기업에서 이런 황금 같은 기회를 가로챌까 번개보다 빠른 속도로 사업에 참여할 의사결정을 내렸다. 초기 투자만 300억 원에 달하는 대규모 사업이지만 의사결정은 불과 8주 만에 이루어졌다. 속도와 일의 진척도로만 봤을 때, 최적의 조건을 갖춘 사업을 경쟁사가 제대로 검토해 보기도 전에 계약을 따낸 쾌거로 보였다.

하지만 조금 더 자세히 살펴보면 결코 훌륭한 결정이라고 볼 수 없다. 신규사업에 진입하기 위해 반드시 검토해야 할 사항들이 빠져 있기 때문이다. 생산설비나 원료 확보, 해당산업의 성장 가능성만 확인했을 뿐 경쟁 강도와 고객의 니즈 등은 아예 검토도 하지 않았다. 게다가 식품 제조업이라면 항상 고려해야 하는 품질상의 문제가 발생할 경우에 대비한 리콜 및 제품회수 계획도 없었다. 남보다 빨라야 한다는 강박관념에 사로잡혀 장점만을 보고 달려든 셈이었다. 결국 사업권을 따냈으나 다양한 문제들에 대해 의구심을 갖는 투자자들을 설득하지 못했다.

빠른 의사결정을 내릴 때는 정보의 흐름이 거치는 과정을 축소하고 소수의 관리자에게만 여러 분야에 걸쳐 의사결정권을 집중한 것에 문제는 없는지 살펴봐야 한다. 자칫 조직 내 다양한 분야의 사람들이 서로 다른 관점에서 문제를 제기하고 토의하는 과정을 축소시킬 수도 있기 때문이다.

만일 위의 기업이 생수 시장에 진출을 결정하기에 앞서 마케팅 부서와 리스크 관리 부서 등의 의견을 수렴했다면 어땠을까. 훨씬 정교하고 이익이 되는 결정을 내렸을 것이다. 미국 사우스웨스트항공이 2000년대 초반 여러 차례 회의를 거쳐 내린 항공기유 가격에 대한 헤지 정책이 2007년 유가 폭

등이 붙었을 때 이 기업을 전세계에서 몇 안 되는 흑자 항공사로 만들었음을 기억해보자.

결국 의사결정의 신속성은 그 무엇과도 바꿀 수 없는 중요한 조건이다. 하지만 그 와중에도 반드시 점검하고 넘어가야 할 것이 있다. 결과적으로 기업의 이익을 불러올 수 있는 양질의 콘텐츠를 포함하고 있냐는 것이다. 이제부터 의사결정의 속도와 품질을 모두 갖추기 위해서 기업과 조직, 그리고 구성원들이 어떻게 진화해야 할지 살펴보자.

예민한 기업은
절대 기회를 놓치지 않는다

점차 진화하는 기업의 신경계와 성과창출의 신천지

카이스트의 정재승 교수가 한 강연에서 다음과 같은 질문을 했다.

"로봇 태권 V와 마징가 Z가 싸우면 누가 이길까요?"

이러한 질문에 바로 대답하는 사람은 드물다. 하지만 의외로 답은 간단하다. 당연히 태권 V가 쉽게 이긴다. 대체 무엇을 근거로 태권 V의 승리를 확신하는지 궁금할 것이다. 로봇인데 태권도를 할 수 있어서일까? 틀린 대답은 아니지만 여기에는 사실 여러 가지 이유가 있다.

마징가 Z가 탄생한 것은 1972년이다. 로봇 태권 V는 4년 뒤인 1976년에 태어났으니 동생인 셈이다. 태권 V가 태어나는 과정은 곧 마징가 Z를 이길 수 있는 모든 능력이 완성되는 과정과 같다. 그건 바로 제작자인 김청기 감독이 모든 신체사항을 마징가 Z의 5배쯤으로 만들어놓은 것이다. 사실 별달리 어려울 것은 없다. 그저 크게 그리면 되고, 그렇다고 하면 될 뿐이다.

그러나 그중에서도 가장 중요한 요소는 작동법이 다르다는 것이다. 마징가 Z는 쇠돌이가 타고 조종을 하는데 태권 V는 훈이가 태권도를 한다. 때로는 머릿속으로 생각을 하면 태권 V가 그대로 행동을 취하기도 한다. 다시 말해 마징가 Z는 실제로 조종사가 조종하는 시스템이고 태권 V는 브레인 컴퓨터 인터페이스를 사용하는 시스템인 것이다.

이들의 차이점은 상상만으로 현실에 변화를 주고 그로 인해 무엇인가 진행이 된다는 것이다. 비행을 하던 전투기가 갑자기 등장한 이상 물체와 충돌하거나 추락하는 경우가 1년에 10~15대 가량 된다고 한다. 한 대에 최소 600억 원에서 최대 3,000억 원까지 하는 전투기가 알 수 없는 비행물체와 부딪혀 추락하는 것이다.

그런데 예를 들어 전투기의 속도가 마하Mach(마하 1은 시속으로 환산하면 약 1,224km다) 3이라고 치자. 이는 소리가 진행하는 속도의 3배를 뜻한다. 소리의 진행속도는 1초에 340m이니 마하 3이면 1초에 1,020m를 가는 것이다. 쉽게 말해 1초에 1km를 간다고 보면 된다. 조종사가 '무엇인가 나타났다!'라고 인지하는 데 0.3초가 걸리고, 이를 감지해 조종기를 움직이는 데 0.5~0.7초 이상이 걸린다. 이상 물체 파악 후 그에 대응하기까지 최소 1초의 시간이 소요된다. 그러니 전투기가 마하 3으로 갈 때 1km 이내에 무엇인가 등장하면 속수무책으로 부딪힐 수밖에 없다.

그런데 만일 헬멧을 쓰고 있는 조종사가 '무엇인가 나타났다!'고 인지한 순간 전투기가 알아서 방향을 틀면 비행물체를 인지하는 0.3초야 어쩔 수 없어도 움직이는 0.7초를 아낄 수 있다. 700m 뒤에 무엇이 있든 피할 수 있는 것이다. 미국의 국방성이 이러한 기술에 엄청난 자금을 투입하는 이유가 여기에 있다. 전투기가 위급한 상황에 피할 수 있기 때문이다.

태권 V와 마징가 Z도 마찬가지다. 서로 대결을 하는 상황에서 태권 V는 항상 마징가 Z보다 0.7초 먼저 때릴 수 있다. 찰나와 같은 이 순간이 그들에게는 굉장히 긴 시간이다. 그래서 태권 V는 마징가 Z를 거뜬히 이길 수 있다.

그저 어린 시절의 향수로만 여겼던 만화영화에도 이토록 엄청난 과학이 숨어 있다. 만화영화의 로봇이 '휴먼 브레인 인터페이스'라는 방향으로 진화한다면 과연 기업은 어떻게 진화해야 경쟁에서 이길 수 있을까?

▪▪▪▪기업, 예민한 신경계를 갖추다

그동안 경영혁신을 고민해온 사람들은 크게 세 가지에 집중했다. 프로세스, 기준정보, 시스템이 그것이다. 지난 20여 년 동안 끊임없이 경영혁신을 추진해 오면서 우수 혁신사례를 지속적으로 만들어 온 삼성전자의 사례를 살펴보자.

판매, 구매, 제조, 물류, 서비스, 경영관리 등 8대 프로세스를 총체적으로 표준화했다. 제품, 자재, 고객, 벤더, 설비 등 5대 기준정보 또한 표준화한 뒤 정비했다. 시스템을 ERP 기반으로 통합하고 단일화해 글로벌 통합환경을 구축하는 글로벌 싱글 인스턴스Global Single Instance : GSI로 본사를 포함한 전세계 모든 현지법인의 시스템을 단일한 플랫폼 위에 올려놓았다.

삼성전자의 프로세스, 시스템, 기준정보에 대한 표준화는 글로벌 경쟁사보다 한 차원 높은 SCM 경쟁력을 확보하게 된 원동력이 되었다. 이를 바탕으로 수많은 선진기업들이 3대 항목의 표준화를 중심으로 한 경영혁신을 진행해 상당한 성과를 거둘 수 있었다.

업무 프로세스를 혁신하고 기간 시스템을 구축하는 활동이 기업의 근골 격계를 강화시키는 활동이라면, 정보의 활용 분석체계를 개선하는 것은 기 업의 신경계를 예민하게 만드는 활동이다. '예민함'이란 단어는 얼핏 부정적인 성향을 포함한 것처럼 보이지만 사실은 생존에 있어 매우 중요한 감각이다.

예전에는 잠수함에 흰 토끼를 태우고 다녔다. 산소가 많고 적음에 민감 한 흰 토끼는 실내 산소 측정의 바로미터였다. 토끼는 산소가 부족해 호흡 이 가빠지면 스트레스로 죽어버린다. 그런데 그 토끼가 죽고 나면 7시간 이 내 사람마저 산소부족으로 죽어버린다고 한다. 기업이 잠수함이라고 한다 면 혁신을 위한 시스템 구축은 흰 토끼를 태우는 것과 같다.

제품개발, 구매, 제조, 판매, 고객서비스까지 'End to End'의 수평적 프로 세스를 일관되게 연결하는 업무 혁신은 한마디로 '몸짱'을 만드는 활동이다. 군살을 빼고 날렵한 몸매와 근육질의 체형으로 누가 봐도 감탄할 만한 외 견을 갖출 수 있다. 그러나 아무리 몸매가 좋아도 예민한 운동신경이 없는 사람은 운동경기에서 절대로 이길 수 없다.

그동안 우리 기업들은 혁신활동(몸짱 만들기)에 전념하느라 예리한 운동 감각을 키우는 데에는 상대적으로 주의를 덜 기울였다. 아니, 주의를 기울 였으나 이렇다 할 성과를 거두지 못했다고 말하는 것이 보다 정확하겠다. 많은 기업들이 업무 혁신을 통해 상당한 성과를 거둔 시점에서 이제는 기 업의 신경계인 정보전달 체계를 제대로 진화시키는 데 집중해야 한다. 이 미 기업들이 프로세스와 시스템, 그리고 기준정보의 표준화 수준을 끌어올 린 상황에서 정확하고 풍부한 정보는 차별점을 갖지 못한다. 간단한 노력 만으로도 과거에는 상상할 수 없었던 수준급의 정보가 쏟아져 나오기 때 문이다. 이제 문제는 정보 분석과 활용을 통한 다른 차원의 성과를 만들어

낼 시점이다.

'진화'라는 표현을 쓴 이유는 기업의 신경계가 정형화된 모습이 아니라 경영환경에 맞춰 지속적으로 변화하기 때문이다. 다윈은 진화론에서 부모가 가진 형질이 후대로 내려올 때 '자연 선택'을 통해서 주위 환경에 보다 잘 적응하는 형질이 선택되며 살아남아 진화가 일어난다고 주장했다. 경영도구에도 '기업 선택'이 일어난다. 아무리 논리적인 체계를 가진 훌륭한 경영도구라도 치열한 생존경쟁에서 기업이 살아남을 수 있는 도움을 주지 못한다면 자연스레 도태되어 사라질 것이다. 지금부터 현재 시점에서 가장 고등하게 진화한 기업 신경계의 모습을 선진기업의 사례에서 종합한 특징들을 바탕으로 살펴보자.

▪▪▪▪ 기업 신경계의 진화

꾸준히 진화된 신경계를 가진 기업의 공통점은 튼튼한 정보 인프라 기반 위에서 높은 수준의 정보 활용 및 분석역량을 보유한 것이다. 이는 기업 내 의사결정 중추가 발달되어 있음을 뜻한다.

성공적인 기업의 신경계는 크게 세 개의 영역으로 구성된다. 그 첫 번째가 기업 내 정보의 신속성과 정확성을 보장하고 재무 프로세스를 최적화하는 정보기반 영역Information Infrastructure Layer이다. 어떤 좋은 정보라도 적시성 timeliness이 떨어지면 제 역할을 해내지 못한다. 특정 제품의 수익률이 급격하게 떨어지는 상황에서 이에 대한 내용이 몇 달 뒤에나 임원회의에 보고된다면 어떠할까. 이미 상황은 끝났고, 보고서는 그 자리에서 폐기처분 될 것이다. 또한 정확성이 떨어지는 정보는 의사결정에 혼란을 가중시킨다. 영업에서 보고한 수치와 재무에서 보고한 수치가 다르고, 외부에 알려진 수치와 내부에서 알고 있는 수치가 다르다면 어떤 것에 기초해 의사결정을 내려야 할지 명확하지 않다. 과정이 혼란스럽고 신뢰할 수 없는 의사결정은 실행력을 발휘하지 못한다. 정보기반 영역이 탄탄한 기업은 모래 위가 아닌 반석 위에 집을 지은 것과 같다.

그렇다면 정보기반 영역을 튼튼하게 닦아놓기 위해 필요한 조건은 무엇일까. 실제로 매우 많은 과제들이 있지만 가장 중요한 것은 기준정보의 정비, 조기결산체제의 구축, 재무정보의 디지털화를 꼽을 수 있다. 이들 세 가지는 다음에 이야기할 정보의 활용 및 분석역량과 의사결정 중추가 제대로 작동하기 위한 최소한의 조건이다. 그런데 대부분의 기업들은 이들 기초를 다지지 않은 상태에서 성급하게 의사결정을 지원하는 시스템을 구축하는 것에만 급급해한다. 결국 아무리 시간과 노력을 쏟아도 결과는 처참한 실패로 끝날 수밖에 없는 이유가 여기에 있다. 바닥부터 차근차근 벽돌을 쌓아올리기 위해서는 가장 견고한 땅부터 찾아야 한다는 사실을 잊어서는 안 된다.

두 번째 신경영역은 각 영역의 실행 프로세스를 긴밀하게 연계하고, 시의성을 가진 의사결정을 위한 정보를 예측하고 산출하는 경영정보 영역 Management Information Layer이다. 고도의 정보를 활용하기 위해서는 분석이 필요하다. 이를 의사결정에 사용하기 위해서는 조직 구석구석에 양질의 정보가 지속적으로 공급되어야 한다. 이때 경영정보가 가져가야 할 핵심은 '목표 대비 달성 가능성'과 '부진 시 확실한 원인분석'이다. 다시 말해 어딘가에 가고자 했다면 지금 지나고 있는 곳은 어디인지 확인할 수 있어야 하고,

처음 목표한 대로 가지 못하고 있다면 문제는 무엇이고 이를 만회할 수 있는 방법은 무엇인지 파악하고 있어야 한다는 것이다.

그러므로 활용 가능한 경영정보는 'Plan(계획)-Do(실행)-See(평가)'의 형태를 갖는다. 글로벌 경쟁력을 갖춘 기업들의 공통점은 '계획 없는 실행은 없다'는 사상이다. 사전에 철저한 계획을 수립한 후에야 비로소 예산이 할당되는 최고의 기업에 있어 상황에 따라 즉흥적으로 행동을 취한다는 것은 상상조차 할 수 없는 일이다. 사전에 확정된 연간계획에 따라 움직이고 매달 실행계획을 업데이트하면서 환경변화에 적응해간다. 평가의 기준은 계획에 대한 실적달성도다. 달성률이 예상범위보다 낮을 경우에는 즉각 조기경보가 작동된다. 실적부진의 원인은 무엇이며 이를 극복하기 위해서 어떤 대책을 수립해야 하는지 등 위기상황에 대한 대응체계가 바로 작동되기 시작한다.

'Plan-Do-See'는 전사 프로세스와 운영 프로세스 사이에 긴밀한 연계를 바탕으로 한다. 그러나 우리나라 기업들은 정보의 흐름에 문제가 없는 시스템처럼 보여도 좀 더 깊이 들어가면 소통의 부재, 무관심 등으로 인한 단절현상이 곳곳에서 일어나고 있음을 알 수 있다. 단절현상이 부분적이라면 쉽게 극복할 수 있지만 End to End의 수평적 프로세스가 원천적으로 작동되지 않으면 근본적인 수술이 필수불가결하다.

국내 대형보험사인 B사는 2013년에 도입될 현금흐름방식 가격산출 체계를 두고 상당히 많은 고민을 하고 있다. 지금까지 보험가격 산출방식은 위험률, 이자율, 사업비율에 근거해 수지상등의 원칙을 중심으로 했다. 수지상등의 원칙은 보험계약에서 장래 수입으로 처리될 순보험료의 현가 총액이 장래 지출해야 할 보험금 현가의 총액과 같게 되는 것을 말한다.

그런데 향후 도입될 현금흐름식 가격산출 체계는 Plan-Do-See 주기가 유기적으로 맞물려서 운영되지 않으면 회사에 맞는 적정 보험료 산출이 불가능하다. Plan 단계에서 상품개발부서가 최적 가정치best estimate 및 목표수익률에 근거한 보험가격을 산출하고, Do 단계에서 계리부서는 신계약을 중심으로 실제수익률을 파악한다. 그리고 마지막 See 단계에서 경영관리부서가 예상목표와 실제 달성률의 차이가 어디에서 발생한 것인지에 대한 진단을 거쳐 새로운 최적 가정치와 목표수익률을 수립한다. 이것이 상품개발 단계에 다시 반영되어 Plan-Do-See 주기가 유기적으로 반복될 때 제대로 된 현금흐름방식 가격산출 체계가 완성된다.

현재 기업의 여건은 Plan-Do-See 각 과정에 대한 부서의 역할과 책임 Roles & Responsibilities : R&R 정립과 모니터링 방식의 문제, 진단 및 평가 단계에서 제기된 문제점에 대한 조직 간 이해관계 해소 등 풀어야 할 숙제가 많다. 따라서 보험사 경영의 근간이라 할 수 있는 상품개발, 계리 및 경영관리, 마케팅의 최적점을 찾지 못한다면 기업은 성장을 위한 방향으로 나아갈 수 없다.

세 번째 신경영역은 조기경보 등의 정보를 포착한 후 상황에 맞는 대안을 사전에 준비해 신속하게 의사결정 할 수 있도록 하는 적시 의사결정 영역Just in Time Decision Making Layer이다. 의사결정의 중추라고 할 수 있는 이 단계는 시장의 움직임과 가치 변동을 측정한다. 고객이 우리 회사의 제품과 서비스에 대해 만족을 느껴 고객가치가 증가하는지, 주주가치와 기업가치가 지속적으로 상승했는지 등을 과학적 분석도구를 이용해 예민하게 읽는다. 이때 가치의 변동에 문제가 발생하면 조기경보 체계에 위기신호를 보내야 한다.

조기경보 신호가 발생하면 의사결정 프로세스가 가동된다. 전사 의사결정목록Chart of Decision Making과 의사결정 규칙 등 사전에 정의한 시나리오에 따라 분석전문가 조직Corporate Intelligence Center : CIC이 시나리오 시뮬레이션을 통해 대안을 선정하고 실행과제를 제시한다. 곧이어 기업 내 조직에 효과적으로 전달되어 '실행'으로 옮겨진다.

그렇다면 의사결정이 단순히 정보로 끝나는 것이 아니라 강력한 '실행'으로 옮겨지기 위해서는 무엇이 필요할까? 가장 먼저 살아있는 정보Actionable Information다. 조직 내 각 부분을 올바른 방향으로 움직이기 위해서는 '올바른 행동을 유발하는 정보'가 제공되어야 한다. 단순해도 강렬한 시사점을 주고 미래를 예측하는 살아있는 정보가 조직을 움직인다.

요즘 출시되는 자동차에는 꽤 신통한 정보가 대시보드에 제공된다. 연비 정보가 실시간으로 나타나는 것이다. 가속페달을 밟으면 순간연비가 뚝 떨어지고, 발을 떼면 연비가 쑥 올라간다. 운전자들은 자연스레 '아, 가속페달을 부드럽게 밟으면서 천천히 속도를 높이니까 순간연비가 높게 유지되는구나!' 하며 연비에 대한 호기심을 발동시킨다. 이렇게 실시간으로 제공되는 정보를 보면서 고속도로에서는 연비가 더 올라가는 것을 깨닫거나 운전 방식에 변화를 주면서 자연스레 연비를 높이는 습관을 기른다. 그동안 어떤 이야기를 들어도 잘 고쳐지지 않던 운전습관이 실시간으로 제공되는 '살아있는 정보'를 통해 굳어진 행동양식을 바꿔준다.

기업 환경에 변화가 발생했고 이에 대응할 의사결정을 내려야 할 상황과 직면했다면 우리는 어떤 행동을 취할까. 원인을 파악하고 필요한 정보를 모으고 대책을 세운 뒤 의사결정을 위해 상사에게 보고하고 조언을 얻는다면 절대로 문제는 해결되지 않는다. 상상 이상의 시간이 걸리는 것은 물론

이요, 각 조직의 분위기와 임원의 성향에 따라 서로 다른 대응을 지시하는 경우가 대부분이다. 중요한 의사결정이 원칙과 시스템이 아닌 개인역량에 따라 좌우되는 것이다. 결국 의사결정 항목을 미리 정의하지 않고, 의사결정 프로세스를 사전에 표준화하지 못한 기업은 시한폭탄처럼 언제 터질지 모르는 문제를 품에 안고 있는 셈이다.

앞으로 전개될 이야기에서 우리는 위기가 발생할 때마다 회사를 살리는 의사결정의 기술을 살펴보고자 한다. 각각의 의사결정이 진행될 절차와 이때 필요한 정보, 그리고 원칙 등에 대해 설명할 것이다. 이들 시나리오가 크고 작은 위기에서 당신의 기업을 구해줄 것이다. 더불어 기업 전체적인 의사결정 프로세스가 상향평준화된 상태에서 개인의 역량이 더해진다면 최고의 창의성을 발휘할 수 있다.

이처럼 최선의 의사결정을 성립하기 위해서 기업은 분석전문가들로 구성된 정보조직을 구성해야 한다. 최근 많은 기업들이 IMC Information Management Center : 정보관리센터, FIM Financial Information Management : 재무정보관리, COE Center of Excellence : 분석전문센터 등 다양한 분석전문가 조직을 도입하고 있다. 이들은 기업의 올바른 의사결정을 지원할 목적으로 정보를 수집하고 분석해 그 결과를 현장부서에 제공한다.

그동안 정보 활용을 위한 우리 기업들의 수많은 시도들이 결국 실패로 돌아간 가장 큰 이유는 '정보 그 자체'에만 주의를 기울이고 이를 운용하고 관리할 방법에는 무신경했기 때문이다. 통치 없는 국가가 무너지듯이 정보를 손에 쥐고 아무 것도 하지 않는 것은 '도착지 없이 고속도로를 달려가는 화물차'와 같다.

PART 2

스마트 워크,
분석 경쟁력을 위한
기본을 사수하라

오직 하나의 언어로 소통하는
기업이 돼라

기준정보 정비의 절대적 원칙

구약성서에는 바벨탑 이야기가 등장한다. 인류역사의 초기, 대홍수가 휩쓸고 지나간 후 노아의 후손들은 시날(바빌로니아)에 정착했다. 이곳에서 사람들은 도시를 건설하던 중 꼭대기가 '하늘에 닿는' 탑을 세우기로 했다. 높은 탑을 쌓아올려 자신들의 이름을 떨치기 위함이었다. 인간들로 하여금 행복은 신으로부터 오는 것이 아니라는 사실을 믿게 하려는 목적도 있었다. 탑을 높이 쌓으면 홍수에도 살아남아 신의 복수를 피하고 신의 심판에 들지 않아도 된다고 생각했기 때문이다.

돌 대신 벽돌을 빚어 단단히 구워내고 역청을 발라 연결한 탑은 사람들의 목적대로 착착 건설돼 가는 것처럼 보였다. 그러나 신들은 이 계획을 기뻐하지 않았다. 사실 그들의 민족신인 야훼는 노아의 홍수 이후 다시는 인간을 물로서 심판하지 않겠다고 약속했다. 그 약속의 징표가 무지개였다. 그럼에도 인간은 신을 불신하는 상징으로 바벨탑을 세운 것이었다. 이를 괘

씸하게 여긴 야훼는 탑을 쌓는 사람들의 마음과 언어에 혼란을 줘 멀리 흩어지게 함으로써 탑 건축을 중단시키고자 했다. 당시 인간의 언어는 오직 하나였기 때문에 갑자기 여러 개의 언어가 생기자 탑을 쌓는 인부들 사이의 의사소통에 마비가 왔다. 서로가 하는 말을 알아듣지 못한 사람들은 결국 바벨탑의 건설을 중단하고 각자 다른 언어를 가지고 온 세상에 흩어지고 말았다. 이후 그곳의 지명은 바벨Babel 또는 바빌론Babylon이라 불렸다. 그 뜻은 '그가 (언어를) 혼잡하게 하셨다'라는 내용이다.

벽돌과 역청 등 좋은 재료를 가지고 탑을 쌓았음에도 서로 다른 언어를 사용하게 되면서 혼란을 일으킨 바빌로니아인들은 바벨탑 건설에 실패했다. 이처럼 기업의 여러 조직에서 각자 사용하는 정보의 기준이 다른 경우 의사결정의 오류나 지연이 발생할 수 있다. 이를 방지하기 위해 기업 내의 언어를 하나로 바로잡는 것이 '기준정보의 정비'다.

국내에 ERP 시스템이 도입된 이래 기업들은 전략적 기업경영Strategic Enterprise Management : SEM, 균형성과 평가제도BSC, 경영자 정보시스템EIS 등 다양한 경영시스템의 도입에 막대한 비용을 투자했다. 하지만 실제 활용도는 매우 미흡한 상황이다. 이러한 현상의 근본적인 원인은 기준정보를 포함한 비즈니스 핵심역량의 품질과 적시성을 소홀히 다룬 데 있다.

대부분의 기업이 신제품의 예상 손익분기점을 산출하는 데 필요 이상의 시간을 소요한다. 이는 제품개발부서와 경영관리부서의 검토기준이 달라 부서 간 협의와 재산출을 반복하기 때문이다. 이들 문제점을 개선하기 위해 두 부서의 예상손익 산출기준을 통일하고 동일한 잣대로 손익을 평가한다면 불필요한 논쟁과 시간낭비를 사전에 막을 수 있다. 이것이 기준정보의 힘이다.

■■■■■기업의 공통언어를 가져라

기준정보 관리의 모범 경영을 이야기할 때는 삼성전자의 사례를 첫 번째로 꼽지 않을 수 없다. 삼성전자는 SCM 경쟁력을 확보하기 위한 혁신 초기부터 기준정보에 대한 정비를 시작했다. 20년 동안 끈질기게 기준정보를 표준화하고 정비해온 성과가 빛을 보였음은 물론이다.

마스터 코드를 모델, 자재, 고객, 공급거래선, 설비 등 5가지로 정비한 뒤 이를 바탕으로 250여 개의 항목을 표준화했다. 정비 결과 2,000만 건이 넘던 마스터 코드의 수가 50%가량 감소했다. 효과를 확인하자 바로 기준정보의 등록과 변경, 삭제에 대한 프로세스와 조직, R&R 등 기준정보 관리체계를 정비했다. 이를 통합된 코드로 시스템화하니 각종 제품생산에 사용되는 부품의 표준화로 제품과 자재의 재고비용이 획기적으로 줄어들었다.

삼성전자는 기준정보를 '회사의 공통언어이자 업무 프로세스 및 시스템 운영을 위한 필수정보'로 정의했다. 또한 세계적인 ERP 솔루션 업체인 SAP는 '프로세스에서 동일한 의미로 약속된 주요정보'라고 소개했으며, 미국의 글로벌 리서치 기업인 가트너는 '기업에서 지속적으로 단일성이 유지되는 코드, 속성 및 분류체계 등의 주요정보'라고 정의했다. 이처럼 기준정보는 기업의 업무 프로세스 전반에서 동일한 기준으로 사용되는 주요정보로서 코드, 속성, 분류체계 등을 의미한다.

이처럼 기준정보가 부서 간 의사소통의 결정적인 역할을 하고 있음에도 많은 기업들이 관리에 어려움을 겪고 있다. 그 원인은 기업 내에 정보관리는 IT 부서에서 담당해야 한다는 고정관념 때문에 경영진과 조직원들의 적극적인 참여가 부족한 데 있다. 과거 CIO를 중심으로 정보관리의 중요성을 인지해 데이터의 품질개선에 상당한 성과를 거둔 것도 사실이다. 하지만 새로운 시스템이 추가적으로 개발되거나 변경될 때마다 중복코드 발생, 허용값 상이 등 여러 문제점이 발생했다. 이를 두고 이슈가 되는 데이터를 누가 책임지고 관리할 것인가에 대한 협의도 어려워졌다. 이러한 문제를 해결하기 위해 최근 여러 기업에서는 데이터의 정의·입력·사용의 관점에서 각각의 역할에 따른 관리권한을 관련 부서에 부여했다. 그리고 IT 부서와의 협업을 통해 강력하게 데이터 품질관리 활동을 추진하고 있다.

기준정보를 체계적으로 관리할 때 많은 기업들이 데이터의 품질측정, 불완전성 검출, 중복코드 제거 및 분류체계 정비 등 '데이터 정제data cleansing'만 하면 준비가 끝났다고 생각한다. 하지만 핵심은 전사 프로세스가 흘러가는 동안 'No Conversion & No Mapping'이라는 사상을 관철시키는 것이다. 이는 전사적으로 오직 하나의 기준정보만이 존재함을 뜻한다. 즉 'Plan-Do-See'가 흘러가는 동안 부서와 부서 간, 시스템과 시스템 사이에 기준정보를 변환하거나 맞춰보는 일이 발생하지 않는 것이다.

일반적으로 기업의 애플리케이션 아키텍처Application Architecture(각 비즈니스 부문이 업무를 수행하기 위해 필요한 기능들을 어떻게 애플리케이션이 지원하고 제공할 것인지를 정의한 것)는 각각의 시스템이 연계되어 기준정보를 주고받도록 되어 있다. 특히 다양하고 복잡한 시스템이 연계된 금융기관이나 통신분야의 경우 기준정보가 기업 내 여러 곳에 존재한다. 그러다보면 기준정보가 정비되지 않은 시스템이 생기고 담당부서가 사용목적에 따라 각자 다른 기준으로 기준정보를 정비해 데이터의 속성이 달라지기도 한다. 이때는 데이터 정제만으로 문제를 해결할 수 없다. 기업이 근본적인 차원에서 오직 하나의 기준정보만이 존재하도록 관리체계를 재설계하고 이를 지원하는 시스템을 구축해야 한다.

각 부서의 목적을 공통적으로 충족하는 기준정보를 중앙집권적으로 관리하고, 개별 시스템에서 필요한 정보는 기준정보 시스템과 주기적으로 동기화함으로써 기업 내 모든 조직이 만족할 수 있다. 가장 대표적인 방식은 통합코드 시스템Integrated Code System : ICS의 구축이다. 데이터의 신규 등록 및 변경, 삭제 등 모든 정보는 오직 ICS에서만 가능하며 모든 시스템이 연결되도록 한다. 각 부서에서 코드를 요청할 경우에도 신규 코드를 만들지, 기존의 코드를 재사용할지를 심사한다. 즉 기업 내에서 하나의 사물(각각의 거래처나 부품, 제품 등)이 오직 하나의 코드로만 존재하는 것이다.

이처럼 '1물 1코드 원칙'을 유지하는 기업은 정보의 활용과 분석에 있어 어떠한 이득을 볼 수 있을까. 만일 경영상 문제 발생으로 이슈가 되는 원인을 분석하고 대안을 수립해야 하는 상황이 벌어졌다고 하자. 먼저 데이터를 분석해 원인을 찾아야 한다. 그런데 각 부서별 혹은 해외법인별로 보유한 데이터의 기준정보가 불일치한다면 어떻게 할 것인가. 상황이 급한 만큼 데이터를 전환해 매핑하는 작업부터 시작해야 할 것이다. 기업의 규모가 클수록, 기준정보의 관리정도가 복잡할수록 이러한 사전작업에 많은 시간과 노력이 소요된다. 매핑 테이블을 생성하는 동안에도 코드가 계속 생성되니 수치를 맞춰도 계속 틀릴 수밖에 없다. 결국 본격적인 분석을 시작하기도 전에 데이터를 정리하는 작업에서만 상당한 시간을 허비하게 된다. '적시 의사결정'은커녕 정확한 수치를 산출하는 데에만 급급할 뿐이다.

반면 하나의 코드만 존재할 경우에는 사전작업 자체를 생략할 수 있다. 각 부문이나 해외법인의 데이터를 종합해 분석하기만 하면 된다. 나비의 작은 날갯짓이 지구 반대편에 커다란 태풍을 일으킨다는 '나비효과'처

림 생성될 당시에는 별 문제가 없는 것처럼 보이던 다양한 기준정보는 시
간이 지날수록 기업을 위기에 빠트리는 위험요소가 된다. 이제 기업은 'No
Conversion & No Mapping'을 기준정보 정비의 절대적인 원칙으로 삼아야
한다.

세상에는 오직 두 개의 기업만이 존재한다

'빠른 기업'과 '망하는 기업'

알렉산더와 나폴레옹, 히틀러가 정복한 영토를 모두 합친 것보다 더 넓은 대륙을 거머쥔 칭기즈칸. 유목민이었던 그들이 농경사회를 기반으로 했던 민족을 어떻게 정복했을까. 한정된 군사로 드넓은 대륙을 통치하는 데 필수적인 것이 바로 '스피드'다. 칭기즈칸은 역사상 가장 효율적이고 효과적인 군대를 이끌었다는 평가를 받는다. 중원 점령에 걸린 시간은 고작 2년으로 그와 군대가 말발굽으로 밟고 지나가는 곳이 모두 그들의 영토가 되었다. 여기에는 빠른 의사결정이 큰 역할을 했다.

그들은 군사회의에 많은 시간을 소요하지 않았다. 또한 원정대에 닥칠만한 위험을 모두 따져보고 앞일을 예측해 대비하는 시간도 아꼈다. 그보다는 말을 몰고 직접 돌진하는 방법을 선택했다. 일단 실행한 뒤 상황을 판단해 그 후의 일을 결정하는 것이다. 어찌 보면 무모한 도전으로 보일지도 모른다. 하지만 아무것도 모르는 상태에서 백번 고민하고 내리는 결정보다 먼저 돌진한 뒤 신속하게 내리는 결정이 더욱 안전할 수도 있다.

게다가 칭기즈칸의 군대는 기동력과 경량화를 자랑했다. 빠른 말을 동원했고 군량미마저 육포로 바꾸는 등의 열정을 보였다. 이에 따라 그의 휘하에 있던 리더들의 생각도 자연스레 바뀌었다. 전쟁에 있어서 '속도'가 얼마나 중요한 것인지 깨달은 결과였다. 이때부터 이른바 '속도 경영'이 시작된 것이다.

승리와 정복으로 이어진 그들의 행보는 실로 엄청난 결과를 가져왔다. 칭기즈칸은 10만 명의 병력으로 군대의 100배가 넘는 인구가 살던 유라시아 대륙을 불과 20년 만에 통일했으며, 150년이나 통치했다.

칭기즈칸의 속도 경영은 현대 기업이 갖춰야할 조건으로 고스란히 전수되었다. 남들보다 '먼저' 시장의 변화를 감지해 보다 '빨리' 핵심업무에 집중하는 기업만이 목표를 달성할 수 있다. 《손자병법》에는 "시간 경쟁의 시대에서 큰 것이 작은 것을 먹는 것이 아니라, 빠른 것이 느린 것을 먹는다"는 말이 있다. 적절한 시기를 잃으면 패배한다는 것이다. 그렇다면 신속하게 목표를 설정하고 이를 달성해 소비자에게 인정받기 위해 기업이 갖춰야 할 것은 무엇일까? '조기결산 제도'에 그 답이 있다.

■■■■조기결산은 업무효율의 바로미터

"왜 결산을 빨리하는 것이 더 좋은 거죠?"

종종 여러 기업의 결산담당자들이 진지하게 묻는 질문이다. 오랜 시간 조기결산 컨설팅을 수행해온 입장에서 지극히 당연한 것을 현업 종사자로부터 들을 때마다 난감한 것도 사실이다. 하지만 한번쯤은 진지하게 고민해봐야 할 중요한 일이다.

다시 한번 생각해보자. 어차피 정해진 결과를 수치로 나타내는 것뿐인 결산을 왜 그리 서둘러야 할까? 정말 결산이 빠른 기업은 살아남고 늦은 기업은 사라지게 될까? 지금 당장 이에 대한 대답을 들을 수는 없다. 하지만 디데이(D-day)라 할 수 있는 업무마감 이틀 후에 결산을 완료하는 기업과 3주가 지나도록 결산중인 기업에는 분명한 차이가 존재한다.

실제로 결산일정이 늦은 기업들을 살펴보면 각 부분의 최적화에만 집중한 탓에 기업 전체적으로는 큰 효과를 내지 못하거나 오히려 역효과를 야기하는 경우가 많다. 동일 항목에 대한 각기 다른 기준은 정보에 대한 신뢰를 떨어뜨린다. 동시에 결산 시 불일치하는 숫자 때문에 오랜 시간을 소비해야 하는 악순환을 가져온다. 부정확하고 준비되어 있지 않은 정보는 의사결정권자로 하여금 잘못된 판단을 내리게 하고 회사는 위험에 빠질 가능성이 높아진다. 특히 이러한 과정이 자금과 재고 흐름에 영향을 끼쳐 잘못된 대규모 투자나 구매결정이 결정되는 순간 기업은 스스로 위기를 자초한 셈이 된다.

이때 조기결산에서 산출된 지표는 어두운 밤 전조등도 없이 낯선 길을 운전하는 운전자에게 건네진 내비게이션과 같은 역할을 한다. 전사의 업무결과라고 할 수 있는 주요지표는 적시에 정확한 정보를 제공할 수 있는 기반이다. 더욱이 경영자의 입장에서는 자사의 강점과 약점을 파악할 수 있는 데이터인 동시에 시장에서 정보의 무기로 활용할 경쟁력을 갖춘 셈이다.

주류를 생산하고 판매하는 A사는 PI-ERP Process Innovation-Enterprise Resource Planning(업무혁신 전사적 자원관리) 프로젝트 이전에는 D+15일에 재무

[표1] A사의 PI-ERP 프로젝트 이후 결산 일정

D+1	D+2	D+3	D+4	D+5
매출확정	원가확정		재무분석	
입금마감			연결분석	
생산확정				
구매확정	미착조정			
물류확정				
비용확정	결산조정	▲ 손익보고		▲ 분석보고

제표를 확정했다. 월말에는 거래처리 및 대사에 많은 시간을 소비하고 있었고, 거래에 따른 영업-회계, 구매-회계 간 기준이 달라 전사가 통일된 숫자를 보유하지 못했던 까닭이다. 따라서 CEO의 숫자에 대한 신뢰도가 떨어진 상황이었다. 이에 D+3일을 재무제표 확정일로 목표하고 결산일정 단축을 위한 세 가지 주요 과제를 수행하기로 했다.

과제는 구매-생산-영업-물류-재무-관리로 이어지는 통합시스템 구축과 전사 재무관련 기준 통일, 그리고 업무마감 체계의 도입이었다. 통합시스템 구축으로 각 영업의 대사시간을 단축했고, 재무기준 통일은 '매출인식 기준'에 혁신을 가져올 만큼 도움이 되었다. 매출은 출고를 기준으로 하며 매출조정은 출고와 독립적인 거래유형을 정의했다. 물류의 흐름을 왜곡하지 않으면서 매출 및 채권대사도 가능한 시스템이었다. 이들을 바탕으로 업무마감 다음날에 영업이 마무리되면서 출고실적, 매출실적, 매출조정 모두 전사에서 통일된 숫자로 산출되었다. 더불어 업무마감 체계의 도입으로 생산실적, 물류 입출고 및 시재에 대해 매일 마감처리가 가능해졌다. 덕분에 월

말에 거래가 몰리거나 대사에 오랜 시간이 소요되던 현상을 해소할 수 있었다.

이에 발맞춰 물류 및 입금마감 역시 업무마감 다음날(D+1)에 완료되었고, D+2일에는 재무의 결산조정과 원가작업 등 재무관리에 관한 결산작업만 남았다. D+3일에 결산 완료보고를, D+4일에는 분석작업을 진행해 D+5일에는 최종 결산분석 보고가 가능한 시스템이 완성됐다.

A사의 변화는 단순히 D+3일에 재무제표를 산출하게 된 것이 아니다. 기업 전체의 체질개선을 통해 전사 프로세스가 하나의 기준 아래서 유기적으로 움직이는 업그레이드된 혁신을 맞이한 것이다. 더불어 단순히 계산방식에 맞춘 숫자를 산출하기 위한 결산에서 경영진이 결산자료에서 현재의 경영상황 파악과 경영 이슈 및 추이에 대한 통찰력을 얻을 수 있는 의미 있는 과정이 되었다. 조기결산 제도는 올바른 의사결정과 업무효율성을 위한 가장 기본적이면서 중심적인 기반이다.

물류와 재무의 흐름을
일치시켜라

거래처리의 실시간 재무정보화

2014년부터 전국적으로 '도로명 새주소' 사용이 실시된다. 지난 100년 동안 사용한 '지번주소' 체계가 급속한 산업화와 도시화로 배열이 무질서해지면서 위치 찾기가 어렵다는 이유로 도입한 것이다. 하지만 법률상 주소와 도로명 새주소의 불일치로 인해 시민과 업계는 물론 도로명 주소를 담당하는 일선 공무원들까지 혼란을 겪었다.

정부는 새로 바뀌는 주소의 내용에 대한 정보를 제공하기 위해 대규모 홍보활동을 벌였다. 도입된 새 주소를 15년 만에 법정주소로 교체하기도 했다. 그러나 자신이 살고 있는 곳의 주소가 어떻게 바뀌는지에 대해 정확히 알고 있는 시민은 매우 드문 상태다. 혼란은 물류업계로 이어졌다. 기존의 주소방식과 전혀 다른 체계를 이용해서는 배달 동선을 짜기가 어렵기 때문이다.

주소는 우리 생활과 가장 밀접한 정보 중 하나다. 그만큼 중요성이 더욱 부각되므로 소소한 부분 하나까지 세밀해야 한다. 또한 언제 어디서나 일치하는 동일한 정보를 내포해야 한다. 그런데 지금은 기존 지번주소와는 다른 도로명 주소임에도 국가기초 구역코드는 수정되지 않은 상황이다. 서로 다른 정보를 바탕으로 한 지금 상황에서 사용자는 혼란과 불편함을 느낄 수밖에 없다.

기업도 물류와 재무, 경리와 관리 등 다양한 업무기준에 따라 서로 다른 정보가 생성돼 혼란에 빠지기도 한다. 크고 작은 여러 개의 톱니바퀴가 서로 이를 맞물려 움직이는 조직에서 혼선을 줄이기 위해 알아야 할 것들에 대해 살펴보자.

■■■■물류와 재무, 경리와 관리기준의 일치

결산마감이 늦는 기업들의 내부 프로세스를 들여다보면 여러 가지 문제들이 눈에 띈다. 그중에서 가장 큰 이슈 중 하나가 물류와 재무의 흐름, 경리와 관리의 흐름이 불일치하는 것이다. 각자의 영역으로 나뉜 조직은 개별적으로 업무를 진행하면서 각기 다른 운영방침을 구성한다. 이때 해당 조직의 활동이 회계와 연계되지 않아 업무결과에 대한 피드백을 숫자로 따로 받거나, 각 영역이 서로 다른 회계처리 결과를 갖기도 한다. 이 때문에 월말에 재무숫자를 확정하는 데 꽤 오랜 시간이 소요된다.

물류와 재무의 불일치와 함께 경리와 관리의 불일치도 전사적으로 통일된 경영정보를 제공하는 데 큰 장애물이다. 이러한 불일치가 일어나는 기업들 중 대부분은 조직 간 커뮤니케이션이 잘 이루어지지 않고 있다. 또한 재무결산 후 경영지원이나 관리회계 팀이 내부 관리기준으로 재결산을 진행하는 경우가 빈번하다. 이들 기업들은 관리회계상으로는 모든 조직에서 이익을 내는 것으로 보인다. 그러나 재무회계를 기준으로 한 결산을 살펴보면 기업의 전체적 측면에서 적자가 발생하는 어처구니없는 상황이 벌어진다. 이러한 상황을 받아들일 수 없는 CEO는 당장 경리와 관리를 일치시키는 혁신 프로젝트를 진행할 것을 지시하기도 한다. 이를 바탕으로 물류와 재무, 경리와 관리의 흐름이 일치한다는 것은 결산일정 단축뿐 아니라 정확한 경영정보 제공에도 지대한 영향을 끼친다는 사실을 알 수 있다. 경영정보에서 속도와 정확성은 가장 바탕이 되는 조건이다. 이를 놓치지 않아야 다음 단계인 정보의 분석과 활용으로 나아갈 수 있다.

PART 3

경영 이슈를
중심으로
정보를 활용하라

분석은
직감을 이긴다
고객 니즈 발견과 정확한 분석의 힘

대한민국은 모퉁이 하나만 돌면 커피전문점을 쉽게 찾을 수 있을 정도로 커피 천국이 되었다. 2011년 3월 기준으로 국내에는 스타벅스 직영점 376개, 엔제리너스 387개, 할리스 커피 204개, 탐앤탐스 245개 등 엄청난 수의 카페전문점들이 존재한다. 이미 시장은 포화상태다. 그런데 커피시장에 뒤늦게 뛰어들었음에도 가장 많은 매장 수와 높은 인지도로 업계의 선두를 달리는 브랜드가 있다.

2008년 4월 첫 가맹점 개설 이후 630여 개의 매장을 오픈한 국내 토종 브랜드 '카페베네'가 그 주인공이다. 이들의 '1등'은 세계적인 글로벌 브랜드인 스타벅스와 대기업인 롯데그룹에서 운영 중인 엔제리너스를 누르고 중견 프렌차이즈 기업이 이뤄낸 성과라는 점에서 더 큰 주목을 받았다. 굴지의 해외 브랜드가 대부분인데다 크고 작은 커피전문점까지 난립해 이미 포화상태인 시장에서 당당하게 살아남아 1등을 달리는 카페베네의 성공 비결은 무엇일까.

카페베네는 브랜드를 출범하기에 앞서 커피에 대한 국내시장과 유럽시장 환경을 철저하게 분석했다. 무엇보다 한국인들에게 있어 커피의 존재는 무엇이며, 어떤 역할을 하는지 파악해 소비자의 니즈를 먼저 충족시킬 필요가 있었다. 다음으로 유럽의 커피 문화에도 통하는 브랜드로 거듭나 세계로 진출하겠다는 목표를 세웠다. 여기에는 소비자들이 인스턴트 커피보다 원두커피를 더욱 찾게 될 것이며, 이미 커피맛을 구분할 줄 아는 수준에 도달했다는 판단이 있었다.

그들은 단순히 소비자를 관찰하는 것이 아니라 그들과 함께 생활하면서 자연스러운 행동 속에 숨은 니즈를 찾아내는 데 집중했다. 조사원들은 각자 매장에서 커피를 시켜놓고 하루 종일 시간대별 고객의 수를 체크해 매출을 추산했다. 또한 소비자를 대상으로 직접 설문조사를 실시해 스타벅스와 같은 대형 커피전문점에 대한 반응을 확인했다. 서울에 있는 대부분의 커피전문점을 조사해 얻은 데이터를 바탕으로 카페베네는 출발했다.

우선 커피에 대한 한국인 고유의 감성을 부여했다. 미국과 같은 서구권 문화에서 소비자들은 커피전문점에 대해 커피를 마시는 것 이상의 의미를 부여하지 않는다. 그러나 우리나라는 달랐다. 한국인들은 커피전문점이 '사랑방 문화'와 같은 고유의 역할을 해주길 바랐다. 연인과 가기 좋은 카페, 친구들과 수다를 떠는 곳, 조용히 나만의 시간을 보낼 수 있는 공간, 책을 읽거나 음악을 듣는 등 문화생활을 즐기기 좋은 장소를 원한 것이다. 프리미엄 커피전문점이 국내에 진출한 지 10년이 되는 시점에서 소비자들은 새로운 변화를 요구했다. 카페베네는 이를 감지하고 메뉴와 인테리어 등 전반적인 매장의 콘셉트를 차별화했다.

유럽풍 카페에 앉아 오랫동안 이야기를 나누며 커피를 마시는 국내 소비자의 취향을 분석해 공간을 독립적으로 분할하고, 아늑한 조명과 푹신한 소파, 흡연구역 정비, 넓은 테이블 배치, 노트북 사용을 위한 모든 의자의 콘센트 설치 등으로 편안함을 강조했다. 프랜차이즈의 특성상 초기 입지선정 역시 매우 중요하기 때문에 조사원을 통한 고객의 니즈를 적극 반영했다. 카페베네가 단순히 음료를 마시는 공간이 아닌 느긋하게 커피를 마실 수 있는 생활의 한 부분으로 거듭난 것이다.

고객의 니즈 발견과 정확한 분석에 힘입은 카페베네는 2009년 매출 223억 원에서 1년 만에 4배가 넘는 1,000억 원을 돌파하며 '토종 1등 브랜드'로 자리 잡았다. 2011년에 뉴욕 맨해튼 타임스퀘어에 해외 1호점을 시작으로 세계 시장에 도전할 계획까지 세웠다. 물론 국내 매장을 그대로 옮겨 놓는 게 아니다. 뉴요커가 선호하는 커피의 맛과 현지 소비자들의 니즈를 철저히 분석해 적극 반영할 예정이다.

카페베네가 단기간에 폭발적으로 성장할 수 있었던 성공 비결은 고객의 니즈 발견과 정확한 분석이다. 소비자들은 늘 변화를 시도하고 새로운 것을 추구한다. 이 흐름을 읽은 기업은 여기서 머무르지 않고 지속적으로 정보를 분석하고 활용해 소비자의 니즈를 읽어야 한다.

■■■■ 직관 vs. 분석

데이터 분석의 중요성에 대한 이야기는 어제 오늘의 이야기가 아니다. 이미 오래 전부터 모든 기업의 핵심 이슈였다. 데이터 분석이라 하면 꼭 등장하는 사례가 '맥주와 기저귀Beer and Diapers'이야기다. 이는 분석 분야에서 신화로 불릴 정도로 유명한 일화이지만 다른 한편으로는 가장 왜곡된 이야기 중 하나다.

미국의 대형 할인마트에서 고객의 성향을 파악하기 위해 고객관계 관리 Customer Relationship Management : CRM를 실시했다. 그때 한 가지 중요한 사실을 발견했는데, 주말이면 기저귀와 맥주가 함께 매우 잘 팔린다는 것이었다. 전혀 상관이 없어 보이는 두 제품이 잘 팔리는 이유는 대체 무엇일까.

이야기는 이랬다. 주말을 앞두고 주부들이 퇴근하는 남편에게 전화를 걸어 집으로 오는 길에 마트에 들러 아기 기저귀를 사올 것을 전한다. 마트에서 기저귀를 사던 남편은 주말을 보내면서 마실 맥주도 함께 사는 것이다. 특히 이들은 스포츠 프로그램을 보면서 맥주 마시기를 좋아한다. 그래서 주말마다 기저귀와 맥주의 판매량이 급상승한 것이다. 이 사실을 발견한 마트 매니저는 기저귀 옆에 맥주를 비치하고 계산대 옆에도 맥주와 기저귀를 함께 진열해 사람들이 손쉽게 구입할 수 있도록 했다. 미국에 있는 마트에서 흔히 보는 상품진열 방식이다.

이는 경영학에서 다루는 데이터 마이닝data mining 효과를 적용한 것이다. 데이터 마이닝이란 장기간에 걸쳐 고객의 구매습관과 동선을 분석해 맞춤형 점포로 운영해 효율을 극대화하는 것을 말한다. 맥주와 기저귀 이야기는 〈Data Warehousing : The Route to Mass Customization〉과 같은 논문 외에도 수많은 자료에 월마트의 사례로 소개되어 CRM의 효과와 기대감을 형성하는 데 기여했다.

국내 대형 할인마트 역시 여기에서 힌트를 얻은 연관진열법을 도입해 샐러드 옆에는 드레싱을, 정육매장 옆에는 쌈장 코너를 두는 등 다양한 제품

군에 적용하고 있다. 최근에는 연관진열을 위한 별도의 집기를 설치하거나 매장 구성 단계부터 짝짓기식 진열을 염두에 두고 배치할 정도다.

그런데 '맥주와 기저귀'에 대한 분석이 전혀 검증되지 않은 것으로 알려지면서 논란을 불러일으켰다. 진실은 월마트에서 실험했다고 하는 시기보다 훨씬 이전에 미국의 드럭스토어 체인인 오스코 드럭 Osco Drug 의 데이터를 분석한 데 있었다. 단순히 우연의 일치로 어느 날, 어느 시간대에 그런 분석이 나왔다는 것에 지나지 않은 것이다. 단 한 번 그런 패턴을 발견했을 뿐 실제로 두 제품을 함께 놓고 판매한 적은 없었다.

그런데 그날 이후 데이터 마이닝 소프트웨어를 판매하는 업체는 고객에게 다음과 같이 이야기했다.

"대용량 데이터를 데이터 마이닝을 이용해 분석하니 맥주와 기저귀의 상관관계가 높은 것을 발견했다. 확인을 위해 실제로 관찰해 보았다. 그러자 주말에 남편들이 부인의 요청에 의해 기저귀를 사러 왔다가 집에 가서 TV를 보며 마실 맥주를 사는 것을 확인했다. 그래서 두 제품을 함께 진열하자 많이 팔렸다. 당신의 기업도 데이터 마이닝 툴을 이용하면 효과를 얻을 것이다. 그러니 이 제품을 사라!"

이 과정에서 오스코 드럭의 이야기가 빠지면서 월마트의 사례로 둔갑해 세계 곳곳에서 CRM 바람이 불기도 했다. 만일 다른 기업들이 '맥주와 기저귀' 사례를 현장에 도입하기 전에 다음과 같은 질문을 던졌다면 어떤 결과가 나왔을까 궁금하다.

"기저귀와 맥주를 함께 구입한다면 오히려 두 제품을 진열한 위치를 더 떨어뜨려 나머지 제품을 사러 가는 도중에 또 다른 제품의 충동구매를 유도하는 게 좋지 않을까?"

"기저귀 옆에 맥주를 진열하는 것과 맥주 옆에 기저귀를 진열하는 것 중 어떤 방식이 더 효과적일까?"

"주말뿐 아니라 평일별로 또는 요일별, 시간대별로 두 제품의 판매에 있어 얼마나 큰 차이가 있을까?"

우리는 'CRM의 오해와 진실'이라 불리는 이 이야기를 통해 분석을 맹신하는 습관을 버려야 함을 알 수 있다. 더불어 분석의 중요성만큼 이를 확인하는 과정의 중요성도 인식해야 한다.

그렇다면 탁월한 경영자들은 동물적 감각인 '직관'에 의한 의사결정을 내릴까. 아니면 치밀한 논리와 정확한 판단력인 '분석'에 의해 의사결정을 할까. 그동안 직관과 분석 중 어느 쪽의 의사결정이 더 우월한가에 대해 늘 엇갈린 의견이 오고갔다. 경영전략 애널리스트이자 세계적 베스트셀러《관심의 경제학》의 저자인 토머스 H. 데이븐포트 교수는 자신의 저서《분석으로 경쟁하라》에서 다음과 같이 말했다.

"분석기반 의사결정이 직관적 의사결정보다 더욱 정확하다는 데는 상당한 증거가 있다. 그렇다고 이를 믿거나 생각하거나 느끼는 것보다는, 확실히 하는 것이 중요하다."

정보 과잉 시대인 현대사회에서 경영자는 분석하고 또 분석해야 한다. 〈뉴욕타임스〉의 일요판에 담긴 정보가 15세기에 쓰인 모든 문서를 합친 것보다 많을 정도로 우리는 정보의 홍수에 직면해 있다. 그만큼 정확한 분석을 통해 가치 있는 정보를 골라내는 것이 중요하다. 하지만 아직 우리나라의 기업 경영인들에게는 '지식 기반 경영 마인드'가 부족한 것이 현실이다. 무한 경쟁의 시대에 살아남기 위한 유일한 방법은 '끊임없이 분석하고 사실 기반의 의사결정을 내리는 것'이다.

영국 최대의 식품 유통 체인인 테스코Tesco는 분석기술을 도입해 성공한 기업으로 널리 알려졌다. 테스코 이용고객의 80%는 클럽카드를 소지하고 있다. 카드 회원들은 멤버십에 가입하기 위해 이름, 주소를 비롯해 가족 규모, 자녀의 나이, 선호식품 등 개인정보를 제공한다. 테스코는 이들을 위해 가격할인은 물론 현금처럼 사용할 수 있는 포인트를 적립해주고 정기적으로 특정상품의 할인혜택도 부여한다. 여기에 그치지 않고 고객들의 세부정보까지 분석한다. 예를 들어 아기용 기저귀를 구입한 고객들에게 e메일을 통해 맥주 쿠폰을 제공하는 방식이다. 영국에선 아기를 데리고 술집에 가지 못하기 때문에 아버지들이 테스코 매장에서 맥주를 구매하는 경우가 많기 때문이다.

또한 데이터를 기반으로 고객들의 소비성향을 분석해 이를 경영전략에 적극 반영했다. 저가 구매층과 고가 구매층을 구별해 각기 다른 전략을 활용한 것이다. 가격에 민감한 소비자를 선정해 이들이 주로 구매하는 저가 상품 목록을 작성했다. 이들 제품을 테스코가 직접 생산해 공급함으로써 수익 증가에 기여했다. 반대로 고가 구매층들은 매장에서 와인, 치즈, 과일 등의 구매를 꺼리는 사실을 확인했다. 이들을 자사 고객으로 만들기 위해 자체적으로 고급 브랜드를 출범시켜 양질의 제품을 제공해 구매층 확대에 성공했다.

테스코가 클럽카드를 도입한 당시 미국 대형 할인업체인 월마트는 영국의 2위 할인업체인 아스다를 인수해 영국시장에 진출한 상황이었다. 대부분의 전문가들은 월마트가 영국 시장을 석권할 것이라 예측했다. 하지만 이들의 예측은 보기 좋게 어긋나고 말았다. 테스코는 월마트가 아스다를 인수한 후부터 자체적으로 고객 데이터베이스를 구축했다. 이를 바탕으로 클럽카드라는 프로그램을 도입해 철저한 고객 분석으로 영국 1위의 식품 유통기업이자 세계 최대 인터넷 식품상점으로 거듭났다.

분석은 전문지식과 경험이 뒷받침된 결과다. 수많은 정보들이 복잡하게 얽혀 어떤 변수가 갑자기 나타날지 모르는 오늘날 '확실히 아는 것'의 중요성은 두말할 필요도 없다. 그러나 많은 경영자들이 분석보다 직관을 선택한다. 분석을 위한 정보가 느리게 제공되거나 정확도가 떨어지는 경우 때문이다. 하지만 우리나라는 IT 최강국답게 충분한 양의 데이터가 존재한다. 정보가 적시에 제공되는 것은 물론, 정확도까지 향상된 수준이다. 누가 보더라도 직관적 의사결정보다 분석적 의사결정을 통해 더 나은 방향으로 기업을 이끌 수 있는 환경이 주어진 셈이다. 문제는 기업이 이들 데이터를 어떻게 축적하고 사실에 기반한 의사결정을 내리느냐에 달렸다.

오늘날 구글이나 애플처럼 전세계의 트렌드를 이끄는 선도적 기업들이 정상에 오른 것은 독특한 아이디어나 놀라운 사업적 직관에 의한 것이 아니다. 언뜻 너무도 대단해 보여 마치 그들이 남들과는 다른 확실한 차별점, 즉 직관력이나 제6의 감각 등이 발달한 것이라고 생각하기 쉽다. 그렇지만 사실은 다르다. 위대한 기업들은 곳곳에 흩어진 방대한 데이터를 대규모로 수집하고 여기서 얻은 통찰력을 바탕으로 차별화된 전략을 수립해 높은 성과를 거뒀다. 거대하고 체계적인 시스템과 정보기술로 분석을 시행하고 예측 모델을 세워 경쟁 기반을 다진 것이다.

고급정보와 방대한 데이터를 처리할 수 있는 첨단기술을 갖췄음에도 데이터 분석의 중요성을 깨닫지 못하고 방치하는 기업이 많다. 정보만 가지고는 무엇을 어찌 해야 할지 몰라 여전히 경영자나 각 조직 관리자의 직감으로 모든 프로세스가 결정되기도 한다. 많은 기업들이 서로 비슷한 제품을 출시하고 비슷한 정보와 기술을 활용해 앞다퉈 경쟁하는 오늘날에는 정보에 대한 통찰력이 차별화를 가르는 마지막 보루다. 직관보다 분석으로 경쟁 우위를 획득한 기업들은 최고의 고객을 찾아 시장을 넓히고 가장 효율적인 마케팅과 홍보활동을 해나가야 한다. 이들은 앞으로도 분석에 기인한 전략으로 자신들의 라이벌을 능가할 방법을 계속 찾아낼 것이다.

지금까지 당신과 당신의 기업이 무엇을 해왔는지, 무엇이 문제이고 무엇을 개선해야 하는지 확인하고 분석하자. 미래를 예측하기 전에 현재의 시장과 고객을 분석하는 것이 먼저다. 방대한 정보를 효과적으로 분석하는 기업은 반드시 21세기의 기술과 글로벌 경제의 흐름에 올라탄 효율적이고 창조적인 기업으로 거듭날 것이다.

▪▪▪▪▪분석적 의사결정은 위기의 돌파구

글로벌 컨설팅사의 내부조사에 따르면 경쟁사 대비 지속적으로 우위를 선점하는 1등 기업들은 정보분석 솔루션을 일반 기업보다 5배 이상 적극적으로 활용한다고 한다. 훌륭한 정보분석 시스템과 많은 데이터를 저장했다고 해서 이것이 바로 기업의 경쟁력 향상으로 연결되는 것은 아니다. 데이터를 분석하는 능력과 그것을 가지고 탁월한 의사결정을 내리는 능력이 무엇보다 중요하다. 그러나 소셜네트워크의 발전, 모바일 커뮤니티 등 새로운 데이터 소스의 증가로 기업에게 데이터 분석은 점점 어려운 과제로 여겨지고 있다.

정보를 분석하는 데 능통한 기업들은 고객을 분석한 결과를 기반으로 상품과 서비스를 적절하게 배치하는 능력도 갖춰야 한다. 미국의 보험사인 프로그레시브Progressive는 분석기법 및 모델링기법 등을 활용해 고객을 선별 수용해 경쟁력을 갖춘 기업이다. 이들은 자동차사고를 일으킬 가능성이 높은 고객의 성향을 잘 알고 있었다. 이를 바탕으로 고객의 리스크를 분석해 리스크가 높은 고객에게는 경쟁사에 비해 높은 보험료를 받았다. 반대로 리스크가 낮은 고객에게는 저렴한 보험료를 제시했다.

특히 자동차사고 가능성이 낮은 우수 고객들은 30대, 대졸 이상의 학력, 일정 수준 이상의 신용평점을 보유했음을 확인했다. 프로그레시브는 곧바로 고객 분석기법을 활용해 이들 조건을 모두 만족하는 기준에 속한 고객 집단을 창출해냈다. 그리고 이들을 바탕으로 안정적인 신규고객을 확보해 시장점유율을 늘렸다.

또한 시속 120km 이상으로 운전을 한 시간이 얼마나 되는지, 급정차를 얼마나 자주 하는지 등을 측정하는 트립센서TripSensor 기술을 자발적으로 이용하는 안전운전자에게 할인 프로그램을 실시하기도 했다. 프로그레시브는 경쟁사들이 손을 놓고 있는 부분에 고객정보를 더해 깊이 분석한 결과를 경쟁업체보다 빠르게 행동으로 옮겼다. 이런 전략들은 상당한 재무적 성과를 달성했는데, 프로그레시브의 시가총액은 지난 4년간 두 배로 늘어나서 230억 달러에 이르렀다.

지금은 상품과 IT 시스템 영역에서 '경쟁우위'라는 단어는 찾아보기 힘들 정도로 모방이 가능한 기술의 시대다. 이런 어려운 상황에서 기업경쟁력을 강화하기 위해서 기업은 변화하는 고객 환경과 발을 맞춰야 한다. 고객은 맞춤상품처럼 그들의 니즈에 '맞춤 솔루션'을 제공하는 기업을 선호한다. 고객이 어떤 니즈와 이슈를 가지고 있는지, 그리고 이들을 둘러싼 시장의 환경은 어떠한지를 철저하게 분석하는 기술은 레드오션에서 기업의 성장동력을 키울 수 있는 큰 무기와 같다.

CJ가 운영하는 제과점 뚜레쥬르는 최근 베트남에 진출해 성공했다. 2007년 베트남 1호점을 오픈한 이후 연평균 72%의 매출을 성장시키며 로컬 베이커리 브랜드를 제치고 매출 1위를 달성한 것이다. 뚜레쥬르의 성공은 해외 진출 전 현지 전문가를 파견한 철저한 사전조사의 결과였다.

과거 프랑스의 식민지 경험이 있는 베트남은 프랑스 문화의 영향으로 빵을 식사대용으로 여기는 문화가 널리 퍼져있었다. 그러나 베이커리에서 취급하는 빵의 종류는 매우 적었다. 이러한 시장정보를 획득한 뚜레쥬르는 베트남 진출을 결정했다. 그리고 곧바로 철저한 현지 상권 분석을 위해 담당 팀을 선정해 1년간 주요 상권을 선정해 여러 차례 거주지를 옮겨 다니며 인근 상권과 현지 네트워크를 형성했다. 온몸으로 부딪혀 얻은 정보를 바탕으로 뚜레쥬르만의 차별성을 가진 브랜드를 론칭했다.

먼저 로컬 베이커리와 비교해 세 배 이상의 다양한 제품을 선보임으로써 고객의 니즈를 충족시켰다. 또한 베트남의 로컬 브랜드의 옆에 체인점을 내면서 정면승부를 펼치는 동시에 그들과의 경쟁에서 시장을 이해하는 기술을 배웠다. 그 결과 호찌민시의 중심상권에 자리를 잡고 있던 유명 베이커리의 고객들이 뚜레쥬르로 몰리며 로컬 브랜드가 철수하는 진풍경이 벌어졌다. 여기에 로컬 브랜드 대부분이 매장의 규모가 작아 테이크아웃만 가능하다는 점을 놓치지 않았다. 차별화를 위해 카페문화가 발달한 베트남의 성향을 매장 인테리어에 반영했다. 테라스가 있는 베이커리 카페는 현지 고객들에게 고급스러운 이미지라는 확실한 차이점을 각인시켰다.

뚜레쥬르는 성공에 자만하지 않았다. 2호점을 호찌민 최고급 백화점인

다이아몬드 플라자에 숍인숍Shop in Shop 모델로 개설한 것이다. 다이아몬드 플라자는 한국의 포스코 건설이 호찌민 중심가 성모 성당 바로 옆에 건설한, 상위 소득층 및 외국인들을 목표로 한 최고급 백화점이다. 1호점과는 전혀 다른 입지와 내방객들을 상대하는 시장에 2호점을 오픈한 것이다. 지금까지와는 또 다른 실험의 시작이었다. 얼마 지나지 않아 그곳에서 쇼핑을 하던 화려하게 치장한 중년의 주부들이나 유행에 민감한 젊은이들이 뚜레쥬르 빵을 많이 구입하는 모습을 쉽게 목격할 수 있었다. 차별화된 빵을 원하는 수요가 고급 백화점에도 상당히 존재한다는 것을 확인한 것이다. 뚜레쥬르의 기대가 적중한 셈이었다.

뚜레쥬르는 계속해서 색다른 실험에 도전했다. 전혀 다른 상권과 특성을 가진 지역에 3호점과 4호점을 개업하면서 시장의 반응을 살펴보는 것이다. 다이아몬드 플라자가 아닌 다른 쇼핑몰들에서 입점을 요청하는 문의가 몰려왔다. 그럼에도 뚜레쥬르는 당초의 계획대로 실험을 계속해 나갔고 줄줄이 성공으로 연결됐다. 현지 시장의 특성을 완벽히 파악한 CJ는 뚜레쥬르의 본격적인 대규모 베트남 진출을 준비하고 있다.

CJ의 이야기는 서두르지 않고 철저한 연구를 한 후 시장에 진입하는 것이 얼마나 큰 효과를 발휘할 수 있는지를 알려주는 좋은 사례다. CJ가 만약 철저한 시장조사 없이 과감한 의사결정을 내린 후 상당한 자금을 투자해 베트남 곳곳에 매장을 한꺼번에 열었다면 어땠을까. 정확한 분석 없이 직관에 따른 의사결정은 성공의 가능성과 비례한 실패의 가능성을 함께 갖고 있다. 과거 한국 기업은 철저한 연구와 분석 없이 빠르고 과감한 투자에 집중해 상당한 성공을 거뒀다. 1980년대까지의 한국은 고성장의 시대였으며 수요에 비해 공급 부족한 상황이었기에 이러한 전략이 통했다. 정확함

보다는 신속한 생산에 의한 시장 선점의 효과가 중요했다. 허허벌판에서 지금 당장 비를 피하기 위한 최대한 많은 지붕을 빠르게 만드는 것이 목표였던 셈이다. 그러나 1990년대 이후 한국은 점차 저성장과 공급 초과의 시대로 바뀌었다. 한국뿐만 아니라 세계시장도 마찬가지다. 더 이상 비는 오지 않고 추운 바람이 불기 시작하는 겨울이 온 것과 같다. 이제는 비바람과 눈을 모두 피할 수 있는 지붕과 벽을 모두 가진 견고한 건물이 필요한 시기가 찾아왔다. 따라서 예전에 성공한 방법이라도 미래에는 실패할 가능성을 갖게 되었다. 지금은 철저하게 자료를 분석해서 그 결과에 따라 대응할 전략을 짜야 하는 시대다.

■■■■가치동인 트리를 분석에 활용한 기업

기업의 성과에 영향을 미치는 요인은 무엇일까. 여기에는 기업의 신용도, 조직원의 역량, 매출, 신규고객 수, 브랜드 이미지, 이자율, 가격 경쟁력, 상품 개발력, 서비스의 품질 등 다양한 변수가 존재한다. 이처럼 기업과 조직의 최종목표와 핵심성과를 달성하는 데 영향을 미치는 요소들을 인관관계에 따라 정리한 것을 가치동인 트리Value Driver Tree : VDT라고 한다. VDT는 조직이 성과를 발현하는 구조를 명확히 파악할 뿐 아니라 각 부서의 업무가 전사의 목표와 어떻게 연결되는지, 부서 간 업무성과가 상호 어떻게 연결되는지를 파악할 수 있는 데이터다. 또한 성과를 개선하기 위한 기준이 되기도 한다.

빌딩관리 기업인 E사는 2008년까지 연평균 10%라는 안정적 수익창출을 이루고 있었다. 겉으로는 아무런 문제가 없는 듯했지만 문제는 관계사 매출의 비중이 매우 큰데, 그마저도 점차 증가하는 추세라는 점이었다. 관계사에 의존해 매출을 늘리는 것에는 이제 한계가 보이기 시작했고 새로운 시각의 원가개선의 노력이나 외부시장의 확대를 통해 이익을 증대시켜야 할 시점이 온 것이다. 그리하여 성과개선을 위한 핵심동인을 분석하기로 했다.

분석과정은 VDT를 통해 핵심성과지표Key Performance Indicator : KPI를 분석하는 것을 시작으로, 원가개선과 시장 확대 사이에서 상대적으로 실행이 용이한 원가효율화에 초점을 맞췄다. 프로젝트의 진행은 우선 기존 KPI 체계 및 사업관리 현황을 검토해 비효율적인 KPI는 없는지 확인하는 것에서 출발한다. 다음으로 VDT를 작성해 평가한다. 작성된 VDT에 나타난 가치동인 중 전략연계성 및 통제가능성 등을 고려해 중요하지 않은 동인을 제거하고, 이를 전략적 의미에 따라 집단화한다. 비전 및 전략에 관련되지 않은 요인들은 삭제하고 이들의 변화에 대한 조직 내부의 통제 가능성에 대해 평가하는 것이다.

E사의 경우 원가효율화를 위해서는 계약방식을 인당제에서 평당제로 전환해야 할 필요가 있었다. 또한 수의계약 방식으로 이루어지는 발주는 통제가 어려워 원가효율에 문제가 있기에 경쟁입찰 방식으로 수정하는 것이 유리했다. 모두 해외 선진사례 분석을 통해 도출된 시사점이었다.

VDT 설계는 손익을 구성하는 하부 손익계정의 파악에서 시작된다. 프로젝트에서 매출계정은 관리항목까지, 원가계정은 건물관리 프로세스 단위까지 분류되었다. 분석은 각 VDT 계정의 매출비중, 매출원가비중 및 매출이익률, 매출원가율까지 산출돼 이루어졌다. 이어서 민감도 분석이 이루어지는데 계정항목 개선으로 증대되는 이익규모와 최하단 계정의 단위원가에 대한 매출이익의 민감도를 도출하는 과정이다. 개선기회에 대해서는 계정항목별로 사업장 간의 차이를 분석해 평균 초과분을 개선기회로 간주한다. 그래야 개선 이후 발생하는 이익을 가늠할 수 있다.

이 모든 과정 이후에야 핵심가치동인 Key Value Driver : KVD 을 도출한다. 민감도 분석과 평균값의 차이를 분석한 결과의 조합, 그리고 개선규모를 감안하여 개선기회가 있는 영역을 매트릭스 분석 (행과 열로 배열해 놓은 자료를 행과 열의 의미를 가지고 분석하는 것)을 통해 선정한다. VDT 설계에 있어 분석대상 사업장은 매출의 90% 가량을 차지하는 매출 상위 52개 사업장이었는데, 이는 분석 수행의 효율과 신뢰도 측면에서 분석대상을 적당히 한정시킨 것이다.

프로젝트 결과 기존 관리체계에서 새로운 관리체계로 관리의 패러다임 전환을 통해 사업장 별 핵심동인을 KPI로 관리함으로써 비용절감 방안이 제시되었다.

분석은 직관보다 우월하다. 더 나아가 성과창출의 신천지를 제공한다. 이를 위해 기업은 전문적인 분석역량을 꾸준히 업그레이드해야 한다. 하지만 본격적인 분석역량을 쌓기 전에 준비해야 할 일들이 있다. 스마트한 업무환경을 갖추고 비즈니스 환경의 변화를 예측하는 예민한 기관을 설립하는 것이다. 먼저 고객과 시장의 변화를 감지한 뒤 기업가치의 변동에 대한 포착이 이루어져야 한다. 이를 통해서 기업이 내린 의사결정에 고객과 시장이 어떤 반응을 보이는지, 그리고 그에 따라 기업의 가치가 어떻게 변화했는지를 측정해 나갈 수 있어야 한다.

고객이 실제로 느끼는 니즈를 찾아라

소비자는 이성적이며 합리적인가

고전 경제학자들은 모든 사람들이 합리적인 소비를 할 수 있다고 믿었다. 아담 스미스의 자유방임주의 경제철학이 대표적인 예다. 그의 주장에 따르면 시장은 '보이지 않는 손'에 의해 조정된다. 시장에는 여러 기업이 경쟁하며 가격에 비해 품질이 나쁜 상품은 도태되고 품질이 좋은 상품은 살아남기 때문에 인위적인 통제가 없어도 스스로 건강하게 성장한다는 것이다. 이때 아담 스미스가 말하는 '보이지 않는 손'이란 소비자의 합리적 의사결정 기능을 뜻한다. 소비자에게는 가능한 적은 가격에 좋은 품질의 상품을 구매하려는 이기심이 존재하기 때문에 다양한 조건의 상품을 비교하고 평가해 자신에게 가장 이익이 되는 최선의 상품을 고른다. 이것이 합리적 소비이며 모든 소비자에게는 그럴 수 있는 능력이 있다고 가정한다.

하지만 시간이 지날수록 인간이 이성적이고 합리적인 소비를 한다는 주장은 설득력을 잃고 있다. 합리적인 생활, 이성적인 소비는 아무리 강조해도 지나치지 않지만 인간은 합리적이지 않다는 것이다. 다만 합리적이고 싶어할 뿐이다. 자동차를 예로 들어보자. 자동차가 이동수단으로서의 기능만 한다면 소비자는 단순히 연비 효율이 좋거나 주차가 편리한 자동차에 대해 더 많은 가격을 지불할 것이다. 그러나 사람들은 자동차를 고를 때 세련된 디자인, 브랜드 인지도 등을 더 중요하게 생각하기도 한다. 이제 소비자를 움직이는 건 그들의 내밀한 본성과 욕망이다. 이성적이고 합리적인 존재로서의 소비자는 더 이상 존재하기 어려운 시대다.

2002년 노벨경제학상을 수상한 사람은 경제학자가 아닌 심리학자였다. 미국 프린스턴 대학의 대니얼 카너먼 교수가 그 주인공이다. 그는 인간의 행동은 이성보다 감성의 지배를 받으며, 인간은 결코 합리적으로 결정하는 존재가 아니라는 것을 주장했다. 미래에는 소비자의 숨겨진 욕망과 감성을 간파해 이를 자극할 수 있는 기업만이 선택받을 수 있다는 것이다. 실제로 합리와 이성에서 벗어나 심리와 오감을 자극해 성공한 사례는 많다.

'착한 가격의 럭셔리', '럭셔리의 민주화'와 같은 신조어를 만들어낸 패션 브랜드 코치Coach는 소비자의 숨은 니즈를 간파해 성공한 것으로 유명하다. 사람들은 럭셔리라 하면 매우 높은 가격의 명품만을 생각한다. 하지만 그 이면에는 상황에 따라 럭셔리는 얼마든지 달라질 수 있다는 소비의 욕구가 존재한다. 예컨대 물은 우리 주변에서 쉽게 볼 수 있는 흔한 것이다. 그런 물을 보고 럭셔리하다고 느끼는 사람은 없다. 하지만 사막에선 다르다. 물은 가장 호화로운 물건이다. 코치는 소비자가 제품에 럭셔리함을 느끼는 것 역시 마찬가지로 상황에 따라 얼마든지 바뀔 수 있는 주관적이고 상대적인 이미지라고 생각했다.

따라서 유럽 명품 브랜드와 같은 재료를 사용해 고급적이고 럭셔리한 이미지를 갖추되 소비자의 라이프스타일을 충족시켜줄 만한 제품을 만들기로 했다. 직장생활을 하는 여성들이 증가하면서 튼튼하고 다루기 쉬운 디자인을 선호하는 경향이 강했는데 제품에 이러한 특성을 더했다. 또한 결코 뒤지지 않는 수준의 질 높은 매장 서비스를 제공했다. 편리함과 고급함을 더한 제품에 적절한 가격전략을 가미하자, 소비자들의 엄청난 반응이 밀려들었다.

사실 1990년대 초반까지만 해도 코치는 조그만 가죽제품 공방에 불구했다. 보수적이고 고전적인 디자인과 가죽이라는 조합에서 벗어날 줄 몰랐다. 하지만 생존을 위해서는 소비자가 원하는 모습으로 변해야 한다는 것을 깨달았다. 크고 작은 금융위기를 겪으면서 빚을 내서라도 사고 싶은 물건을 사는 소비자들은 더 이상 찾아보기 힘들어졌다. 이때부터 코치는 상대적으로 저렴한, 착한 가격의 제품은 명품이 될 수 없다는 중년세대의 고정관념에서 벗어났다. 그리고 정보를 활용할 줄 알면서 스스로를 똑똑한 소비자라 생각하는 젊은 여성들의 감성 변화에 집중했다. 럭셔리하면서도 착한 브랜드인 코치는 그렇게 재탄생했다. 30여 년 전 600만 달러에 불과했던 코치의 연 매출액은 2010년 무려 600배나 오른 36억 달러를 기록했다.

이 외에도 나이키와 코카콜라와 같은 유명 브랜드의 제품을 구매하는 소비자들은 재미, 우정, 로맨스 등 마음 속의 감성을 자극하는 하트 스토밍을 통해 구매결정을 내리는 것으로 알려졌다. 반면 이런 소비자의 내밀한 본성을 공략하지 못해 실패한 사례 역시 다양하다.

다양한 전자제품을 생산하는 필립스Philips는 2008년 미국에서 반품으로 인해 기업에 발생하는 비용을 측정했다. 놀랍게도 그 액수는 연간 1,000억 달러에 달했다. 그중 절반 이상이 같은 이유를 들어 반품처리 되었다. 놀랍게도 '사용방법이 너무 복잡하다'는 것이었다. 소비자의 마음에 들기 위해 다양한 기능을 추가했지만 결국 사용하기 편리한 것을 원하는 소비자의 숨은 니즈를 읽지 못해 일어난 결과였다.

도넛 체인 기업인 크리스피 크림 Krispy Kreme도 비슷한 경우다. 2003년 4월 크리스피 크림의 주가는 1주당 489달러에 육박했다. 그 붐을 타고 누군가가 1만 달러를 투자했다면 지금쯤 막대한 수익을 올렸을까? 아쉽지만 아마도 2010년 그의 손에는 단돈 600달러도 남지 않았을 것이다. 2000년대 초반만 해도 크리스피 크림 도넛은 매장이 많지 않아 '아는 사람'들만 사먹는 브랜드였다. 이후 조금씩 입소문이 나기 시작하자 경영진은 덩치를 키우기 위해 도넛을 매우 저렴한 가격에 편의점까지 유통하기 시작했다. 어디서나 구매하기 쉽고 가격까지 내렸으니 곧 판매가 증가할 것이라 믿었다. 그러나 소비자들은 싸늘하게 등을 돌렸다. '이 도넛을 먹는 나는 특별하다'라는 느낌이 사라져버렸기 때문이다.

기업은 그들이 최선이라 믿었던 행동과 선택에 발등을 찍히곤 한다. 이는 그들이 최선이라 믿고 싶어 하는 것과 진짜 최선인 것의 보이지 않는 간극을 발견하지 못했기 때문이다. 이는 곧 기업이 소비자에게 기대하는 니즈와 소비자의 숨은 진심에는 커다란 차이가 있음을 뜻한다.

애플의 스티브 잡스는 "알렉산더 그레이엄 벨이 전화기를 발명할 때, 소비자에게 물어봤겠느냐?"면서 기업이 고객에게 원하는 것을 묻기보다는 세상을 선도하고 소비자조차 몰랐던 그들의 심리를 간파하면서 리드해 나가는 기업만이 승리할 수 있다고 강조했다.

■■■■아이러브스쿨은 왜 페이스북이 되지 못했을까

2010년 우리나라에서 이례적으로 실화를 바탕으로 한 비즈니스 스토리의 영화 〈소셜 네트워크〉가 인기를 끌었다. 이 영화는 페이스북facebook의 창립자 마크 주커버그의 성공신화를 담고 있다. 할리우드가 실존인물이면서 전세계 최연소 백만장자로 알려진 주커버그의 이야기를 스크린으로 옮겼다는 사실은 페이스북이 그만큼 폭발적인 인기를 끌고 있는 현실을 반영한 것이다.

영화에서 주인공 마크는 2003년 하버드 대학의 비밀 엘리트 클럽의 윈클보스 형제에게 하버드 선남선녀들만 교류할 수 있는 '하버드 커넥션'이라는 사이트의 제작을 의뢰받는다. 일종의 비밀 미팅 사이트인 이곳에서 아이디어를 얻은 마크는 인맥 교류 사이트인 페이스북을 개발한다.

실제로 마크 주커버그는 영화처럼 하버드 대학 재학시절 친구들과 함께 페이스북의 초기 버전인 학생교류 사이트를 개발했다. 여기에서 발전한 것이 오늘날의 소셜 네트워크 사이트인 페이스북이다. 설립 후 7년이 지난 시점에서 페이스북은 가입자 수가 전세계적으로 6억 명이 넘었다. 현재 페이스북의 기업 가치는 대략 300억 달러 이상으로 추산되며, 마크의 재산은 69억 달러로 급증했다.

이쯤 되면 슬슬 떠오르는 이름이 하나 있다. 10년 전 인터넷이 보급되면서 선풍적인 인기를 끈 사이트인 '아이러브스쿨'이다. 학연 중심의 인맥관리 서비스로 페이스북과 비슷한 서비스를 제공하던 이 사이트는 인터넷 커뮤니티의 신기원을 연 것으로 평가받았다. 마크의 성공신화처럼 카이스트 연구실에서 아이디어 하나로 출발해 성공한 이 토종 인터넷 커뮤니티는 1990

년대 말부터 2000년 초까지 한국 벤처기업 성공신화에서 빼놓을 수 없는 전설로 회자된다.

하지만 소셜 네트워크의 원조격인 아이러브스쿨은 몇 년 만에 우리의 기억에서 자취를 감췄다. 스마트폰이 우리의 일상생활에 깊숙이 들어온 지금, 사람들이 선택한 것은 트위터와 페이스북 등 주로 해외에서 개발한 SNS다. 엄청난 주목을 받으며 승승장구하던 아이러브스쿨은 왜 페이스북처럼 성공하지 못한 채 무너지고 말았을까?

여기에는 경영권 분쟁과 경영악화 등 여러 이유가 존재한다. 그러나 얼마 전 창업자는 인터뷰를 통해 사용자의 니즈를 정확하게 파악하지 못한 것은 커다란 실수였다고 밝혔다.

창업자는 학교 동창이나 친구들을 찾아주는 서비스 제공 커뮤니티인 아이러브스쿨을 이용하는 사람들의 목적이 학연을 기반으로 한 인맥관리에 있다고 생각했다. 하지만 사용자들은 '첫사랑'으로 대변되는 추억을 찾기 위해 사이트를 방문한 경우가 대부분이었다. 무엇보다 추억을 재확인하는 것이 진짜 니즈였던 것이다. 사용자들의 숨은 욕망을 파악하지 못한 사업모델은 자연히 외면받기 시작했고, 결국 추억을 함께 공유할 수 있는 새로운 커뮤니티로 옮겨갔다.

자신의 니즈를 선뜻 드러내지 않는 소비자들의 모습은 이제 시장의 매우 일반화된 트렌드다. 이 딜레마를 해결하지 못하는 기업은 이제 살아남기 어려운 세상이 됐다. 가격경쟁, 품질경쟁의 시대는 저물고 다양하고 모순된 소비자들의 숨은 니즈를 얼마나 충족시킬 수 있는가를 따지는 '개념경쟁' 만이 살 길이다. 보이지 않지만 소비자가 진심으로 원하는 것, 은밀히 숨어 있어 드러나지 않았던 가치를 찾고 이를 발전시키는 기업만이 살아남을 수 있을 것이다.

그렇다면 기업은 고객의 니즈를 어떻게 확인할 수 있을까?

하버드 경영대학원의 제럴드 잘트먼 교수는 "말로 표현되는 니즈는 5%에 불과하다"고 주장했다. 이 말은 소비자가 자신이 진짜로 원하는 것을 표현할 수 있는 최대치가 5%밖에 안 된다는 의미다. 나머지 95%의 니즈는 고객 스스로도 그것을 잘 알지 못하거나 알더라도 언어로 표현하지 못한다는 것이다.

결국 시시각각 모습을 바꾸는 소비자의 욕구는 합리적이고 이성적인 사고로는 이해되지 않는 면이 많다. 경영자와 마케터들 역시 이 사실을 익히 알고 있다. 문제는 이성적으로 이해되지 않는 소비자의 진정한 니즈를 어떻게 알 수 있는가다. 존재하지만 보이지 않는 영역에 접근할 방법을 찾지 못해 지금도 많은 기업에서는 설문조사나 포커스그룹 인터뷰 같은 방법을 사용한다. 그러나 설문조사로는 소비자들의 진짜 니즈를 정확하게 파악할 수 없다.

기업이 소비자에게 건네는 대부분의 설문문항은 대부분 기업이 '듣고 싶어하는 대답'만을 나열한 것이다. 소비자들은 '이게 아닌데…'라고 생각하면서도 주어진 내용에서 그나마 나은 차선책을 골라 답한다. 심지어는 자신이 무엇을 원하는지도 모른 채 설문조사에 응하는 경우도 허다하다. 만일 소비자가 원하는 새로운 신용카드를 개발하기 위한 설문조사를 실시한다고 하자. "당신이 원하는 신용카드는 무엇입니까?"라는 단순한 질문으로는 정확한 니즈를 파악할 수 없다. 아마 소비자들은 연회비가 적고, 포인트를 많이 적립해주고, 할인되는 가맹점이 많은 카드라는 뻔한 대답만 내놓을 것이다. 여기서 한발 더 나가 보다 직설적으로 "연회비가 얼마라면 신용카드를 선택하겠습니까?"라는 질문에 그 소비자가 "1만 원"이라고 대답했다고 해서 실제로 1만 원의 연회비가 요구되는 신용카드를 선택할 가능성이 높아질까. 이 역시 절대로 장담할 수 없다. 실제로 경쟁사가 더 좋은 서비스와 저렴한 연회비의 신용카드를 출시하면 소비자의 행동은 바뀔 수밖에 없기 때문이다.

이런 과정을 거쳐서 나온 상품이 소비자를 만족시킬 수 없는 것은 너무도 당연하다. 막대한 투자를 통해 개발한 상품과 브랜드가 허무하게 실패하는 일이 비일비재한 것도 모두 이 때문이다. 실제로 P&G, 애플, IDEO 등 세계적인 마케팅 선도기업들은 전통적 방식의 설문조사를 좋아하지 않는다. 지독히도 모습을 드러내지 않는 진짜 니즈를 찾는 방법은 대체 어디에 있는 것일까?

이 같은 단순 질문방식의 허점을 극복하기 위해서는 소비자의 실제 행동을 직접 관찰하고 분석하는 것이 가장 좋다. 조사 대상자를 꾸준히 따라다니며 그가 어떤 선택을 하는지 지켜본 후 그 같은 행동을 보이는 숨겨진 니즈를 분석하는 것이다. 중요한 것은 앞서 이야기했듯 소비자의 말이 아닌 행동의 의미를 파악하는 것이다. 소비자의 선택을 관찰하고 이를 바탕으로 한 전략수립과 원리분석을 병행하는 것이 가장 좋은 방법이라 하겠다. 다음으로 그 원리가 맞는지 알아보기 위한 목표를 가지고 원리에 일치하는 사례나 반례를 들어 원리를 검증 또는 반박한다.

이를테면 인구 11억 4,000만 명으로 세계 인구의 17%가 넘는 인도에 진출한 LG전자는 그곳 소비자들의 행동을 관찰하기 위해 현지인의 집에 비디오를 설치했다. 그들의 행동을 관찰한 결과 인도 사람들은 매 끼니마다 다량의 채소를 먹는다는 새로운 사실을 파악했다. 여기에서 많은 가정이

다량의 채소를 보관할 것이라는 새로운 니즈(원리)를 발견한 것이다.

LG전자는 이 원리가 맞는지 알아보기 위해 일부 제품에 인도인들에게 맞춘 현지화 기능을 도입해보기로 했다. 채소 칸을 하나 더 늘린 냉장고를 출시한 것이다. 다른 기업들은 몰랐던 소비자의 숨은 본질을 발견한 이 제품은 좋은 반응을 얻었고 수익창출에 크게 공헌했다.

이렇듯 고객이 진짜로 원하는 것을 정확히 파악하고 서비스를 제공하여 가치를 창출하는 것은 얼마나 깊이 고객의 본질을 이해하느냐에 달려있다.

■■■■ 소비자의 모든 행동을 쪼개고 또 쪼개라

"고객의 생각과 원리를 모르는 고객중심영업은 진짜 고객중심이 아니다."

남성 정장을 판매하는 패션기업인 M사는 고객의 소비원리를 파악하고 이를 영업에 적절히 이용해 큰 성공을 거뒀다. 이들은 제품을 판매할 때 고객의 행동을 관찰해 특성을 분석했다. 그 결과 정장을 구매하는 고객들의 공통점을 발견했다. 일단 제품을 시착하면 다른 디자인의 제품과 비교하지 않고 시착한 제품 위주로 구매한다는 것이다.

M사는 이러한 고객행동의 원리 저변에 전문가에게 의존하려는 경향을 보이는 '권위의 법칙'과 상대방이 나에게 도움을 주었을 경우 나도 상대방에게 보답해야 한다는 '상호성의 법칙'이 숨어 있음을 발견했다. 남성정장의 유행 스타일이나 디자인의 디테일 등을 잘 모르는 고객은 판매원의 추천에 의지하고, 자신에게 어울릴법한 디자인을 고르는 수고를 한 판매원에게 제품을 구매함으로써 수고에 보답하려는 모습을 보이는 것이다.

이러한 원리에 기반해 M사는 판매원과 고객과의 관계 구축에 집중했다. 기존의 판매원이 고객에게 남성정장에 대해 설명하는 방식은 이에 대한 정보가 부족한 고객에게 효과적이지 못했다. 따라서 판매원은 고객에게 관심을 보이거나, 고객이 정장을 구매하는 데 있어 민감하게 반응하는 부분을 찾는 등 두 사람 사이에 유대감을 형성할 수 있는 부분에 포커스를 두기로 한 것이다. 또한 재방문한 고객을 기억해주는 응대방식으로 더욱 친밀한 관계를 구축하는 데 초점을 맞췄다. 그러자 고객에 대한 응대방식에 변화를 준 매장의 판매성공률이 다른 매장에 비해 월등히 증가했다.

이렇듯 고객의 행동 원리를 정확하게 파악하고 분석하는 것은 기업의 수익과 직결되는 매우 중요한 과정이다. 단순한 아이디어로 사업을 성공으로 이끄는 것은 운에 의해 결정된다. 하지만 치밀한 분석과 검증을 거쳐 고객을 이해한 뒤 탄생한 경영전략은 확실한 성공을 보장해준다. 기업은 고객의 모든 행동을 쪼개고 또 쪼개 작은 기회도 놓치지 않아야 한다.

안경 유통기업인 L사는 신사업의 일환으로 안경 소매시장에 진출했다. 기존의 안경점들은 대부분 영세한 자영업자들로 구성돼 있다. 게다가 안경 소매산업의 경쟁이 점차 과열되면서 수익성도 악화되는 심각한 상황이었다. 하지만 L사는 상황이 나쁜 것이 아니라 전략과 마케팅의 능력으로 가능성을 가진 시장이 아직 폭발하지 않았을 뿐이라는 것을 파악했다.

고객은 제품을 구매할 때 '고객 인지-정보 수집-의사결정-구매-사용-서비스'의 과정을 거친다. 그런데 현재의 안경 시장은 가장 첫 단계인 '고객 인지'가 취약했다. 또한 분석 결과 고객이 안경을 구매하기까지 평균 2.7회 매장을 방문한다는 것을 깨달았다. 따라서 고객들에게 안경을 구매할 필요성을 인지시키고 매장을 자주 방문하도록 유도하면 충분한 수요가 발생할 것

[표2] L사의 행동특성에 기반한 고객 세분화

	구분	전형적 구매행동	구매경로 및 제품
1그룹	유행을 창조하는 트렌드 세터	20~30대 직장인이며, 가격에 구애 없이 자신을 만족시키는 특별한 디자인의 제품 구매	집 근처나 중심상권의 패션매장에서 펜디FENDI 급의 브랜드나 보세 제품 구매
2그룹	최신 유행에 뒤지기 싫은 트렌드 팔로워	패션에 관심 많아 1그룹을 따라 하지만 가격에 민감해 비교 후 제품 구매	중심상권의 저가매장에서 가격이 저렴한 중국산 캘빈 클라인CK 제품 구매
3그룹	합리적 구매자	나이가 많은 편이며, 쇼핑을 즐기지 않으나 제품 비교 후 합리적으로 구매	회사 근처의 깔끔한 의료매장에서 저렴한 제품 구매
4그룹	안경에 무관심한 트렌드 세터	20~30대의 재력 있는 직장인 여성으로 렌즈를 주로 착용. 안경에는 투자하지 않으며 눈에 띄는 경우 구매	저가 쇼핑매장에서 보세 제품 구매
5그룹	사회적 지위를 갖춘 트렌드 팔로워	패션에 어느 정도 관심 있고, 사회적 이목도 고려하지만 큰 노력은 들이지 않는 30대	쇼핑몰 또는 회사 근처에서 중고가 브랜드 구매

이었다. L사는 기존의 안경점이 유리진열대에 안경을 넣어두고 고객이 매장을 방문하면 원하는 제품을 꺼내주며 응대하는 방식에서 탈피해 제품을 모두 꺼내놓고 고객들이 자유롭게 착용해볼 수 있도록 했다. 그러자 놀라운 변화가 일어났다. 고객의 유입량이 증가한 것은 물론, 방문도 잦아져 매출이 크게 상승했다. 고객이 제품을 구매하기까지의 과정을 세분화해 소비를 유도함으로써 레드오션으로 분류된 산업에서 시장의 확장을 주도한 쾌거를 이룬 것이다.

특정 타깃층의 제품을 생산하는 기업이 아닌 이상, 고객 전체를 대상으로 그들의 니즈를 파악하는 것은 매우 어려운 일이다. 각각의 고객군에 따라 효용가치와 행동특성이 다르기 때문이다. 따라서 기업이 고객 전체를 타깃으로 두고 마케팅을 펼치는 것은 매우 무모하며 대체로 효과도 매우 낮다. 기업이 고객을 세분화해야 하는 이유가 여기에 있다.

고객을 세분화할 때는 일반적으로 인구통계학적으로 접근한다. 이는 세분화 설계가 쉽고 구분이 명확하다는 장점이 있다. 반면 고객의 행동특성을 파악하기 힘들다. 따라서 우리는 행동심리를 세분화해 단점을 보강해야 한다. 행동심리 세분화는 설계가 어렵지만 고객군의 특성에 따른 소비자의 행동원리를 정확하게 파악할 수 있다. 이를 이용한 마케팅 효과는 매우 뛰어나다.

앞서 언급한 L사는 PwC의 방법론인 행동심리 고객세분화에 따라 각 고객군의 니즈를 정확히 파악했다. L사는 [표2]와 같이 고객을 행동특성에 기반해 세분화했다. 그중에서 최신 유행과 패션에 민감하고 트렌드를 조성하는 '2그룹'을 타깃고객으로 삼고 전략적 마케팅을 실시했다. 그 결과 타깃고객의 폭발적인 반응으로 매출이 급성장했다. 여기서 멈추지 않고 그 파급효과를 전 고객층으로 확대하는 전략이 현재 성공적으로 진행되고 있다.

고객을 중심에 둔
경영계획으로 변화하라

고객의 입맛에 맞춘 기업의 프로세스

얼마 전까지만 해도 대부분의 기업들은 고객에게 익숙한 브랜드명을 내세워 제품을 판매해왔다. 하지만 지금은 고객들의 다양한 성향에 맞춘 제품을 통해 시장을 확장해 나가고 있다.

주방식기 전문 기업인 한국도자기는 얼마 전 '브런치용 식기'를 선보였다. 몇 해 전부터 20~30대 여성들 사이에서 브런치를 즐기는 것이 선풍적인 인기를 끄는 것을 포착해 고객의 니즈를 제품에 반영한 것이다.

유한킴벌리는 일반 2겹 화장지가 비데 사용 후 물을 완전히 흡수하지 못해 불편하다는 사실을 포착, 비데 사용자를 위한 3겹 화장지를 내놓았다. 더불어 이례적으로 행주를 사용하는 국내 주부들의 행동을 반영해 일회용 대신 2~3차례 빨아서 사용할 수 있는 키친타월을 만들었다. 이들 제품 모두 매출이 크게 성장했다.

패션 시장 역시 변화의 물결을 타고 있다. 과거 중년 남성들의 전유물이었던 국내 남성복 브랜드에 젊은 층이 대거 몰리고 있는 것이다. 헐렁한 배바지 스타일의 아저씨 정장에서 탈피해 운동 등으로 자기관리를 하는 젊은 감각의 슬림핏 스타일의 비중이 늘었기 때문이다.

생산 과잉의 시대 속 소비자들은 불특정 다수를 겨냥한 표준화된 대량생산 제품보다는 자신의 개성을 반영한 제품을 선호하는 경향을 보인다. 따라서 미래의 빅 이슈는 20년 전 앨빈 토플러가 예언한 '제3의 물결'처럼 거대하게 몰아닥치지는 않을 것이다. 오늘날은 대중화라는 개념 자체가 사라졌기 때문이다. 이제는 몇몇의 거대한 트렌드가 시장을 지배한다는 상식이 서서히 무너지고 있다. 과거 기업들이 높은 곳에 올라 망원경을 통해 한눈에 들어오는 형상으로 고객을 나눠 시장을 형성했다면, 지금은 현미경의 시각을 가지고 가까이 다가가 변화의 단서를 읽고 그에 맞춰 시장을 구상해야 한다. 지금까지와는 전혀 다른 시장세분화가 이뤄져야 한다는 의미다. 이제 성별과 연령으로 고객층을 분류하던 시대는 갔다. 더 이상 기계적인 분류는 무의미하다. 새로운 분류체계로 고객의 입맛을 맞춰야 한다. 그리고 이와 더불어 기업의 경영 프로세스도 변해야 한다.

■■■■ 고객 세분화는 효율적인 전략을 위한 필요조건이다

고객 세분화 방식에 대해 논하기 전에 우리가 알아야 할 것이 있다. 경영계획의 수립과 그 목적이다. 모든 기업은 경영계획을 세우며(그것이 중·장기이건, 단기이건), 이를 달성하기 위해 사내의 자원을 사용한다.

이때 어느 기업에서든 발생하는 문제가 있다. 계획 달성에 투자할 수 있는 자원은 한정되어 있다는 것이다. 한동안 폭풍적인 인기를 끌었던 전략 시뮬레이션 게임처럼 치트키cheat key를 사용해 자원이 무한정 공급되는 시스템을 갖추지 않는 이상, 기업은 한정적인 자원의 가장 효율적인 사용에 대해 고민할 수밖에 없다. 더불어 자원 간의 시너지 창출을 독려하지 않을 수 없다.

한정된 자원을 효과적으로 사용하기 위해 기업은 채널 전략, 신상품 전략, 조직 구성, 업무 구성, 시장 전략, 대고객 전략 등에 대한 세부계획을 세워야 한다. 이를 바탕으로 기본 전략을 고객 중심으로 전환한 뒤 세분화 과정에 진입한다. 무엇을What, 어떻게How, 언제When, 누가Who에 대한 분석 위에 각기 다른 고객의 니즈를 더하는 것이다.

오늘날 기업이 주목하는 고객은 세상을 소리 없이 움직이고 있는 힘은 소규모의 개성 넘치는 소비자 집단이다. 트렌드 세터인 이들을 제대로 파악하고 새로운 시장을 발견한다면 그것을 대중시장으로 확대할 수 있는 기회도 올 것이다.

시장(고객) 지향 경영은 타깃 고객을 대상으로 모든 기업 활동을 수반한다. 따라서 각각의 타깃 시장이 차별성을 갖도록, 그러나 동일 시장 내에서는 가장 확실한 동질성을 중심으로 모일 수 있도록 고객을 세분화하는 것이 출발점이다.

그렇다면 고객을 세분화하는 기준은 무엇일까?

통상적인 마케팅 관점에서 고객 세분화는 라이프 사이클이나 이를 단계적으로 구분한 라이프 스테이지, 소비 패턴, 소득 수준 등을 바탕으로 한다. 경영계획 단계에서의 고객 세분화 역시 이러한 기준에 준거하지만 한 가지 차이점이 있다. 마케팅 수립을 위한 세분화에는 절대적인 기준이 없지만, 경영계획 단계의 고객 세분화에는 모든 부문 활동의 효과적 관리를 위한 전사적인 기준이 반드시 필요하다는 것이다.

성공적인 시장 세분화와 그에 따른 마케팅 계획의 실행으로 잘 알려진 기업이 바로 스타벅스다. 커피 제국의 황제 하워드 슐츠 스타벅스 회장은 자신의 성공에 대해 다음과 같은 결론을 내렸다.

"우리는 커피를 팔지 않고 자유와 편안함을 통한 만족을 판다. 그렇게 해서 고객에게 만족을 준 브랜드는 고객의 기억에 강렬하게 남고, 이를 통해 일류 브랜드가 만들어진다. 그것이 바로 스타벅스다."

스타벅스는 커피를 좋아한다는 한국 고객의 동질성을 파악해 시장을 세분화했지만 여기서 그치지 않았다. 커피라고 해서 다 같은 커피가 아니기 때문이다. 국내에 진출한 스타벅스는 맛있는 커피맛 때문에 매장을 방문하는 고객도 있지만 특유의 분위기를 좋아하는 마니아층이 형성되며 급속도로 성장했다. 브랜드를 중시하고 안정적인 면을 지향하지만 가끔은 좌절도 하는, 개방적이고 활동적이며 도전 의식이 강한 대학생과 젊은 직장인들을 핵심 타깃으로 삼아 공략했다.

우선 테이크아웃이라는 새로운 스타일이 익숙해지도록 만들었다. 당시 한국에는 2만 5,000개 정도의 다방이 있었다. 다방문화에 익숙한 사람들에게 커피를 들고 다니며 마신다는 개념은 매우 생소한 행동이었다. 이를 위해 스타벅스 커피 코리아 임직원들은 몸소 테이크아웃을 실천하며 발로 뛰는 마케팅을 통해 새로운 유형의 고객 창출에 앞장섰다. 그러자 젊은 층 사이에서 서서히 테이크아웃이라는 형식이 유행을 타며 자연스럽게 받아들여지기 시작했다. 여기에 다방에서 커피와 함께 담배를 즐기는 것을 통념으로 삼던 문화를 버리고 금연석과 흡연석을 구분해 커피향 그 자체를 즐길 수 있는 분위기를 형성했다. 커피라는 제품을 구매하면 스타벅스 특유의 편안한 분위기와 새로운 서비스를 만끽할 수 있다는 감성 마케팅을 통해 차별성을 확보한 것이다.

스타벅스는 경영계획의 첫 번째 단계로 '우리나라에는 커피를 좋아하는 사람이 많다. 하지만 젊고 활기찬 20~30대가 원하는 것은 커피를 즐기며 소통할 수 있는 공간이다'라는 고객의 욕구가 반영된 시장정보를 생성했다. 두 번째로 정보를 바탕으로 조직의 프로세스에 맞는 전략을 수립했다. 여기에는 한정된 자원을 가장 효율적으로 사용하기 위한 기업의 채널 전략, 신상품 전략, 조직 구성, 업무 구성, 시장 전략, 대고객 전략 등 세부계획과 마케팅 활동이 모두 포함된다. 마지막으로 이를 실행에 옮겨 틈새시장을 공략했다. 이것이 이름조차 생소했던 스타벅스가 커피음료 시장을 대표하는 브랜드로 자리 잡은 경영전략이다.

다만 기업들은 이를 수행하는 과정에서 딜레마에 봉착할 수 있다. 통상적으로 기업은 고객 세분화와 이에 따른 경영 활동을 진행하는 동시에 실적에 대한 분석결과를 원한다. 이는 물론 회사 경영에 매우 중요한 자료로 사용될 것이다. 하지만 현실적으로 기업의 경영 시스템은 계획을 수립한 그대로 실행하기엔 어려움이 따르도록 설계되어 있다. 아무리 고객 세분화를 잘해도 이것이 조직구조의 문제로 인해 실행으로 연결되지 않는다면 유의미한 경영계획을 기대할 수 없으며, 결과적으로 얻을 수 있는 것도 없다. 따라서 고객 세분화의 단위를 결정할 때는 조직구조 및 계획의 실행 가능성을 고려하는 과정이 꼭 필요하다.

고객기반 경영계획,
로직이 아닌 프로세스로 접근하라

통상적으로 경영계획은 기업의 기능(기획·제품설계·생산·영업)을 중심으로 수립돼 왔다. 조직 또한 기능 중심으로 편성되어 있다. 이는 철저하게 기업의 입장에서 시장을 바라보고 있다는 뜻이다.

과거의 기업이 가장 고민했던 것은 '어떻게 하면 효율적으로 생산할 수 있을까?'였다. 하지만 지금은 고객 중심의 사고를 요구하고 있다. 이에 발맞추지 못하는 기업은 경쟁에서 밀려나거나 시장에서 도태되어 버리기 때문이다. 경영계획의 중심이 기업이 아닌 시장(고객)이 되어야 하며, 이들의 니즈가 무엇인지 재빨리 파악하고 즉각적으로 반응하는 것이 '고객 기반 경영계획'이다.

이는 우선 시장에 대한 충분한 이해(라이프 스테이지, 인구통계, 제품의 사용패턴, 선호도 등)를 바탕으로 고객을 세분화한다. 다음으로 세분화 된 고객 단위에 따라 시장점유율, 새로운 트렌드, 속성 변화와 같은 정보를 수집하고 분석한다. 충분한 정보가 모아졌다면 각각의 시장마다 목표를 정하고 이를 바탕으로 제품 기획, 영업, 마케팅의 전략을 수립한다. 결정된 전략은 기업의 자원을 사용해 추진한다. 이때는 각 기업 특유의 정보시스템을 이용한 실적 평가와 분석 결과를 공유하며 끊임없는 피드백을 반복해야 한다. 그 결과에 따라 새로운 고객 세분화가 이루어지면서 앞의 과정을 다시 반복해 새로운 시장을 창출하는 것이야 말로 고객 기반 경영계획의 본질이다.

하지만 우리 기업은 현실적으로 고객을 세분화해 새로운 시장을 발굴하는 것이 중요하고, 이를 위해 어떤 과정을 거쳐야 하는지를 알면서도 별다른 성과를 얻지 못하고 있다. 경영계획을 체계적인 프로세스가 아닌 로직, 즉 논리적 이론으로 처리하려는 성향을 보이기 때문이다. 이는 그동안 경영계획에서 발견되는 문제점 전반에 존재한다. 예를 들어 부서 간 조율이 어렵거나 계획이 불투명해 실적을 분석할 수 없는 경우, 계획 수립에 지나치게 많은 시간과 인원이 투입되는 것은 아닌가라는 고민마저 전반적인 상황을 고려하기보다 치밀한 로직에 바탕한 경영계획으로 해결할 수 있다고 믿기 때문이다.

하지만 경영계획은 영업, 상품 개발, 마케팅 등 반드시 실행이 필요한 과정을 전제로 한다. 이때는 상하 간 혹은 수평 간 끊임없는 조율과 피드백이라는 커뮤니케이션이 필요하다. 이는 논리적 이론으로 해결할 수 있는 부분이 아니며 체계적이고 효율적인 프로세스를 통해 더욱 유의미하고 실행력 있는 경영계획을 수립할 수 있다.

잘 짜인 기업의 경우 매우 훌륭한 프로세스를 바탕으로 업무가 진행되는 것을 확인할 수 있다. 업무의 표준화나 매뉴얼화 또는 정확한 프로세스가 정립되지 않으면 다양한 곳에서 잡음이 발생한다. 아무리 시장 세분화가 뛰어나도, 타깃층에 대한 경영계획이 체계적이어도 그것이 실행으로 연결되지 못하면 기업과 구성원이 얻을 수 있는 것은 없다. 점점 까다로워지는 소비자의 니즈와 첨예하게 나뉘는 시장에서 성과를 창출하기 위해서는 계획을 실행으로 옮길 수 있는 경영관리 프로세스가 완성되어야 한다.

이러한 환경이 경영계획을 보다 쉽게 실행할 수 있도록 돕는다. 결국 기업을 시장의 승리자로 만든 것은 고객 중심의 시장 세분화와 이에 따른 경영계획, 그리고 원활한 실행을 돕는 시스템의 삼박자가 조화를 이룬 것이다. 기업에 있어 이보다 훌륭한 마케터는 존재하지 않는다.

CHAPTER
11

예산은 현장에서
직접 관리하라

자율 예산관리의 순기능으로 성과 달성하기

미국의 유기농 식품 유통업체 홀푸드wholefood는 매분기 매출만 2조 원이 넘는다. 하지만 여느 기업에서 흔히 볼 수 있는 두꺼운 사규집이 없다. 명문화된 강제 규정이 없어도 기업은 자율적으로 움직이고 막대한 수익을 달성할수 있기 때문이다. 각 지점의 직원들은 동업자처럼 공동체의식을 갖고 함께의사결정을 한다.

홀푸드의 경영모델은 근본적으로 지방분권 정신에 바탕하고 있다. 회사는 소규모 자치조직을 중심으로 기업을 경영한다. 직원들은 본사의 지시를기다리지 않고 해당 매장에서 필요한 의사결정을 할 수 있는 권한이 있다.이 작은 팀은 가격 결정이나 제품 구매, 채용, 마케팅, 판매관리 등 운영상중요한 모든 결정에 직접 책임을 지고 있다. 팀의 리더는 매장 관리자와 의논해 어떤 상품이 현지 고객의 관심을 끌 것인지 결정하고 들여놓을 권한이 있다. 이 방식은 일반적인 슈퍼마켓이 회사 전체의 구매자가 각 점포에서 판매할 상품을 지시하고 대형 식품 제조업자로부터 상품을 진열하는 조건으로 금액을 받는 것과는 현저히 다르다. 홀푸드는 본사의 경영진이 어떤 제품을 선반에 진열할 것인지 결정하지 않는다. 홀푸드의 엄격한 기준을 충족한 모든 제품이라면 현지에서 조달해 진열할 수 있다. 덕분에 홀푸드의 각 매장은 다른 슈퍼마켓에서는 볼 수 없는 독특한 상품들을 다루고 있다.

홀푸드는 기업의 고유영역인 인사채용이나 급여도 직원들이 직접 결정한다. 각 지점의 직원들은 4주 단위로 모든 매장의 팀들을 대상으로 노동시간당 이윤을 계산하고, 누적 생산성 자료에 따라 성과급을 받는다. 직원들은 당연히 매장별 생산성을 높이기 위해 능률이 뛰어난 인재만을 고용하려 노력한다. 마치 사냥 시즌을 맞이한 아프리카의 부족이 최고의 사냥꾼으로만 팀을 구성하기 위해 노력하는 것과 비슷하다.

홀푸드는 자치조직이 생존하고 번영할 수 있는 수평적이고 투명한 조직문화를 보유하고 있다. 각 팀은 지점 내의 다른 팀은 물론 다른 지점의 팀들이 이룩한 성과자료를 공유한다. 누구라도 기준에 미달하는 팀이 되고 싶지 않기에 이는 직원들이 더욱 열심히 업무에 임하는 동기부여가 된다. 직원들은 주기적으로 생산성과 협업 정신을 기준으로 서로의 성과를 평가하고 피드백을 제공한다. 직원들을 자극하는 것은 상사가 아니라 주변 동료들이 주는 피드백과 압박감이다. 또한 여느 미국 기업과 달리 사내 모든 직원의 급여 정보를 공개한다. CEO의 급여도 직원 평균의 19배까지 제한하고 있다.

"당신의 성공을 만드는 것은 멀리 있는 관리자가 아니라 바로 당신 자신이다"라는 메시지를 전하는 홀푸드의 자유는 기업을 발전시켜 나가는 최고의 조력자다. 다른 많은 기업들과 달리 홀푸드의 직원들은 재량껏 의사결정을 할 수 있다. 이는 바로 고객을 위해 옳은 일을 할 자유와 이익을 위해 옳은 일을 할 자유로 발현된다.

이처럼 기업이 가진 예산의 권한을 구성원들에게 분배하고 그 순기능을 어떻게 활용하느냐에 따라 기업과 조직 구성원 모두가 만족할 수 있는 성과를 달성할 수 있다.

■■■■예산제도에 급변하는 환경을 반영하라

경영학 교과서는 예산을 '조직 목표를 달성하기 위한 재무계획상의 돈의 유입과 유출에 관한 계량적 표현'이라고 정의한다. 1920년대 전후 미국에서 등장한 예산제도는 최근까지도 대부분의 기업에서 해마다 편성-집행-분석이라는 프로세스로 운영하고 있다. 제도가 확립되던 초기에는 경영의 요구사항을 어느 정도 만족시켜주었으나 이후 급변하는 경영환경을 잘 반영하지 못한다는 비판을 받고 있다.

예산제도는 중앙부서에서 전사목표 달성을 위해 치밀하게 수립한 계획을 하위부서에 할당하는 것에서 시작한다. 일정기간이 경과한 후 예산과 실적의 차이에 대해 원인분석, 대책마련 및 이해관계자에 대한 성과평과와 보상을 진행한다. 이런 구조에서 전략을 수립하고 목표를 할당하는 중앙부서와 실행을 책임지는 현장부서 사이에 유기적인 의사소통과 조율이야말로 예산제도의 성패를 가르는 핵심요인이라고 할 수 있다.

국외의 추세는 조금 다르다. 서구 국가들은 예산제도에 대해 절대적 권한을 지녔던 중앙부서의 역할을 점진적으로 현장부서에 부여하는 움직임을 보인다. 이러한 변화를 받아들이는 국내기업도 점차 늘어나고 있다. 지금부터 예산제도는 어떤 역할을 하는지, 그 운영에 있어 중앙부서와 현장부서 사이에 발생할 수 있는 주요 사례 및 이슈를 살펴보자. 더불어 기업의 효율을 확대하는 예산제도란 어떤 시스템을 갖춘 것인지 고민해 보자.

국내 유수의 대기업에 근무하는 예산담당 A차장은 예산편성 기간만 되면 전화벨 소리가 두렵다. 지난해 예산을 편성하고 조율하는 과정에서 마케팅 팀장과 언성을 높이며 싸웠던 기억이 떠오르기 때문이다. 분쟁의 계기는 마케팅부서에서 신청한 예산에 대해 경영관리부서의 판단에 따라 20% 가량을 삭감한 것이었다.

마케팅 팀장은 내년에 출시할 신제품의 성공적인 시장 진입과 안착을 위해서는 전년대비 20%의 예산증액이 필요하다고 판단했다. 이를 위해 시장조사를 실시해 근거자료까지 제시했다. 그러나 손익목표를 책임지는 경영관리부서로서는 예산증액을 주장하는 의견을 무조건 받아들이기 어려웠다. 결국 마케팅부서의 예산문제는 CEO와 이사회에서 최종적으로 판단하는 것으로 결정됐다. 손익목표가 매출확대보다 큰 비중을 차지했던 이 기업의 특성상 마케팅부서에서 신청한 예산의 일부가 삭감되는 것으로 논란은 마무리됐다.

이 사례는 비단 특수한 기업에서만 발생하는 일이 아니다. 마케팅뿐 아니라 어떤 분야든 예산을 신청하고 편성하는 조직이라면 흔히 볼 수 있는 광경이다. 예산을 둘러싸고 벌어지는 논쟁은 언제까지 계속될까?

사실 문제는 예산을 둘러싼 각 조직 간 인식의 차이를 극복하기 위한 의사소통의 도구가 존재하지 않는 데 있다. PwC는 그동안 수많은 기업들의 고통스러운 예산신청과 조율 프로세스를 지켜보면서 보다 효율적인 예산제도가 무엇보다 중요하다는 사실을 깨달았다. 그리고 예산편성 과정의 고통을 조금이라도 줄이기 위한 새로운 체계를 고민했다.

그 해답은 기업과 조직, 그리고 구성원을 위한 예산제도를 위해서는 '물량×단가×요인에 기반한 객관적인 예산편성에 근거한다'는 것이다. 이 체계는 크게 두 가지에 핵심을 두고 있다. 먼저 예산을 편성할 때 전년대비 증액에 대해 물가상승률 등의 근거를 제시하던 방식을 없애고 예산계정별 물량과 단가 등 주요 요인을 기준으로 신청해야 한다는 것이다. 다음으로 일부 주요계정에 대해서는 신청된 예산으로 얻을 수 있는 기대효과(주로 재무적 기대효과)를 추정해 투자수익률을 제시하고, 다음해 예산편성 시점에서 이 실적을 평가에 반영하는 방식이다.

실제로 국내 유수 대기업의 예산편성에 대한 데이터를 분석해보니 물량, 단가 기반의 편성 비중은 전체의 50%도 되지 않았다. 또한 대부분 자의적인 예산총액의 증액을 요구하거나 전년대비 매출목표 상승률에 근거해 예산의 증액을 신청하는 상황이었다.

앞에서 이야기한 대기업은 첫 번째 핵심 체계를 도입했고, 편성근거의 객관화 비중이 70%를 넘었다. 효율을 제감한 덕분에 지속적으로 비중을 늘려나갈 계획이다. 두 번째 핵심 체계는 현실적으로 객관적인 기준(물량, 단가, 주요인)이 있어야 실행이 가능하다. 이를 위해 경과기간을 두고 임원회의에서 결정하기로 했다. 1년의 경과기관을 거친 지금은 도입을 준비하고 있다. 물론 객관화하기 어려운 계정의 경우 예외를 인정할 생각이다.

■■■■ 서로 윈—윈할 수 있는 예산체계를 갖췄는가

크라이슬러 Chrysler Corporation의 전 CEO였던 밥 루츠는 "예산은 혁신이라기보다는 억압의 수단이다"라고 말했다.

지나치게 체계적인, 지나치게 권위적인 예산체계는 기업에 독으로 작용한다. 경영기업을 보다 쉽고 빠르게 실행하기 위해서는 각 분야의 프로세스가 업무 효율성의 관점에서 이루어져야 한다. 하지만 모든 조직에서 가장 민감하다 할 수 있는 예산과 관련된 업무는 신청부서와 승인부서의 실랑이 때문에 지나치게 비효율적으로 운용하는 기업이 많다.

국내 대형 정유사에 근무하며 예산을 담당하는 B과장은 업무시간 중에도 늘 예산승인 화면을 열어두고 확인해야 한다. 그러다보니 다른 직원들에 비해 퇴근이 늦는 편이다. 잠시만 소홀해도 수십 개의 부서에서 예산을 승인해 달라는 연락을 하기 때문이다. 그와 같은 부서인 C차장 역시 정규 업무시간(8시간) 중 타 부서에서 신청하는 예산전용을 승인하는 데만 하루 평균 2시간을 할애한다. 이는 단순히 계산해도 연간 700시간에 가까운 시간이 비효율적으로 사용되는 셈이다.

여기에 현업부서가 전용신청을 하기 위해 담당자가 품의를 작성하고 해당 부서장의 승인을 거쳐 예산 담당자에게 전달되는 시간을 고려하면 비효율성은 더욱 커진다. 조사 결과 매년 5명 이상의 직원이 이러한 일에 매달리는 것으로 확인됐다. 이에 소요되는 시간과 인건비 외에도 예산을 신청하는 부서와 승인하는 부서 사이에서 금액조정을 놓고 감정을 대립하는 등 기업이 치르는 기회비용은 적지 않다.

기업마다 정도의 차이는 있지만 예산이 수립된 후 중앙부서에서 예산사용에 대한 승인을 거치는 과정은 대부분 비슷한 방식으로 이어진다. 그러다 보니 각 부서마다 서로 다른 쟁점이 생긴다.

예산조율 및 손익관리의 책임을 담당하는 중앙부서는 모든 전용 건에 대해 '내부통제 제도'의 관점에서 승인하기를 원한다. 그러나 현업부서에서는 상대적으로 중요도가 떨어지는 예산에 대해서도 일률적으로 승인절차를 거치는 것은 불합리하고 시간낭비라고 생각한다. 이는 결코 쉽게 해결되지 않는 문제이나, 기업의 전용 프로세스를 자세히 들여다보면 문제 해결의 실마리가 보인다.

앞서 이야기한 정유사의 경우 예산전용 신청을 '리스크 발생 가능성'과 '업무효율성'의 관점에서 유형화 해보니 크게 세 가지로 구분됐다.

첫 번째는 기본적으로 리스크 발생 가능성이 높고 효율적 측면에서도 중요한 '조기 전용' 예산이다. 이는 전사적으로 특별 관리가 필요한 분야의 업무이므로 중앙부서에서 모든 건을 승인하는 기존의 프로세스를 유지하기로 했다. 두 번째는 리스크 발생 가능성이 적고 업무상 '동일계정 전용'이 가능한 예산이다. 이는 중앙부서의 승인절차를 폐지하는 것으로 결정했다. 마지막 부서 내 또는 부서 간 전용이 가능한 '타 계정 전용' 역시 중앙부서의 승인절차를 없앴다. 특히 반복적이고 중요성이 낮은 두 번째와 세 번째 예산전용의 경우 전체 전용의 90% 가량을 차지한다. 때문에 이들의 중앙 승인절차를 폐지한 것은 업무에 매우 커다란 효과를 가져왔다.

데이터 분석에 따른 프로세스 변경으로 인해 금전적인 효과는 물론, 중앙부서의 일괄적이고 고압적인 승인권이 현업부서로 이동하면서 현업에 대한 수용도가 높아졌다. 더불어 경영관리부서에 대한 반감도 줄어들었다. 데이터 분석을 통해 예산처리의 리스크를 측정하고 각 부서의 자의성이 개입

되지 않는 거래의 확인이 가능하다면 충분히 개선할 수 있는 부분이다. 중앙부서 역시 승인이라는 특권을 일정부분 내려놓았기에 전사적으로 성과를 거둘 수 있었다. 이처럼 기업은 서로 윈-윈할 수 있는 예산체계를 운용하기 위한 노력을 기울여야 한다.

■■■■비용집행에 대한 투명한 공유가 필요하다

국내 모 제조기업의 마케팅 담당 D씨는 걱정이 이만저만이 아니다. 마케팅 예산이 부족해 하반기 프로모션을 제대로 수행할 수 없어 매출액 목표 달성이 어려워 보이기 때문이다. 예산부족의 원인은 2분기 프로모션과 관련해 공동마케팅을 진행했던 협력업체에 지불할 판촉비였다. 업체의 정산요청이 3분기에 집중되면서 하반기 판촉비 예산의 절반 이상이 소요됐다. 이런 일이 벌어진 원인은 프로모션을 실행하는데 필요한 경비를 집계하는 것과 업체에서 관련비용을 청구하는 시점에 맞춰 예산을 집행하는 시간차에서 비롯했다. 결국 영업팀은 하반기에 기획했던 굵직한 프로모션을 수행하지 못함으로써 매출목표 달성에 실패했다. 기업의 입장에서도 제품의 시장점유율이 하락하는 낭패를 보고 말았다.

이 사례처럼 마케팅 예산에 대해 중앙부서와 현업부서 사이에 비용집행 내역에 대해 공유하지 않는 기업이 많다. 각 부서의 예산비용의 집행 공유는 주어진 예산을 효과적으로 사용하기 위해 반드시 필요한 과정이다. 예산이 비효율적으로 집행되는 것을 바로잡거나 홍보, 마케팅 등의 집중 여부에 따라 유동적으로 배치하지 않으면 경영목표 달성이 어렵기 때문이다.

비용집행의 투명한 공유는 예산집행 정보를 '발생주의 회계'에 입각해 처리함으로써 해결이 가능하다. 현금주의 회계와 대응되는 이 방식은, 현금의 수수와는 상관없이 수익은 실현되었을 때 인식되고 비용은 발생되었을 때 인식되는 개념이다. 즉 수익과 지출 등의 경제적 사실이 발생하고 이에 관련된 가치의 희생이 발생된 사실에 입각해 손익을 계산하는 방법을 말한다.

위의 사례에서는 상반기에 달성해야 할 매출목표와 이를 위해 할당된 판촉예산을 비용이 발생할 때마다 정확하게 산출하지 않아 하반기 예산까지 조기에 집행하다 보니 문제가 발생했다. 따라서 판촉비 예산이 협력업체의 정산요청이 들어왔을 때 줄어드는 것이 아니라, 실제로 판촉을 실행하는 해당 월에 인식해야 한다. 마케팅 담당자가 예산집행을 정확히 했다면 문제가 없었겠지만 사실 수백 가지 제품에 대한 판촉예산을 담당자가 추적하고 관리하는 것은 쉬운 일이 아니었다.

결국 이러한 문제에 대한 해결책으로 해당 기업은 협력업체와의 정산주기를 매월 말로 앞당겼다. 불가피한 경우에는 정산시기와 무관하게 판촉비용이 집행되는 시점에 관련비용의 실적을 집계함으로써 예산집행 실적의 관찰가능성을 확보하기로 했다. 덕분에 과다한 조기전용의 방지가 가능해지고 중앙부서는 전사자원의 효율적 집행을 지원하는 부서로 인식이 개선됐다.

합리적으로 보이는 경영이론과 달리 기업의 현실에서는 예산제도를 운영하는 데 있어 중앙부서와 현업부서 간의 크고 작은 이해의 충돌이 발생한다. 그러나 자율예산제도를 적절히 활용하는 기업에서는 문제가 되는 사항을 두고 상호 윈-윈 할 수 있는 형태의 대안을 이끌어내고 실천할 수 있다.

기업이 두 마리 토끼를
잡는 방법

위기에서 더욱 빛나는 리스크 관리

지난 2008년 글로벌 금융위기는 금융기관들의 운명을 갈라놓았다. 파산 신청을 하거나 사라진 기업이 있는가 하면, 살아남은 금융기관은 부실화된 금융기관들을 인수 합병해 규모와 경쟁력을 키웠다. 위기가 곧 기회였음을 여실히 증명한 것이다. 이들의 운명을 가늠한 것은 '리스크 관리'였다.

지난 글로벌 금융위기의 최대 승자는 JP모건체이스 J.P. Morgan Chase다. 금융위기를 기회로 리스크 관리에 실패한 월가의 5대 투자은행 중 하나인 베어스턴스 Bear Stearns와 워싱턴뮤추얼 Washington Mutual 등 굵직한 기업을 인수해 규모를 키우고 사업을 다각화했기 때문이다.

글로벌 금융위기 발생 전, JP모건체이스는 여러 리스크를 심층분석했다. 그 결과 모기지 연체율이 급증하고 있음을 발견했다. 시스템만으로는 문제를 해결할 수 없다고 판단한 JP모건체이스는 과감한 결단을 내렸다. 위험에 빠졌다고 판단된 모기지 사업을 포기한 것이다.

물론 쉬운 일은 아니었다. JP모건체이스는 미국 시장에서 모기지 분야의 시장점유율 15%로 업계 1위를 달리는 중이었다. 하지만 사내 리스크 관리부서는 한시라도 빨리 이를 처리하지 않으면 더 큰 위기를 겪을 것이라고 보고했다. CEO는 리스크 관리부서의 경고를 믿고 실천에 옮겼다.

이 같은 신속한 결정이 가능했던 것은 '얼리 워닝 리포트Early Warning Report'라는 JP모건체이스만의 리스크 관리 시스템이 작동했기 때문이다. 매일 전세계 모든 사업영역에서 발생하는 이슈와 시장상황 및 전망, 대내외 위험요인 등을 종합적으로 분석해 경영진에 보고하는 시스템이다. 덕분에 JP모건체이스는 2006년 서브프라임모기지 리스크 관리에 착수했다.

JP모건체이스는 단기성과에 급급하지 않고 위험요인들을 철저히 관리하는 보상시스템을 운영한다. 얼마나 많은 딜을 성공했는지보다 얼마나 좋은 딜을 성공했느냐에 따라 리스크 관리가 용이하고 위기를 기회로 활용할 수 있기 때문이다.

미국계 자산운용사인 블랙록Black rock 역시 전문화된 인력과 독자적인 리스크 관리 솔루션인 투자위험관리 시스템의 구축으로 성공한 기업이다. 블랙록의 성공핵심은 창업시절부터 전 직원의 25%가 리스크 관리 업무를 담당해온 것이다. 더불어 차별화된 리스크 관리 시스템과 경영정보 시스템을 구축했다. 그들이 생각하는 리스크 관리는 회피가 아니라 제대로 확인하고 부담하는 것이다. 전세계 지점의 직원들이 투자자산의 리스크와 리서치보고서를 공유해 정보경영을 실시했다. 이를 바탕으로 리스크 관리가 작동되었고 실시간 리스크 감지로 위기에 유연하게 대처하고 있다.

이에 반해 국내 금융기업들은 작은 위기에도 살얼음판을 걷는 듯한 상황에 봉착한다. 2011년 2월, 부산저축은행을 시작으로 다섯 곳의 저축은행이 줄줄이 영업정지를 당했다. 금융시장이 출렁이면서 묻어두었던 지뢰가 연달아 터지는 현상이 벌어진 것이다. 금융감독원에 의하면 부산저축은행은 2010년 말부터 자본잠식 상태였으며 유동성이 부족해 허덕이고 있었다고 한다.

저축은행 부실의 가장 큰 원인은 역시 부동산 프로젝트 파이낸싱project financing : PF의 대출 부실이었다. 저축은행은 시중은행보다 높은 수신금리를 만회하기 위해서 고수익-고위험을 쫓기 시작했다. 신용카드 대란 이후 소액 대출 규모가 축소되면서 부동산시장의 호황과 이에 따른 PF 대출 수요의 증가가 저축은행의 PF 대출을 가속화 시켰다. 그러나 금융위기로 부동산 경기가 침체 국면으로 접어들면서 PF 대출의 부실을 버티기 어려워졌다. 결국 저축은행은 무모한 투자를 제한하지 못한 리스크 관리의 실패로 이러한 사태에 직면하고 말았다.

PF 대출은 프로젝트를 담보로 장기대출을 해주는 시스템이다. 이를 위해서는 금융기관이 개발계획 단계부터 참여해 수익성이나 업체의 사업수행능력 등을 포함한 광범위한 분야에 걸쳐 심사를 진행해야 한다. 심사과정에서 사업계획의 타당성, 추진주체인 기업이나 국가의 신용도, 완공 후 해당시설이나 설비의 유용성 등을 종합적으로 판단하는 것은 당연한 의무다. 대규모 프로젝트의 경우 10년 이상 소요되는 경우도 있기 때문에 금융사가 프로젝트의 리스크를 제대로 평가하지 못하면 안 된다.

이처럼 작은 정보도 허투루 넘기지 않고 위험과 안정적 요인을 구분해내는 것은 기업의 목표이자 지향해야 할 능력이다. 수시로 다양한 위험요소가 발생하는 현재의 시장상황에서 기업이 리스크를 관리할 수 있는 올바른 방법은 무엇일까?

■■■■■ 리스크는 제거 대상인가, 관리 대상인가

많은 기업들이 리스크에 대해 다양한 의미를 부여한다. "리스크를 제거하지 못해서…", "선제적 리스크 관리의 실패로…" 등 리스크를 다루는 기준이 서로 다르다. 그렇다면 리스크는 관리하는 것인가, 제거해야 하는 것인가.

사실 이에 대한 대답은 정해져 있지 않다. 리스크는 관리와 제거로 분류될 만큼 단순한 것이 아니다. 리스크의 종류와 기업 및 시장의 상황에 따라 관리해야 할 대상이 있고 제거해야 할 경우도 있다.

리스크는 관리 방식에 따라 크게 세 가지로 나뉜다. 첫 번째는 유해 리스크hazard risk로 반드시 제거해야 하는 것이다. 기술 및 경영환경, 보안 등의 영역에서 발생하는데 가장 쉬운 예가 해킹으로 전산이 마비되는 것과 같은 현상이다. 따라서 내부감사나 리스크 관리자 등을 두고 주의 깊게 검토해야 한다. 더불어 발견 즉시 제거할 수 있는 시스템을 갖추는 것이 좋다.

두 번째는 불확실성 리스크uncertainty risk다. 주로 금전과 관련된 영역의 리스크로 제거보다는 관리의 대상이다. 외환, 이자율, 부동산, 연금기금 등이 이에 해당된다. 예를 들어 금리가 상승해 조달비용이 높아질 경우의 리스크를 파악해 나아갈 방향을 결정하는 것이 목적이다. 전사적으로는 주로 CFO가 관리를 담당한다.

세 번째는 기회 리스크opportunity risk다. 기업의 전략에 따라 리스크가 기회가 되기도 하고 위기가 되기도 하는 경우다. 제품의 상황, 타 기업의 인수 및 경쟁 등이 이에 해당한다. 주로 CEO가 관리주체로 행동하며 일반적으로 이러한 리스크에 대응하는 전략을 수립한다.

이처럼 노출된 리스크의 성격이나 종류에 따라서 관리방법이나 주체가 달라지는 것이 리스크의 가장 큰 특징이다. 현재 기업이 위치한 상황과 시장의 환경 등을 염두에 두고 리스크를 분류한 뒤 누가 어떻게 관리하는 것이 가장 효율적인지를 결정하는 것이 기업은 리스크를 다루는 가장 바람직한 방법이다.

■■■■ 보이지 않는 것을 보이게 하는 방법들

공포영화를 보는 관객들은 무서운 장면에서 크게 소리 지른다. 하지만 가장 두려움을 느끼는 때는 공포스러운 장면이 곧 등장할 것 같은 찰나의 순간이다. 귀신이나 적이 존재한다는 것은 알고 있지만, 그들이 언제 어디서 나타날지 몰라 긴장하는 것이다.

기업에 있어 리스크는 귀신처럼 언제 발생할지 모르는 늘 두려운 존재다. 기업은 두려움을 없애기 위해 리스크 관리에 관심을 기울여왔다. 따라서 리스크 관리의 발전과정을 살펴보면 리스크를 감지할 수 있는 능력을 기를 수 있다. 지금부터 보이지 않는 리스크의 실체를 확인하기 위한 방법을 살펴보자.

기업이 체계적으로 리스크를 관리한다고 해도 각 조직의 세세한 부분까지 모두 살펴보는 것은 불가능하다. 따라서 조직원들은 자신의 업무와 관련된 리스크를 수시로 검토해야 한다. '리스크 자가평가Risk Self Assessment'라 불리는 이 방식은 각 조직 내 담당자들을 활용해 본인의 업무와 관련된 리스크가 무엇인지 정의하는 데서 출발한다. 다음에 정기적으로 리스크 발생 가능성과 빈도에 대해 논의한다. 이 자료를 바탕으로 리스크가 발생했을 때 영향을 받는 금액에 대해 평가한다. 한 가지 아쉬운 것은 자신의 업무와 관계된 리스크를 평가하기 때문에 객관성을 보장하기 어렵다는 사실이다. 하지만 담당자가 자가평가를 하면서 '이러한 리스크는 잘 관리해야겠구나' 라며 스스로를 교육하는 효과를 가져오기 때문에 단순히 리스크를 평가하는 것 이상의 의미를 지닌다.

다음으로 리스크를 감지하는 방식은 '손실데이터 수집Loss Data Collection'이다. 아마도 TV에서 모 건설회사의 자금을 관리하는 직원이 횡령을 했다는 뉴스를 본 적이 있을 것이다. 그런데 이러한 사건은 생각보다 자주 발생한다. 어떠한 손실을 일으키는 사건이 발생하는 때와 장소는 달라도 같은 유형의 손실이 반복되는 것이다. 이러한 경우 손실이 어떤 흐름을 거쳐 발생하는지 과거자료와 동종업계의 데이터를 수집해 리스크 관리에 활용하는데, 이를 손실데이터 수집이라고 한다.

가장 발달된 분야는 금융기관으로 실제 시장에서 발생한 과거의 데이터와 손실데이터를 항상 관리하기 때문에 다양한 리스크 측정이 가능하다. 그러나 일반적인 기업에서 과거의 손실데이터를 수집하는 것은 결코 녹록치 않은 작업이다. 이를 위해 손실이 발생했을 때 시스템에 따라 분류하고 관리할 수 있는 별도의 방안을 마련해야 한다.

신문이나 잡지 등에 등장하는 동종업계의 다양한 사건사고의 유형들도 수집해 자신의 업무에 적용하는 것도 좋은 방법이다. 다만 이런 데이터는 과거에 발생한 일일 뿐이며 미래에도 같은 리스크가 발생한다는 보장은 없으니 주의하는 것이 좋다. 그럼에도 우리나라에서 일어나는 기업사고의 대부분은 이미 발생했던 일이 또다시 반복되는 경우가 많으니 깜짝 놀라지 않을 수가 없다.

마지막으로 리스크를 측정하는 방식은 다음과 같은 사례를 두고 생각해볼 수 있다. 당신은 지금 소개팅을 하고 있다. 맞은편에 앉아 있는 저 사람은 오늘 처음 만나는 사람이다. 어떤 성격인지, 무슨 생각을 갖고 있는지, 나와 어울리는 사람인지 전혀 모른다. 그래서 그 사람의 말투와 버릇, 눈빛 등을 자세하게 관찰하며 하나씩 파악해 나간다. 이야기나 행동을 통해 장점을 어필하고 부족한 점은 되도록 감추려는 상대와 장점은 높이 평가하면서도 혹여 내가 놓치고 있는 단점은 없는지 세심하게 살펴보는 당신 사이에는 보이지 않는 신경전이 벌어진다.

기업과 리스크는 이 두 사람처럼 손실이라는 단점을 숨기려는 사람과 그것을 찾아내려는 사람 사이의 관계 같다. 이때 기업은 자신을 드러내지 않는 '손실'이라는 것 자체를 관찰하기 위해 그와 관련이 깊은 지표를 찾는다. 이를 가리켜 '리스크지표Risk Indicator or Index'라고 한다. 그리고 이 데이터에서 중요한 것만 뽑아낸 핵심리스크 지표Key Risk Index를 작성하는 과정에서 리스크의 움직임을 확인할 수 있다.

예를 들어 기업이 임금에 대한 조직원의 불만을 알 수 없는 상황에서 동종업계의 평균임금과 비교한 자료를 살펴보면 간접적으로 파악할 수 있다. 이처럼 핵심리스크 지표를 작성하는 것은 지속적으로 관찰하고 모니터링할 수 있는 데이터의 변화를 통해 갑자기 발생할 가능성이 있는 리스크를 적기에 관리하기 위함이다.

앞서 언급한 세 가지 유형의 리스크 감지 방식을 통해 보이지 않는 리스크의 실체를 확인하고 적절한 대응을 할 수 있다.

■■■■중요한 것을 먼저 관리하라

뜻밖의 위기, 예상하지 못했던 사건으로부터 기업의 가치를 보존하고 지속적으로 성장시키는 것은 기업이 추구하는 지속가능성의 중요한 요소다. 하지만 리스크 관리는 많은 비용을 필요로 한다. 예를 들어 내부사취를 방지하기 위한 감사 프로세스를 강화하면 그만큼의 인건비가 필요하고 업무효율성도 저하된다. 그러다보니 리스크 관리자는 기업의 모든 리스크를 나열해 보면서 '이 모든 리스크를 관리해야 하나?'라고 생각하기 십상이다. 이때부터 기업의 리스크는 관리 소홀의 상황에 놓이기 시작한다.

우리가 흔히 말하는 리스크 관리는 기업의 정상적인 경영활동에서 벗어나는 위험을 인지하고, 이에 대한 적절한 경영방식을 제시해 적절한 수익을 유지하는 것이다. 하지만 지난 몇 년 사이 기업들은 예측 불가능한 위기를 많이 경험했다. 쓰나미나 지진과 같은 자연재해부터 혁명, 전쟁 등의 정치적인 변화, 고객정보 유출 및 전산시스템 정지와 같은 보안사고 역시 기업의 위기를 초래했다. 이제 기업은 새로운 위기관리 영역을 개설해야 한다. 지금부터 가장 핵심적인 리스크를 파악하고 누구도 예측하지 못했던 위기상황을 슬기롭게 극복해 기회로 연결시키기 위한 리스크 관리과정을 알아보자.

기업의 목표를 고려해 모든 리스크의 우선순위 기준을 정하고, 그중에서 중요한 리스크를 선별해 관리전략과 통제활동을 진행하는 것을 리스크 관리과정이라고 한다. 간단히 말해 '목표설정-리스크 선별-리스크 관리-리스크 컨트롤'로 이어지는 프로세스다.

각 과정을 좀 더 세밀하게 살펴보면, 먼저 목표설정 objective map 단계에서는 기업의 여러 가지 목표 중에서 가장 가치가 높은 것들을 선정한다. 그리고 이들을 저해하는 목표를 리스크로 정의한다. 이때 중점을 두는 것은 가장 중요한 기업의 목표는 무엇이냐다. 실무적으로 이 과정을 수행할 때는 주로 기업에서 관리하는 KPI와 같은 자료를 활용해 리스크를 찾아내기도 하고, 개별 프로세스마다 목표를 고려해 리스크를 도출해 내기도 한다.

다음은 '리스크 선별risk map' 과정으로 앞에서 정의한 리스크의 우선순위를 영향력과 발생확률, 빈도를 기준으로 나눈다. 이에 따라 총 네 가지 영역이 생성되며 각 리스크의 성격에 맞춰 분리하면 된다. 첫 번째 우선순위인 '영역 I'은 발생확률과 영향력이 모두 높은 리스크다. 이 종류의 리스크에 대해 기업은 적극적인 통제 프로세스를 마련해야 한다. 명확한 담당자 지정과 지속적인 모니터링, 적정한 한도관리가 수행된다. 수출 중심 기업의 환리스크, 은행의 신용리스크, 보험사의 금리 및 보험리스크 등이 여기에 속한다.

다음 순위인 '영역 II'에 포함되는 리스크는 자주 발생하지는 않지만 영향력이 높은 경우다. 이들은 실체가 무엇인지 파악하기 힘들어 실무적으로 관리하기가 어렵다. 하지만 기업을 위험에 빠트릴 힘을 가졌기 때문에 심도 있게 예방법을 연구해야 한다. 전혀 예상하지 못한 상황에서 발생했을 때 어떻게 대처할 것인지를 발생 가능성 시나리오별로 준비하는 방식이 널리 쓰인다.

'영역 III'은 자주 발생하지만 영향력은 낮은 리스크다. 회사에 별다른 위협을 가하지 않는 위험은 모니터링을 통해 차차 줄여나가거나 리스크가 발생하도록 놓아두기도 한다. 관리의 필요성과 발생비용을 고려해 담당자의 의사에 따라 관리방식이 다르게 결정되는 것이다.

마지막으로 '영역 IV'는 리스크가 기업에 끼치는 영향력과 발생가능성 모두 낮은 경우다. 정기적인 체크리스트를 작성해 현황을 파악하는 정도에서 관리해도 별다른 문제는 없다. 굳이 비용을 들이지 않아도 된다는 뜻이다.

리스크의 우선순위를 나누는 기준에서 가장 중심이 되는 것은 리스크가 몰고 올 비즈니스 효과와 발생확률에 달렸다. 기업의 수익 및 사업발전에 가장 악영향을 끼칠 가능성이 높고 빈도수가 큰 리스크가 우선순위에 배치된다.

다음 과정인 '리스크 관리'는 리스크 선별에서 도출된 의사결정을 실행하는 단계다. 기업 차원에서 세심하게 관리해야 할 리스크는 금전손실을 막기 위한 대비책을 세워야 한다. 아예 리스크를 발생시키는 제품이나 프로세스를 제거할 수도 있고, 이를 관리하는 통제 프로세스를 설계해 리스크를 제거하거나 축소하는 것도 가능하다. 다만 영역 II와 III처럼 중요도가 낮은 리스크는 지켜보면서 상태의 변동이 있을 때마다 적절한 행동을 취한다. 동시에 잔여 위험에 대한 행동계획을 세우고 과거사례 및 동종업계의 데이터를 바탕으로 연구하는 것도 적절한 대응방식이라 하겠다.

다음으로 이어지는 '리스크 컨트롤' 단계에서는 리스크의 중요도를 바탕으로 관리방식을 평가한다. 필요 이상으로 관리중인 리스크와 중요도에 비해 관리가 소홀한 리스크를 가려내 점검한다. 리스크의 중요도가 다르기 때문에 기업의 입장에서는 어느 수준의 통제가 리스크 관리에 적합한지 표준을 마련하기 어렵다. 따라서 담당자와 경영진의 주관적인 평가를 모아 업무를 수행한다.

리스크 관리 과정은 철저히 기업의 가치나 수익증대와 같은 목표를 달성하기 위한 수단이다. 동시에 기업 내부에 산재해 있던 보이지 않는 리스크를 발견해 제거함으로써 내실을 키울 수 있다. 결국 리스크 관리는 기업목표의 달성이라는 두 마리 토끼를 한꺼번에 잡을 수 있는 기회인 셈이다.

■■■■우리 회사의 리스크 관리수준 알아보기

"당신의 기업의 리스크 관리수준은 어느 정도입니까?"

이에 대해 쉽게 대답하는 CEO나 조직원은 쉽게 찾기 어렵다. 객관적인 숫자로 매년 타 기업과 비교할 수도 없고, 기업마다 리스크에 대한 정의도 다르기 때문이다.

PwC는 많은 기업의 컨설팅 경험을 바탕으로 리스크 관리수준을 판단하는 8가지 기준요소를 산출했다. 리스크 관리 체계, 경영자의 지원, 리스크 관리자의 명확성, 프로세스의 확립, 커뮤니케이션과 교육, 성과평가, 인적자원을 통한 강화, 모니터링으로 나뉘는 이들을 통해 [표3]과 같은 리스크 관리수준 평가표를 작성했다. 레벨 1이 가장 낮은 수준이며 숫자가 증가할수록 관리수준도 높음을 뜻한다. 우리 회사의 리스크 관리수준을 평가해보자.

[표3] 리스크 관리수준 평가표

관리기준	레벨 1	레벨 2	레벨 3	레벨 4	레벨 5
리스크 관리 체계	리스크를 관리하는 컨셉을 이해하기 어렵다	리스크 관리는 비즈니스 프로세스로 검토되며, 정책과 가이드는 위험시에만 제출된다	리스크 관리체계는 위험과 불확실성 리스크에 대해 존재한다	매니저는 리스크 측정 기술과 도구에 대해 교육받는다	비즈니스 리스크 관리체계는 일반적 언어로 제공되며 리스크 관리에 초점을 둔다
경영자의 지원	경영자가 리스크 관리는 불필요한 비용을 야기한다고 여긴다	경영자가 리스크 관리를 규제와 억제로 인식해 지원이 낮다	리스크는 아직 명확하지 않으나, 경영자는 예상치 못한 사건을 위한 펀드를 할당한다	중요 리스크는 전략 및 비즈니스 플랜에서 강조한다	경영자는 운영상태의 확장과 프로세스의 가치, 계속되는 역할에 동의한다
리스크 관리자의 명확성	리스크 관리방법론 확립에 관심이 없다	리스크 관리체계는 부서의 일부나 유닛에서 개발하며 담당자는 독립부서의 책임자다	리스크 관리자가 모든 리스크를 다루지는 않는다	조직 리스크와 프로젝트 리스크는 연결해 접근한다	리스크 부서의 책임자는 리스크 설계의 유지를 확립한다
프로세스의 확립	위험은 사후대응으로 처리한다	내부감사, 보험, 법 등은 각 영역의 책임 안에서만 리스크 관리를 책임진다	리스크 관리는 모두의 책임이며, 각 기능의 반경에 안에서 관리한다	리스크 관리는 비즈니스 단체에서, 정책과 행정처리는 중앙관리부에서 실행한다	리스크 관리정책, 디자인, 체계는 이사진에 의해 수행되고 전사적인 관리팀에서 관리된다
커뮤니케이션과 교육	위험예방을 위한 가이드가 없으며, 리스크 커뮤니케이션은 회사의 손실 후에 실행된다	리스크 완화를 위한 세부사항과 불확실성 리스크에 대한 관리 매뉴얼은 전직원에게 배포한다	리스크 프로그램을 확립하고 정기적으로 회사의 직원들에게 교육시킨다	비즈니스 유닛의 리스크 책임자는 주기적 관리보고를 제공하도록 교육된다	모든 사람이 리스크 관리에 대해 이해한다
성과 평가	리스크 평가가 수행되지 않는다	정성적 리스크 측정은 기능적 부서에서만 수행하며, 목표와 통제는 미측정된다	리스크 측정은 정성적과 불확실성리스크에 대해 수행되며, 리스크 컨트롤 도입의 결과가 측정되며 목표는 미측정된다	비즈니스 유닛과 조직은 전사적으로 연결해 리스크를 측정한다	조직의 목적이 구체화되고 비즈니스 임팩트를 측정할 수 있다
인적자원을 통한 강화	리스크 관리를 강화하기 위한 인재 지원이 없다	리스크 관리교육은 새로운 관리 직원만 받는다	모든 신입들을 대상으로 리스크 관리 교육을 진행한다	인사부는 모든 리스크 관리자에게 역할을 전달한다	새로운 핵심 자격을 개발한다
모니터링	모니터링은 내부 감사인의 감사를 통해서만 수행된다	손실이 발생할 때만 모니터링하며, 이는 각 비즈니스 유닛에 의해 컨트롤된다	각 비즈니스 유닛의 책임영역 안에서 모니터링한다	비즈니스 리스크 정보를 축적한다	리스크 관리행동이 조직에 의해 모니터링되고 이사진에 보고된다

CHAPTER 13 ■ ■ ■ ■ ■ ■

겉만 살피지 말고
썰어서 내부를 확인하라

기업의 정확한 수익성을 찾아서

컴퓨터단층촬영Computed Tomography : CT은 X선을 이용해 병의 원인과 신체변화를 찾는 장치다. 일반 엑스레이 촬영과 달리 X선 발생장치가 있는 원통형의 커다란 기계에 들어가서 촬영한다. 이 기계에 들어가서 누우면 원통의 바깥에서 엑스레이 발생장치가 사람을 중심으로 둥근 원을 그리며 촬영하는 방식이다.

오랫동안 X선은 뼈를 볼 수 있는 촬영장치로 널리 이용됐다. 이후 전자공학의 출현과 컴퓨터의 급속한 발달은 X선 촬영장치에 현저한 변화를 가져왔다. CT는 X선을 이용하고 있지만 직접 필름에 감광시켜 얻는 일반적인 방사선 사진과 다르다. 인체의 한 단면 주위를 돌면서 가느다란 X선을 투사하고 X선이 인체를 통과하면서 감소되는 양을 측정한다. 인체의 내부 간이나 신장 같은 장기들의 밀도는 약간씩 차이가 나기 때문에 X선이 투사된 방향에 따라 흡수하는 정도가 서로 다르게 나타난다. X선이 투과된 정도를 컴퓨터로 분석하여 내부 장기의 밀도를 결정하고, 이를 통하여 내부의 자세한 단면을 재구성해서 영상으로 나타나게 한다. 신체의 여러 각도에서 투과시킨 X선을 컴퓨터로 측정하고 단면에 대한 흡수치를 재구성하여 영상으로 나타내는 장치이다.

일반 X선 사진은 사람 몸의 3차원적인 모습이 2차원의 필름에 나타난다. 이에 반해 CT는 선택한 단면의 모든 모습을 보여주기 때문에 일반 X선 사진으로는 알아내기 힘든 여러 가지 사실들을 정확하게 진단할 수 있다. CT는 재료를 파괴하지 않으면서 안전하게 검사할 수 있다는 장점이 있기 때문에 산업 분야에서도 내부의 모습이나 빈 공간, 그리고 밀도를 확인하는 데 이용되고 있다.

CT의 또 다른 장점은 신체조직이 겹쳐 보이는 한계가 없다는 것이다. 엑스레이 촬영과 달리 인체를 가로로 자른 횡단면상을 획득하기 때문이다. 신체를 단면으로 잘게 썰어서 2차원 영상으로 깨끗하게 보여주기 때문에 몸 상태를 더욱 정확히 알 수 있고 질병의 진단이 정확하다는 장점이 있다. 대부분의 장기 질환에서 병변이 의심되거나 정밀검사를 시행할 필요가 있을 때 기본이 되는 검사다.

우리 몸의 상태를 세밀하게 확인하고 정확하게 알기 위해 CT촬영을 하듯, 기업 역시 내부상황을 들여다보기 위해서는 쪼개보고 썰어보는 과정이 필요하다. 특히 수익증대와 가치창출이 존재 이유인 기업은 수익구조에 대한 CT촬영을 할 필요가 있다.

■■■■ 경영계획을 세우는 부서와
실적을 분석하는 부서의 통일된 분석체계

국내 상위권 생명보험사 중 하나인 A사는 2000년대 중반 기업의 경영관리 수준을 한 단계 높이고자 했다. 이를 위해 체계적인 경영계획 수립과 기존의 실적분석을 상품, 고객, 채널의 카테고리로 세분화해 구체적으로 수익을 분석하는 프로젝트를 진행했다. 보험상품은 한 번 판매하면 장기적으로 기업의 손익에 영향을 주는 '롱테일 비즈니스'의 특성을 갖고 있기 때문에 적극적인 관리가 무엇보다 중요했다.

경영계획의 수립은 계리팀에서, 실적분석은 경영관리팀에서 담당해 바로 조사에 들어갔다. 프로젝트는 일정대로 완료됐다. 그런데 A사의 프로젝트 데이터의 활용수준은 애초에 기대한 것보다 훨씬 저조했다.

문제는 계획을 수립한 부서(계리팀)와 실적을 분석한 부서(경영관리팀)가 정보를 사용하는 제반가정이 서로 다르고, 결과의 측정기준에서도 차이가 존재한다는 것이었다. 아무리 구체적이고 정확한 데이터가 나와도 계획 대비 실적을 비교할 기준이 없어 이렇다 할 정보로 활용하지 못했다.

처음부터 장기계획을 수립하는 계리팀과 당기실적을 집계하고 분석하는 경영관리팀은 각자 분석할 자료에 대한 공통의 프레임을 갖추는 합의를 거치지 않은 채 프로젝트를 진행했다. 그 결과 오랜 시간 공을 들여 분석한 데이터는 담당부서 안에서만 가치를 지니는 우물 안 정보로만 사용될 뿐이었다.

사실 이러한 현상은 대부분의 보험사에서 겪고 있는 고민 중 하나다. 국내에서 손꼽히는 손해보험사인 B사는 2000년대 초반 수익성분석 시스템을 구축하기로 결정했다. B사의 분석 니즈 중에는 일반적인 수익성분석인 상품, 고객, 채널별 분석 외에 담보별 분석이라는 것이 있었다.

담보란 보험사에서 보험가입자에게 무엇을 보장해주느냐에 따라 대인, 대물, 자손, 자차 등으로 구분할 수 있다. B사는 보험상품에 대한 수익성과 별개로 담보에 대한 수익성을 알고 싶어 했다. 이 기업은 이미 1,000만 건이 넘는 보험계약을 체결한 상태였으며 보험계약 건수가 지속적으로 증가하는 추세였기 때문이다.

사실 기존의 보험사가 갖춘 정보분석 시스템 설계와 담보수익성에 대한 데이터를 추가로 제공하는 시스템의 설계는 어마어마한 차이를 보였다. 경영성과 분석 시스템에 담보 구분이 있을 경우 담보별 가격이나 손해율 관리에 대한 의사결정이 용이해진다. 이것만으로도 보험사는 막대한 시간과 비용을 절약할 수 있다. 하지만 그만큼 시스템 구축이 복잡하고 어렵다.

고심 끝에 담보에 대한 분석 니즈는 꼭 필요한 수준에서 별도로 수행한다는 원칙을 세웠다. 이로서 시스템에 미치는 영향을 최소화하면서 담보와 관련한 정보를 사업계획에 활용할 수 있었다.

이에 반해 중견 손해보험사인 C사는 다른 기업에 비해 늦게 시스템 정보화에 착수했다. 대신 그만큼 분석시스템에 가능한 경우의 수를 많이 넣는 것으로 만회하고자 했다. 그러나 목적이 명확하지 않은 경우의 수는 오히려 시스템에 혼란을 주기 쉽다. 게다가 시스템의 성능을 충분히 고려하지 않고 무조건 많은 정보를 투입하면 추후에 데이터 활용의 어려움이 고스란히 사용자에게 전달된다. 이런 이유로 지나치게 많은 경우의 수를 설계하는 것에 반대하는 의견이 많았다.

그럼에도 불구하고 결국 영업소 하나를 설립할 때 소요되는 단위비용과 관련한 모든 경우의 수를 분석해 시스템을 설계하는 것으로 결정됐다. 시스템 오픈까지 많은 이슈가 있었으나, 진짜 문제는 시스템을 오픈한 뒤에 발생했다. 시스템 성능을 고려하지 않고 무리하게 경우의 수를 설정한 탓에 관리결산에 소요되는 시간이 기하급수적으로 늘어난 것이다.

애초 C사가 내세운 조기결산 목표인 D+4의 재무결산과 D+7의 관리결산은 달성이 불가능했다. 결국 한 달 가까이 관리결산에 매달리고 나서야 결산 데이터를 확인할 수 있었다. C사의 이야기는 분석목적을 명확히 하고 시스템 성능과 같은 환경을 종합적으로 고려했을 때 목적에 맞는 시스템 설계가 이루어짐을 보여주는 사례다.

물론 수익성분석 정보를 업무에 효율적으로 활용하는 기업들도 있다. 신채널 사업에 집중하고 있는 국내 중견보험사는 각 보험사의 채널별, 상품별 수익성 분석정보를 바탕으로 채널 간 충돌을 예방하고, 통합전략을 구사한다. 특히 신상품을 출시할 경우 기존 채널에 대한 수익성분석을 통해 어느 채널을 주력으로 신상품을 판매할 것인가를 미리 판단할 수 있다. 게다가 사전에 채널 간 충돌을 줄이기 위한 전략을 세울 수 있어 문제가 발생하기 전에 위험관리를 할 수 있다는 매력적인 장점까지 갖췄다.

이 회사가 정보시스템을 활용하는 다른 분야는 신규채널에 대한 대응방식이다. 이 회사의 판매채널은 전통적 방식인 설계사 외에도 은행, GA General Agent 등이 있다. 몇 년 전 손해보험 업계에서는 온라인 자동차보험에 진출하느냐 마느냐를 놓고 큰 논쟁이 있었다. 이미 다른 경쟁사의 경우 온라인 채널에 조기 진출함으로써 뒤쳐진 시장점유율을 어느 정도 회복하고 있는 상황이었다. 이 회사 역시 온라인 채널 진출에 대한 결정을 내리고 그에 맞는 대응전략을 세워야 했다.

신규채널 진출과 관련해 회사 내부에 직접적인 과거 데이터는 없었다. 하지만 신규채널의 시장점유율에 대한 시장분석과 경쟁사의 신규채널에 대한 전략 및 분석을 통해 가설을 세우는 것이 가능했다. 신규채널이 갖춘 시장의 크기와 당사의 상품 경쟁력, 그리고 기존 채널을 고려한 시장점유율을 추정했다. 그 결과 C사는 경쟁사에 비해 늦게 온라인 보험시장에 진출했음에도 상세한 채널별 수익성 분석정보를 활용해 시장점유율을 지켜냈다.

이제 수익성 분석을 위한 시스템을 설계하는 기업은 단순히 양질의 데이터를 양산하는 것에 의미를 두어서는 안 된다. 그보다 기업이 처한 환경에 따른 가장 명확한 분석목적을 제시하고 그것을 충족시킬 수 있는 데이터를 생성하는 데 집중해야 한다. 그것이 고객의 수익성분석이든 채널별 수익성 분석이든 가장 구체적이고 적극적인 분석목적만이 활용도가 높은 데이터를 불러온다는 사실을 잊지 말자.

하모니, 기업의 성장동력에
날개를 달아주다

조직 내부의 시너지를 극대화하는 기술

우리나라 사람들은 예부터 삶은 돼지고기에 새우젓을 찍어먹는 식생활을 즐겼다. 기름기가 도는 돼지고기에 짭조름한 새우젓을 곁들여 먹으면 맛도 좋아질 뿐 아니라 소화도 잘되기 때문이다. 새우젓과 돼지고기는 궁합이 잘 맞는 음식으로 알려져 있는데 함께 먹으면 각각의 음식이 지닌 기능이 상호작용하여 시너지 효과를 발휘한다고 한다.

새우젓은 단백질 분해효소인 프로타아제를 다량 함유하고 있다. 돼지고기의 주성분은 단백질과 지방인데, 단백질이 소화되면 펩타이드를 거쳐 아미노산으로 변환된다. 이때 필요한 것이 단백질 분해효소인 프로타아제다. 새우젓이 발효하는 과정에서 많은 양의 프로타아제가 생성되는데 이것이 단백질을 섭취했을 때 소화제와 같은 역할을 한다. 또한 지방을 섭취했을 때는 췌장에서 분비되는 리파아제라는 지방분해 효소의 영향을 받는다. 이 효소가 부족할 경우 지방이 분해되지 못해 복통이나 설사를 유발한다. 새우엉에는 프로타아제뿐 아니라 리파아제도 다량 함유되어 있어 기름진 돼지고기의 소화를 한층 더 돕는다.

음식의 궁합이란 단순히 맛과 멋을 증가시키기 위한 기능이 아니다. 두 개 이상의 재료가 합쳐졌을 때 각 음식이 가진 기능이 최고의 능력을 발휘하는 조합을 뜻한다. 즉 1 더하기 1이 2가 아닌 그 이상이 되는 시너지 효과를 창출하는 것을 목적으로 한다.

이러한 상승효과는 조직이 추구하는 목표와도 닮았다. 기업은 이윤을 추구할 수 있는 여러 요인을 동시에 최대한 발휘해 하나씩 작용할 때보다 더 큰 효과를 얻고자 한다. 예를 들어 경영다각화 전략을 추진할 경우, 이때 추가되는 새로운 제품이 단지 그 제품의 값에 해당하는 가치를 넘어 보다 큰 이익을 가져오도록 하는 시너지 효과를 유도한다.

이때 시너지 효과를 극대화하기 위해 유의해야 할 것이 있다. 바로 '하모니harmony'다. 하모니의 어원인 희랍어의 하르모니아harmonia는 조직을 의미하며 근대에 들어서는 높이가 다른 음들의 동시적인 울림을 가리킨다. 종합해보면 하모니는 하나의 음이 멋진 음악을 만들어낼 수 없듯 기업 또한 결코 혼자서 성장할 수 없음을 뜻한다. 기업을 구성하는 수많은 조직이 함께 힘을 합쳤을 때 비로소 성장이 가능하기 때문이다. 조직원 역시 마찬가지다. 아무리 개개인의 능력이 뛰어나도 조직 내부에서 힘을 모아 조화를 이루지 못하면 성장은 오래가지 못한다.

그런 의미에서 기업은 오케스트라와 같다. 악기 하나가 개별적으로 내는 소리보다 이들이 함께 모여서 내는 화음이 훨씬 더 아름다운 소리를 낸다. 기업도 조직과 조직을 구성하는 조직원들이 서로 조화를 이루어야만 가장 뛰어난 성과를 달성할 수 있다. 멋진 하모니로 관객을 홀리듯 고객의 마음을 흔들 수 있는 기획, 개발, 마케팅의 훌륭한 조화가 필요하다. 지금부터 조직 내부의 시너지를 극대화하기 위해 필요한 조건을 살펴보자.

■■■■ 권한과 책임을 일치시켜라

시너지synergy는 통합이란 뜻의 신서시스synthesis와 에너지energy의 합성어다. 두 힘이 합쳐질 때 각자 갖는 힘 이상의 에너지를 낼 수 있는 합성을 시너지라고 부른다. 한쪽 다리를 다쳐본 사람들은 사람의 다리가 2개인 것에 무척 감사하는 마음을 갖게 된다. 사람의 다리가 두 개인 것은 단순히 1+1이 아니라 두 개의 다리가 함께 움직일 때 걷고 뛸 수 있는 최고의 시너지 효과를 내기 위함이다.

기업에서의 시너지는 모두 조화를 이뤄 함께 해내는 힘, 즉 팀워크를 뜻한다. 여기서 '팀team'이란 'Together Each Attain More'의 약자다. 함께 힘을 모아서 일을 하면 개별의 합보다 더 큰 효과를 창조한다는 의미다. 구성원 각자의 능력을 모아 시너지를 낼 때 조직이 발전하고 모두가 보람을 느낀다.

그렇다면 현대사회에서 조직의 시너지를 극대화하는 길은 무엇인가?

과거와 달리 현대 기업의 특징을 보면 기업을 구성하는 단위조직, 특히 독립된 이익 책임 단위profit center는 마치 기업 속에 또 하나의 기업처럼 그들 조직의 이익추구만을 위해서만 존재하는 것처럼 보인다. 이는 많은 기업들이 BSC와 같은 성과평가제도를 도입하면서 기업 전체가 아닌 개별조직의 성과에 대한 관심이 높아지고 그 결과에 따라 보상이 이루어지기 때문이다.

이들 개별조직에 대한 성과평가에는 재무지표(특히 손익지표)의 비중이 높다. 때문에 자연스럽게 개별조직의 재무성과 극대화로 이루어지고 있는 것이 실상이다. 하지만 안타깝게도 이러한 움직임은 기업의 장기적 관점에서 볼 때 전사손익에 있어서는 부정적일 수 있다. 전사손익에 집중하던 과거에는 생각지도 못했던 문제점들이 개별조직의 손익에 집중하면서 차례로 발생하는 것이다.

개별조직의 손익평가는 단순히 조직에서 집계한 숫자의 합만으로는 해결할 수 없다. 각 조직의 다양한 이해관계가 내포되어 있기 때문이다. 때때로 개별조직의 손익성과를 달성하기 위한 행동이 전사손익에 반하는 결과를 초래하는 것도 조직 간 연간관계로부터 야기된다.

그러므로 기업은 조직별 손익정보를 활용하기 전에 내부의 이해관계를 올바르게 정리해야 한다. 이것을 조직별 손익계산서에 반영해 개별조직의 성과를 극대화시키는 것이 아닌 기업 전체의 성과를 극대화시키도록 유도해야 한다. 즉 '권한과 책임의 일치, 기여도에 따른 이익분배' 등의 방안을 토대로 조직의 시너지 효과를 최고로 끌어올리는 데 초점을 맞추는 것이다.

가전제품의 제조와 판매를 담당하는 중견기업인 D사는 3년 전부터 조직별 성과평가제를 시행하고 있다. K본부장이 이끄는 제품개발팀 역시 신제품을 개발해 시장에 출시하면 매출의 5%를 개발수익으로 이전받는 엄연한 프로핏 센터 조직이다. 이러한 수익배분 구조를 통해 조직원들의 성과급이 지급된다. 그러다보니 제품개발팀은 주도적으로 소비자의 니즈를 반영한 히트상품을 개발해 매출증가를 이루는 등 기업의 성장에도 큰 역할을 했다.

그런데 지난해 영업본부장인 L상무가 새로 부임하면서 일이 꼬이기 시작했다. L상무는 새로 기획하는 신제품마다 자신의 판매경험에 비추어보면서 디자인의 변경을 요구했다. 물론 과거에도 생산본부, 영업본부와의 개발협의는 있었다. 그러나 신제품 개발의 엄연한 주체는 제품개발팀이었기에 모든 의사결정권 역시 개발팀장인 K본부장에게 있었다. 하지만 그보다 직급이 높고 사장님의 신임을 받는 L상무의 요구사항을 무시할 수는 없었다. 번번이 L상무의 요구를 받아들인 신제품은 개발지연과 판매실적 저조로 이어졌다. 제품개발팀은 성과급을 받지 못하게 되었을 뿐 아니라 K본부장은 제품개발 실패에 대한 책임까지 져야 하는 형편이 됐다.

D사의 사례는 책임회계의 가장 기본인 권한과 책임의 통일성의 부재에서 비롯된 것이다. 제품개발팀에게 신제품 개발에 대한 전체적인 권한이 주어지고 그것이 지켜졌을 때 조직은 결과에 대한 책임을 받아들일 수 있다. 보상 역시 이러한 체계를 기반으로 이루어져야 기업의 공정성이 높아진다. 하지만 수많은 기업들이 개별조직에게 부여한 권한보다 더 큰 범위의 책임을 묻거나, 반대로 권한은 부여하나 책임은 전혀 묻지 않는 우를 범하기도 한다. 이는 조직 구성원들로 하여금 업무에 대한 주인의식을 결여시킬 가능성이 있는 매우 위험한 상황이다.

그 누가 책임만 지는 일을 할 것이며, 그 누가 책임을 묻지 않는 일에 최선을 다하겠는가. 기업은 이러한 상황이 벌어지지 않도록 개별 조직의 책임과 권한을 명문화하고 지켜야 할 필요가 있다. 그리고 책임과 권한은 전사이익의 극대화를 위해 정의되고 관리되어야 한다. 책임과 권한이 일치된 기업문화만이 성장을 주도할 수 있는 조건을 갖춘 셈이다. 조직 간 상호협력과 적절한 견제는 보상과 책임이라는 적절한 시너지 효과를 발생시켜 기업발전의 밑거름이 될 것이다.

■■■■기여도에 따른 수익 공유를 실천하라

조직활동에 시너지를 불어넣는 방법은 다양하지만 가장 좋은 것은 그동안 조직이 쓰지 않았던 근육을 사용하는 것이다. 마치 구성원 모두가 목표를 향해 한방향으로 정렬해서 매진하는 모습으로 시너지를 내는 무한파워를 생성하는 것과 같다. 이를 위해서는 조직과 구성원이 널뛰기를 하듯 서로를 위해 조금씩 힘을 쏟는 과정이 필요하다. 널뛰기에서 내가 높이 오르려면 먼저 상대를 위해 힘차게 발구름질을 해주어야 한다. 그래야 자신 또한 높이 오를 수 있다. 물론 상대를 높이 올려줄수록 자신도 더 높이 오르기 마련이다. 나보다는 상사를, 나의 이익보다는 상사와 부하의 이익을 생각하는 마음이 필요하다. 여기에 발맞춰 기업 역시 기여도에 따라 조직원과 수익을 공유하려는 자세를 보여줘야 한다.

E 보험사는 많은 설계사를 보유한 대형 보험사로 대출사업까지 영역을 확장하는 중이다. 대출영업본부는 최근 시장의 대출금리 상승을 고려해 대출상품을 공격적으로 판매한다는 전략을 세웠다. 하지만 얼마 되지 않는 금융센터를 통해서만 대출상품을 판매하다보니 영업목표를 달성하기엔 한계가 있었다. 다양한 논의 끝에 기존 보험설계사의 인력을 활용하기로 아이디어를 모았다. 고객에게 보험상품을 판매할 때 대출상품도 권유하는 방식이다. 설계사들의 판매의지를 높이기 위해 보험상품과 마찬가지로 대출상품 판매에도 수당을 지급하기로 했다. 결과는 성공적이었다. 보험설계사에게 대출상품 판매는 생각보다 수월한 영업이었고, 상대적으로 높은 수당은 훌륭한 동기부여가 됐다.

하지만 보험영업본부의 B전무는 이러한 상황에 매우 당황스러워했다. 설계사들이 대출상품을 판매하기 시작한 이래 보험영업 실적이 급격히 낮아졌기 때문이다. 설계사를 모집해 육성하고 관리한 것은 보험영업본부였는데 정작 실적이 오른 건 대출영업본부였으니 가만히 두고 볼 수만은 없는 노릇이었다. 대출상품이 판매되면 설계사들에겐 개인적으로 수당이 돌아가지만 보험영업본부에 돌아오는 것은 아무것도 없지 않은가? 게다가 우리가 왜 대출상품의 판매를 도와야 하는가? 결산 때 보험실적이 나빠지면 우리만 질책 받을 텐데 이대로 가는 건 우리에게 아무런 도움도 되지 않는 것이 아닐까?

결국 말도 안 되는 상황을 받아들이지 못한 보험영업본부는 영업소장들을 불러들였다. 그리고 보험상품 판매실적은 떨어졌는데 대출상품 판매실적만 오른 설계사들을 별도로 관리할 것을 은밀히 지시했다.

다른 사례를 살펴보자. 통상적으로 보험사는 영업지점의 지점장이 새로 부임하면 사무실을 이전하는 것이 일반적이었다. 자신의 부임을 기점으로 '새로운 시작을 알리려는 것'과 이왕이면 '더 좋은 건물에서 새롭게 출발하자'는 의도인 것이다. 이러한 이유로 F 보험사에서는 임차료와 보증금에 대한 비용부담이 날로 늘어가고 있었다. 이에 대한 해결책으로 책임회계를 도입하면서 사내거래의 한 유형인 사옥 이용수수료 제도를 적용하기로 했다.

궁극적으로는 잦은 영업소와 지점의 이전문제를 해결하고 임차료와는 다른 임차보증금을 부과하는데 따른 부담을 줄이기 위함이었다. 게다가 자가사옥을 이용하는 영업소와 지점을 비교했을 때 비용부과에 대한 형평성이 위배된다는 주장까지 제기된 상태였다.

몇 달 뒤 영업현장인 지점에서 서서히 변화가 나타났다. 임차보증금에 대한 이자비용이 부과되고 자가사옥을 이용하는 영업소에는 사옥 이용수수료를 부과했다. 이자와 수수료 때문에 조직손익이 감소하자 실적도 좋지만 비용절감에도 앞장서자는 인식이 생겼다. 자연스레 과거의 관행은 사라지고 꼭 필요한 수준의 임차공간을 요구하게 되었다. 자가사옥을 이용하는 지점들도 불필요한 공간을 반납하고 이를 외부업체에 임대해주는 공간으로 활용했다.

E보험사의 사례는 각 조직의 기여도에 따라 수익을 적절히 배분해주는 것이 얼마나 중요한지를 말해준다. 대출영업본부 입장에서는 회사의 자원을 활용한 것이고 또한 개인(보험설계사)에게 보상(수수료)도 하고 있으므로 문제될 것이 없다고 생각할 수도 있다. 하지만 보험영업본부 입장에서 보면 매우 불합리할 수밖에 없다. 이 경우에는 보험설계사를 활용한 대가로 대출영업본부가 보험영업본부에게 적절한 수준의 수익을 공유할 필요가 있다. 보험영업본부에서도 수익 공유를 통해 일정부분의 매출이 자신들의 성과로 여겨진다면 보험상품과 함께 대출상품을 효과적으로 판매하기 위해 노력할 것이 분명하다.

F보험사의 책임손익체계는 조직 간의 공정한 평가를 위한 틀이 될 수 있는 동시에 기업자산의 무분별한 사용이나 비용절감을 유도할 수 있는 유용한 도구가 된다. 기업 내에서는 조직원이 기업이 보유한 자산(현금, 부동산 등)을 이용하는데 책임감을 느끼지 못하는 것이 대부분이다. 어차피 보유하고 있는 것에 대한 활용으로 생각하기 때문이다. 하지만 이러한 생각으로 무분별하게 자산을 소비하는 것은 정작 필요한 시점에 자산을 사용하는 것이 어려워질 수 있는 위험이 발생하거나 여타 용도로 사용했을 때 기대할 수 있는 수익창출의 기회(기회비용)를 제거하는 부작용이 생기기 쉽다.

최근 수익배분 혹은 비용배분과 관련해 다양한 사내거래 제도가 실행되고 있다. 사내거래 제도는 조직 간 시너지를 유발시키는 유용한 도구이다. 사내거래제도는 내부조직 간의 손익관련 거래를 마치 외부와의 거래처럼 인식시키는 것이며, 손익의 이해관계가 있는 조직과 조직 사이의 약속이기도 하다. 지금까지 살펴본 봐와 같이 기업이 개별단위 조직에서 수긍할 수 있는 권한과 책임을 분명히 하고, 사내거래 제도 등을 통해서 개별조직의 손익을 명확히 가려 조직의 평가에 활용해야 한다. 이를 통해 기업은 개별조직의 묶음이 아닌 상호 시너지를 내는 하나의 유기체로서 전사손익의 극대화라는 본래의 목적달성에 더 빨리 다가갈 것이다.

비용절감의 핵심은
디테일에 있다

자르고 쪼개고 관찰해 절감 포인트를 발견하는 원가관리

금융시장의 대표적 상품은 주식이다. 주식은 기업이 사업에 필요한 자금을
모으는 방법으로, 사업의 이익을 주주가 보유한 주식의 비율만큼 나눠주는
금융상품이다.

그런데 시장가치에 따라 가격이 오르고 내리는 탓에, 어느새 배당보다
주식가격의 차익을 통해 이익을 내는 것이 더 큰 목적이 되었다. 그러다 보
니 주가의 차이로 이익을 극대화하는 전문가들이 생겼다. 그리고 이들이 일
반투자자들로부터 자금을 모아 투자하는 펀드상품이 등장했다. 펀드상품
은 주식형, 배당형, 채권형, 혼합형, 성장형 등 다양한 투자방식과 주식의 특
성 또는 국가, 자원(부동산, 석유, 곡물 등), 기업의 사업 분야 및 다양한 투자
대상을 설정하고 있다. 여기에 소액으로 저축처럼 장기투자의 목적을 갖고
충분하게 투자가 가능하다는 점까지 더해 많은 사람들의 선택을 받았다.

투자수익이 상품의 만기 또는 투자기간 중의 기초자산이 되는 주가의

경로에 의해 결정된다는 점에서 주식의 특징을, 투자수익의 계산식이 사전적으로 결정되어진다는 점에서 파생상품의 특징을 가진 금융상품도 있다. 주가연계증권Equity Linked Securities : ELS이다. 예를 들면 1년에 10%의 주가지수가 상승하면 10%의 이자를 보장한다는 방식으로, 기초자산의 성과와 연계해 수익을 지급하는 방식이다.

과거 정기예금이나 적금 등이 주를 이뤘던 금융시장은 경제 성장과 더불어 주식, 채권, 선물, 옵션 등 새로운 금융상품이 출현했고, 이는 다시 쪼개고 쪼개져 ELS, ELD 등의 신대륙을 개척했다. 모든 시장은 이처럼 분할의 역사를 통해 성장해왔다. 시장이 끊임없이 분할을 시도하는 이유는 무엇일까.

오직 하나의 시장만 존재한다는 것은 시장선도자도 하나뿐임을 뜻한다. 그렇게 되면 나머지 기업들이 설 자리는 없어진다. 각자 자신의 영역을 만들어 분가해 나가야만 생존할 수 있다. 동시에 선도자가 될 수 있는 유일한 기회이기도 하다. 시장은 쉬지 않고 분할해 새로운 영역을 만들고 새로운 선도자가 탄생한다.

그러므로 지속적 성장을 영위하고 싶은 기업은 특정영역을 선점한 기업을 따라잡기보다, 시장분할을 통해 새로운 영역을 개발하고 그 영역의 선도자가 되어야 한다. 같은 영역에서 피터지게 싸워 이기는 것은 상처뿐인 영광이다. 가장 큰 승리는 싸우지 않고 이기는 것이다.

▪▪▪▪▪디테일의 힘, 쪼개어 관리하라

기업이 싸우지 않고 이기는 가장 쉬운 방법은 자르고, 쪼개고, 관찰해 디테일에 집중하는 것이다. 성공한 기업과 실패한 기업의 차이는 비전과 전략에 있는 것이 아니다. 엄청난 기술력과 정보력의 진보가 이루어진 지금의 비즈니스 환경에서 기업의 비전과 규모의 차이는 별다른 우열을 가르지 못한다. 제품을 둘러싼 관리기술이나 모든 기업이 지켜야 할 지극히 평범한 원칙과 같이 작고 미묘한 차이에서 성공과 실패가 나뉜다. 그것이 바로 디테일이다.

경쟁사에 비해 뛰어난 업무환경을 갖춘 기업들이 실패한 원인을 들여다보면 전략상의 문제보다는 디테일에 힘쓰지 못한 경우가 많다. 반대로 성공한 기업은 세부적인 것을 중시하고 업무 하나하나를 세심히 관찰한다. 특히 모든 기업이 추구하는 성과창출에만 급급해 원가관리에 소홀한 기업은 결코 성공할 수 없다. 많이 벌어들인 만큼 많이 버리고 있기 때문이다. 많이 벌어들이고 조금만 지출하는 기업이야말로 핵심가치를 키우는 방법이 무엇인지 알고 있는 것이다.

수학에서 100-1=99다. 그러나 비즈니스에서 100-1=0 혹은 마이너스가될 수도 있다. 시험에서는 1점만 틀려도 똑똑하다는 소리를 들을 수 있지만, 비즈니스에서는 1%의 실수가 기업을 망하게도 할 수 있다. 여기서 '숫자 1'이 의미하는 것은 바로 원가관리다. 산에서 우리를 실족하게 만드는 것이 큰 바위가 아니라 작은 돌멩이인 것처럼 기업을 성장시키거나 반대로 무너뜨릴 수 있는 것은 원가관리의 디테일에 집중했는가, 무관심했는가에서 결정된다. 지금부터 기업이 승리하는 방정식을 바꾸는 원가관리의 디테일에 대해 알아보자.

기업의 손익을 책임지는 데 가장 앞장선 곳이 구매담당부서다. 원가는 '투하된 자본을 운용해 획득한 자본을 사용한 것에 대해 화폐단위로 측정한 것'이고, 원가계산은 '원가를 산정하는 것'이다. 원가관리란 '산정된 원가정보를 바탕으로 기업의 다양한 의사결정(원가절감, 목표원가·표준원가·견적원가의 산정 등)을 지원하는 일련의 프로세스'를 의미한다.

많은 기업들이 원가계산까지는 다양한 데이터와 인력을 투입해 수행한다. 덕분에 방대한 양의 원가정보를 축적하고 있다. 하지만 이를 활용해 재무실적의 실질적 개선이나 원가관리의 목적을 달성해내는 경우는 거의 없는 것이 현실이다.

기업의 이익을 획기적으로 증가하고 싶은가? 만일 기업이 100원을 벌었을 때의 순이익이 5원이라면, 이익률을 50% 증가시키기 위해서는 매출액을 50% 늘리거나, 구매원가의 5%(이는 원가의 구매비용이 전체 비용의 50%라고 가정했을 때)를 절감하면 된다. 매출액을 50%나 신장시키는 것은 현실적으로 오랜 시간과 노력을 필요로 한다. 하지만 원가의 5% 절감은 충분히 실현 가능한 조건이다.

이처럼 원가를 절감할 경우, 절감된 금액 전체(2.5원)가 바로 순이익(5원)의 50%에 해당하기 때문에 이익증대로 바로 연결된다. 그럼에도 구매원가의 데이터를 제대로 분석하고 절감에 활용하는 기업은 지극히 드문 것으로 알려져 있다.

국내외에서 전자제품을 생산하는 굴지의 기업이 자사의 핵심인력을 구매부에 배치하고 해외에서 최고 구매담당자Chief Purchasing Officer : CPO까지 영입한 것은 다 이유 있는 전략이었다. 공급망 관리와 구매원가 절감을 통해 매출이 상승한 것 이상의 성과를 본 것이다. 이 기업은 구매와 공급망 관리 업무를 경영혁신 부서에 배치했고, 해당 조직의 성과를 CEO에게 직속으로 보고하는 체계를 갖췄다. 동시에 공급업체와 전자구매 시스템을 강력하게 연결시킨 것도 구매원가 관리에 대한 CEO의 관심과 지원을 단적으로 보여준다.

그렇다면 이러한 구매원가의 절감에 영향을 미치는 요소에는 무엇이 있을까? 먼저 회사 내부의 측면에서는 공급이 부족한 제품, 대체가 불가능한 제품일 경우 상대적으로 원가절감의 가능성이 낮다고 평가한다. 반대로 제품의 차별화가 없는 제품이나 대량으로 구매하는 경우에는 원가절감의 가능성이 높다. 공급자 측면에서도 살펴보면 공급업체의 수가 많고, 고정비용이 높아서 쉽게 퇴출되기 어려운 공급자 시장이거나 부패하기 쉬운 제품을 취급하는 경우에도 구매원가의 절감 가능성은 높다.

구매금액의 규모와 기업이 속한 산업 및 제품의 특성, 공급자 간의 경쟁 수준 등에 따라 구매원가의 잠재적 절감가능성이 달라진다. 예를 들어 기업의 원가절감 가능성이 큰 조건은 다음과 같다. 기업의 구매규모가 큰 경우에는 과거 조달 시스템에 투입한 노력이 적을 때, 원가구매와 관련한 계약이 복잡하고 계약정책의 준수도가 낮을 때다. 또한 공급자를 바꾸려는 의지가 강하고 고객이 제품 원가에 대한 의식수준이 높을 경우, 구매 시 요구사항이 구체적이고 공급시장의 수용도가 치열한 경우도 이에 해당한다. 이와 반대되는 상황은 모두 절감가능성이 낮다.

이처럼 구매원가를 관리하고 더 나아가 절감한다는 것은 기업에 있어 매우 핵심적인 활동이다. 그러나 대부분의 기업들이 섣불리 원가관리에 나서지 못하고 있다. 철저한 관리 속에서도 어쩔 수 없이 부딪히게 되는 몇 가지 주요 이슈가 존재하기 때문이다. 지금부터 원가관리에 영향을 주는 것들에 대해 살펴보자.

■■■■구매비용이 어디에 얼마나 쓰이는지 알고 있는가

구매부서를 둔 많은 기업들은 전략구매 기법을 통해 공급업체와 구매원가를 체계적으로 관리하고 있다. 하지만 한 꺼풀만 벗겨보면 아직 개선의 여지는 충분하다는 것을 알 수 있다.

약 2조 원에 달하는 판매 및 일반관리비가 발생되고 있는 국내금융사는 오직 세금과 전체 관리비의 약 20%에 해당하는 4,000억 가량만 전략구매 기법을 적용해 구매하고 있다. 나머지 1조 6,000억 원에 대해서는 현업부서에서 재량껏 구매를 수행하는 방식을 취한다. 여러 현업부서는 필요에 따라 각자 다른 협력업체와 계약을 맺었다. 그러다보니 기업이 전반적으로 나서서 전략적 구매를 실행했을 때에 비해 구매력을 제대로 활용하지 못하는 경우가 계속해서 벌어졌다.

전략구매 기법을 통해 가장 먼저 수행하는 작업은 기업의 전체 지출금액 중에서 협력업체와의 협상을 통해 절감이 가능한 금액과 세금이나 로열티와 같이 절감이 불가능한 금액을 구분하는 것이다. 또한 구매 범주별로 금액을 세분화해 절감 잠재력이 높은 영역을 찾아내야 한다. 그런데 대부분의 기업들이 전략구매 시스템을 갖추기만 했을 뿐 이를 효율적으로 활용하지 못한다. 가장 큰 문제는 구매비용이 어디에 사용되는지 조차 확실하게 파악하지 못한다는 것이다.

전략적 구매란 기업이나 조직이 구매조달에 있어 지속적으로 결점을 보완하고 발전, 반복적 평가를 내려 조달품이나 조달 서비스의 안정을 꾀하는 것이다. 하나의 공급자에 문제가 생겨도 다른 공급자 등을 통해 지속적으로 생산이나 판매활동이 가능한 안정적인 시스템은 생산 단가를 낮추는 기본조건이다. 이는 단순히 원자재 가격뿐 아니라 창고비용이나 기타 전체적인 조달비용을 낮춤으로써 더 높은 품질의 제품을 생산해 경쟁우위를 갖는 것이다.

■■■■ 왜 이렇게 수많은 구매선과 거래할까

미국 굴지의 통신기업인 V사의 정보서비스를 담당하는 W사는 연간 7,000억 원에 해당하는 구매를 수행한다. 이 중 마케팅에만 1,000억 원 이상을 지출하고 있다. 거래하는 업체도 500개가 넘는다. 또한 컨설팅으로 분류되는 전문가 서비스의 구매에 330여 개의 업체와 거래하며 1,300억 원이 넘는 금액을 지출한다. 시설관리와 일반경비에 지출하는 금액 역시 공급업체수가 각각 1,000여 개 이상이다. 구매 담당자는 이러한 공급업체의 선정과 계약체결 및 업체평가 등 너무나도 많은 업무처리를 하고 있었다. 전국적으로 동일한 품목의 구매에 대해서도 구매력을 잘 활용하지 못하고 있는 것으로 평가되었다.

마케팅에서 브랜드 마케팅, 프로모션과 관련해서 거래하는 업체가 500개가 넘는다는 것은 상식적으로 이해가 가지 않는 부분이다. 많은 업체와 거래한다는 것은 소수정예의 업체와 거래하는 것과 비교해 볼 때 기업의 마케팅 담당자가 비효율적으로 시간과 비용을 사용하고 있음을 보여주는 것이다. 동시에 기업의 구매력을 충분히 발휘하지 못하고 있다는 반증이라고 볼 수 있다.

구매거래처는 재화가 아니다. 많다고 좋은 것이 아니라는 뜻이다. 오히려 관리해야 하는 대상이기 때문에 기업에 있어서 때로는 비용을 유발하는 존재가 되기도 한다. 기업은 가장 효율적으로 구매와 조달에 활용할 수 있는 구매거래처의 비중을 생각해 알맞은 개수를 선정하는 혜안을 갖춰야 한다.

▪▪▪ 계약서 없는 계약과 구매 오더 없는 계약

기업의 데이터 분석이 힘을 발휘하는 것은 원료 공급업체와의 계약관행에도 그대로 적용된다. 미국 통신업체인 V사는 총 구매금액 중에서 계약서가 작성되지 않은 비중이 14%를 차지하고 있었다. 아직 전략구매 기법을 도입하기 전의 일이고, 현업부서에 전결권을 광범위하게 인정해준 관행이 주된 원인으로 풀이되지만 그럼에도 불구하고 비용절감의 큰 잠재성은 내재되어 있던 상태였다. 그러나 현업팀과 구매팀 사이의 합의된 구매절차 프로세스를 거치지 않는 구매 비중도 26%에 달해 구매과정에 대한 총체적 개선이 필요했다.

V사 외에도 전략구매 기법을 일부 도입한 국내 기업의 경우도 체계적인 절차를 거치지 않는 경우가 많다. 보통 1,000만 원 이상의 거래가 이루어질 경우 계약서를 작성해야 하는 것이 원칙이다. 하지만 놀랍게도 전체 구매금액의 7%가 계약기준을 갖췄음에도 계약서 없이 구매를 진행하고 있었다.

현업부서의 인터뷰 결과는 더 놀라웠다. 특정 제품이나 서비스의 구매는 현업이 업체와 긴밀하게 협의와 협상을 거쳐서 구매하는 것으로 확인됐다. 구매팀이 전문성을 보이기 어려운 영역이라는 것이 이유다. 하지만 구매팀의 전문성이 부재한 영역임을 인정하더라도 계약서 작성 시 협상을 통해 구매비용을 절감할 수 있는 기회를 놓친 셈이다. 동시에 회사 내의 정책에 의해 계약서 작성과 구매주문 과정 등이 누락된 것은 업무규칙을 위반한 것이라 볼 수 있다.

이들 기업처럼 계약서가 누락되는 유형을 살펴보면, 마케팅과 같이 급박한 영업활동 과정에서 승인과정이나 절차를 빼먹는 경우가 대부분이었다. 전결금액 이하로 컨설팅 서비스를 받는 등 규정을 비켜가는 경우도 적지 않은 비중을 차지했다. 이러한 구매규정 위반은 내부통제 관점에서도 위반 사례이지만 회사의 구매비용을 절감할 기회를 상실한다는 점에서 회사에 재무적인 손실을 끼치는 것이다.

과거에 이러한 분석을 수행하지 않은 고위임원은 이러한 분석결과에 대해서 적잖은 충격을 받았다. 이를 와신상담으로 삼아 현재는 구매비용의 80%에 대해 전략구매 기법의 도입 및 시스템의 보완을 거쳐서 가시성을 확보해 놓은 상태다.

■■■■만기일 없는 계약

일반적인 계약은 시작일과 만기일이 존재한다. 계약을 갱신하는 시점에는 구매력을 가진 회사에서 유리한 계약조건을 주장함으로써 구매원가를 절감할 수 있다. 그런데 많은 기업들의 계약서를 분석해보면 놀랍게도 10년 전에 이루어진 계약의 만기가 이미 훨씬 지났음에도 갱신 없이 계약이 그대로 유지되는 경우가 많다. 더욱 심한 경우는 아예 처음부터 만기를 정하지 않은 종신계약을 진행하기도 한다.

미국 통신업체인 V사의 계약서를 분석해보니 계약시작일이 5년이 넘은 계약이 전체 구매금액의 32%를 차지했다. 계약이 종료됐음에도 갱신하지 않고 기존의 계약 기준으로 거래를 하고 있는 비중도 20% 가까이 됐다. 전자의 경우 계약기간이 5년이 넘었음에도 불구하고 과거 계약 당시의 상황을 반영한 계약조건을 유지했다는 것은 갱신을 통해 재무적으로 유리한 계약조건을 얻을 수 있는 기회를 상실한 셈이다. 후자 역시 계약이 만료됐음에도 새로운 계약조건을 주장할 기회를 해태하고 있는 것으로 풀이할 수 있다.

이 기업은 문제의 소지가 있는 계약에 대해 6개월의 갱신과정을 거치기로 했다. 그 결과 총 금액의 5%를 절감하는 재무적 이익을 달성했으며, 이는 고스란히 해당 연도의 손익에 기여하는 성과로 나타나게 되었다.

■■■■모든 계약조건을 활용하고 있는가

구매계약을 체결해 진행하다 보면 공급업체와의 지불조건 합의에 의해 할인을 받거나 지체상금을 부담하는 경우가 종종 있다. 지체상금이란 계약상 정당한 사유 없이 의무를 이행하지 않을 경우 부담하는 경제적 금액을 말한다.

예를 들면 '계약조건 : 2/30'은 30일 이내에 구매대금을 지불할 경우 구매금액의 2%를 할인받을 수 있음을 뜻한다. 구매대금은 기업의 현금흐름을 고려해 계약기간 중 조기에 지불하고 할인을 받거나, 반대로 지불기한을 최대한 늦추는 전략을 두고 기업의 상황에 맞게 활용할 수 있다. 그러나 계약 건수가 많아질 경우에는 할인 받을 수 있는 기회를 놓치게 되는 경우의 수가 발생하기도 한다.

미국 통신업체인 V사의 자료를 분석해보면 구매대금의 조기지불을 통해서 할인혜택을 누릴 수 있음에도 놓친 경우가 39%에 달한다는 결과가 나왔다. 물론 현금 운용여력에 따라 이러한 할인혜택을 모두 누릴 수 있는 것은 아니다. 하지만 혜택 자체가 있다는 것을 전사차원에서 관리하지 못했다는 점에서 보면 개선의 여지가 큰 부분이었다.

이와 같이 기업은 구매부문을 포함한 원가에 대해 구매규모, 공급업체, 계약조건, 구매주문 등 다양한 각도에서 분석해보는 과정을 거쳐야 한다. 잠재적인 재무손실을 피하는 것은 물론 내부통제를 강화하는 역할까지 가능하기 때문이다.

이렇듯 비즈니스에서는 아무리 뛰어난 기술력과 최신식 작업환경을 가져도, 작고 사소한 부분을 무시하면 모든 것을 잃을 수 있는 위험이 존재한다. 이것이 바로 기업이 원가관리와 관련한 디테일에 집중해야 하는 이유다. 세계적으로 성공한 기업, 덕망 받는 CEO, 유명 석학 들이 디테일에 주목하는 것은 결코 우연이 아니다. 눈에 보이는 큰 흐름만 좇기보다, 쉽게 놓칠 수 있는 세부적인 것을 중시하는 것이 지속 성장으로 가는 가장 확실한 길임을 알고 있기 때문이다.

PART 4

의사결정 프로세스를
표준화하라

기업의 생존,
위기를 감지하는 안테나를 세워라

조기경보 시스템의 활용

2054년 첨단 시설을 갖춘 워싱턴 수사국. 거대한 스크린에 안경을 쓴 남자가 등장한다. 그는 자신의 부인인 듯한 여자와 그녀의 정부로 보이는 남자를 잔혹하게 살해한다. 곧이어 사과처럼 생긴 공에 피살자의 이름이 새겨진다.

잠시 후 또 하나의 공이 굴러 나온다. 이번에는 살해자의 이름이 적혀 있다. 범죄를 예측하는 최첨단 치안시스템인 '프리크라임Pre-Crime'이 미리 알려주는 살인사건 경보다.

수사국 팀장 존 앤더튼은 13분 뒤 범행이 일어난다는 것과 피살자와 살해자의 이름만 알고 있다. 범행장소는 물론 이와 연관된 사람들이 정확하게 누구인지도 알 수 없다. 그는 곧바로 3차원의 컴퓨터 시스템 안에서 빠르고 정확하게 프리크라임의 정보를 해독한다. 이를 바탕으로 미래의 범죄자들을 체포한다. 덕분에 온갖 범죄가 들끓던 워싱턴은 6년째 '살인범죄 제로'의 청정도시로 변한다. 영화 〈마이너리티 리포트〉의 한 장면이다.

프리크라임은 초능력자들의 능력과 최첨단 컴퓨터가 결합된 치안 시스템이다. 첨단기술이나 초능력 덕분에 미래를 정확히 예측할 수 있다면 얼마나 좋을까. 남보다 앞서 미래를 맞힐 수만 있다면 로또 당첨부터 주식투자까지 순식간에 부를 일굴 수 있는 기회를 얻을 수 있을지도 모른다. 정말 달콤한 유혹이다.

기업의 입장에서는 영화를 보면서 '우리 회사에도 저렇게 사고가 터지기 전에 먼저 알 수 있는 시스템이 있다면 미연에 방지할 수 있겠다'라는 생각부터 먼저 할 것이다.

사실 미래예측이란 것이 꼭 좋은 것만을 알려주는 것은 아니다. 미래가 이미 정해져 있다면 우리에게 벌어질 좋은 일보다, 지구촌 곳곳에서 벌어지고 있는 전쟁과 살인 등 온갖 끔찍한 일을 미리 해결하는 것이 더 나은 방법일 것이다.

기업은 실제 영화처럼 완벽하게 미래를 예지하는 능력을 갖추지는 못했다. 하지만 조직에 위협을 줄 가능성이 있는 여러 가지 징후를 관찰하고 분석하는 시스템이 있다. 기업의 전반적인 데이터를 바탕으로 위기와 기회를 판단하고 위기에 대비할 것을 알려주는 프로세스인 '조기경보 체계'가 그것이다.

조기경보는 현재 여러 분야에서 활용되고 있다. 실제로 포털사이트에 '조기경보'라는 키워드를 검색해보라. 대한축구협회, FIFA 부정방지 조기경보 시스템 도입, 안전한국 보장하는 지진 조기경보 시스템, 지경부, 원자재가 폭등 시 조기경보, 오는 7월 우리 공군에 배치되는 공중조기경보통제기(E-737, 일명 피스아이)등 일반기업부터 국방, 스포츠에 이르기까지 다양한 분야에서 조기경보를 활용한다는 것을 알 수 있다. 각 분야에 맞게 특화된 시스템을 통해 미리 리스크를 포착해 대응하고자 노력을 기울이는 것이다.

그렇다면 우리 기업의 좀 더 밝은 미래를 위해 조기경보 체계를 도입하는 방법은 무엇일까. 영화와 달리 일반적인 조기경보 시스템은 미래에 대한 예지력이나 초능력을 발휘하지는 못한다. 그렇지만 기업이 조심하고자 하는 리스크를 조금이라도 일찍 관찰할 수 있는 지표를 발굴할 수 있다면 위기를 걸림돌이 아닌 디딤돌로 활용할 수 있는 기회로 삼을 수 있다. 모든 것은 조직원보다 더 빠르고 세심하게 기업을 모니터링할 수 있는 조기경보 지표를 발굴하는 과정에서 시작된다.

▪▪▪ 의미 있는 조기경보 지표를 선정하라

조기경보 지표를 선정하는 목적은 기업의 핵심적인 리스크를 관찰하고 그중에서 기업의 수익이나 성장에 위협을 가할 수 있는 지표를 찾아 관리하는 것이다. 그러므로 실무적으로 전사적 리스크 관리 시스템을 구축하면서 조기경보 체계를 구성하거나, BSC를 구현하거나 KPI를 정보화하는 프로젝트와 동시에 진행하는 경우가 많다.

문제는 이런 과정을 거쳐서 나온 결과인 조기경보 지표가 실무적으로 활용되지 못하는 의미 없는 자료라는 사실이다. 이는 조기경보 지표가 미래를 보기 위한 것임에도 불구하고 과거의 결과를 분석하듯 쉽게 발견할 수 있을 것이란 안일한 생각으로 접근한 결과다. 게다가 기업과 조직 자체가 어떤 비즈니스 목표를 가지고 지표를 사용할 것인가에 대해 고민하지 않았음을 반증한 것이다. 반대로 실무에서 활용도가 높은 조기경보 지표를 살펴보면 순수하게 업무목표를 달성하기 위해 개발했음을 확인할 수 있다.

　업무성과를 향상시키기 위한 조기경보 지표의 선정과정은 의외로 단순하다. 먼저 기업의 리스크를 나열한 다음 조기경보 시스템을 구축하는 목표와 산출용이성, 통합가능성 등을 기준으로 평가해 분류한다. 이들 중 기업의 핵심적인 리스크를 관찰할 수 있는 주요 리스크 지표Key Risk Indicator : KRI를 선정한다. 이렇게 모인 리스크는 다시 조기경보의 의미를 지니는 지표를 찾아내는 과정을 거쳐 최종 선정된다. 이때 지표의 선정기준은 KRI를 평가할 때와 같다. 다만 최종적으로 기업의 이익에 손실을 가져올 연관성이 없는 경우에는 운영지표로, 반대로 손실을 가져올 가능성이 있을 때는 조기경보 지표로 평가된다.

　은행의 경우를 살펴보자. 은행에 있어 개인고객에게 자금을 빌려주는 여신상품의 경우 '부도율의 증가'는 매우 중요한 리스크다. 은행은 부도로 인한 손실을 줄이기 위해 대출의 연체가 매달 어떻게 변하는지 확인하는 빈티지 분석을 실시하고 있다. 빈티지 분석은 최초로 여신을 실행한 날을 기준으로 그룹핑된 여신집단의 향후 경과시점별 특성치(빈티지값)를 비교해 해당 여신집단의 특징을 분석해내는 방법론이다. 분석목적 및 데이터의 성격에 따라 부도율, 회수율, 연체율, 입금률 등 다양한 측면에서 분석이 가능하다. 외부조건의 변화에 따라 여신집단에 미치는 영향을 진단하고 내부의 정책활동에 대한 사후 검증과 평가로도 활용이 가능해 기업에서 널리 쓰인다.

　은행들은 빈티지 분석 결과 연체 상황이 일반적인 패턴을 벗어나면 조기경보를 발생한다. 곧바로 원인 분석에 들어가는데 일단 경보가 발생한 상품의 경우에는 대출심사를 강화하거나 자금의 회수를 강화하는 등의 대응전략을 수행한다.

현재 빈티지 분석은 개인여신에 대한 조기경보로 확실하게 자리를 잡은 상태다. 여신에 대한 연구가 활발히 진행되고, 그 과정에서 개인여신의 특성이 어떻게 변화하는지를 구체적으로 알게 되었기 때문이다. 여신의 본질에 대한 연구결과를 활용한 분석은 마치 와인의 원료가 되는 포도 수확 연도에 따라 와인의 맛이 좌우되는 빈티지와 같다.

이처럼 개별 리스크와 해당 업무에 대한 이해가 높을수록 활용 가능한 조기경보 지표를 만들 수 있다. 그렇다면 새롭게 조기경보 체계를 구축해야 할 기업의 입장에서 미래의 위험을 예측할 수 있는 지표를 발굴해내는 노하우는 무엇일까?

■■■■■ 기업의 문제해결을 위한 조기경보 지표 발굴

이 세상에서 일어나는 모든 사건에는 항상 원인이 존재한다. 더불어 원인의 변화는 사건 발생확률의 변화를 의미한다. 따라서 원인을 관찰하는 지표를 갖춘다면 위기가 발생하기 전에 대응할 수 있다.

기업은 조기경보 지표를 찾기 전에 우선 기업이 미리 위험을 알고자 하는 리스크의 원인이 무엇인지 분석할 필요가 있다. 가장 유용한 방식은 인과관계 다이어그램Cause-Effect Diagram 작성으로, 리스크의 원인을 도식화해 논리적으로 지표를 발굴해 나가는 것이다.

방법은 간단하다. 가장 오른쪽에 문제점, 즉 리스크를 제기한다. 그리고 브레인스토밍을 기반으로 문제에 대한 원인을 가지를 치듯 적어 내려간다.

문제상황을 앞에 두고 그 원인을 나열한 모양이 마치 생선머리와 가시 같아 피쉬본 다이어그램fishbone diagram이라 불리기도 한다. 특정 문제나 결과에 대한 원인들을 비주얼하게 보여주어 근본문제를 찾아내는 데 유용하다는 평가를 받는다.

기업의 문제해결을 다른 관점에서 살펴보면 통제활동에 대한 분석도 필요하다. 조직의 중요한 업무에는 리스크 발생을 줄이기 위한 통제활동이 설계되어 있다. 앞에서 이야기한 금융기관의 대출을 예로 들면 대출 시 심사라는 통제과정을 통해 미리 위험한 상황이 발생할 가능성을 줄일 수 있다. 기업에서 이루어지는 업무 프로세스의 곳곳에 이러한 통제활동이 녹아 있다.

그러나 모든 업무에는 예상치 못한 돌발변수가 존재한다. 지나치게 과도한 업무가 이어지거나 전문성이 떨어지는 관리자가 업무를 담당할 경우 절대로 허용되어서는 안 되는 대출이 발생할 수도 있다. 결코 일어나서는 안 될 돌발변수를 막기 위해 항상 철저한 관리가 필요하다. 한 사람이 심사하는 대출의 수를 알맞게 조절하고, 관련업무의 경험이 평균 이상인 직원을 선출했는지 등을 관찰해 조기경보의 지표로 활용할 수 있다. 통제활동의 프로세스를 분석해 이에 대한 지표를 도출한 통제활동 분석 역시 조기경보 시스템에서 널리 활용된다.

기업이 조기경보 시스템을 갖추고자 하는 가장 큰 목적은 리스크의 관리를 넘어 예방하고자 하는 것이다. 각각의 조직마다 리스크를 포함한 업무나 프로세스를 진행할 때 활용할 수 있는 지표를 발굴하길 원한다. 하지만 때로는 전사적 차원에서 기업 전체의 위기상황을 인식하고 리스크를 관리하는 데 활용하기도 한다. 이를 위기상황 계획이라고 한다.

[표4] A사의 위기인식 지표

구분	구분 가중치	관리지표	위험인식 기준	입력주기	지표 가중치
금융시장 지표	40%	콜금리(1일물)	전일 대비 25베이스포인트 (basepoint : bp) 이상 변동	일별	1
		국고채(3년물)	전일대비 18bp 이상 변동	일별	4
거시경제 지표	20%	경기선행 지수	2개월 연속 하락	월별	4
		실업률	2개월 연속 상승	월별	2
산업동향 지표	20%	설비투자 증감률	2개월 연속 하락	분기별	4
		건설투자 증감률	2개월 연속 상승	분기별	4
자산건전성 지표	20%	신규연체율(건수 기준) 변동폭(전월 대비)	3개월 연속 초회연체율 증가	일별	5
		부도율 (건수 기준) 변동폭(전월 대비)	3개월 연속 부도율 등가	일별	4

위기상황 계획의 목적은 리스크 예방을 넘은 생존이다. 갑작스럽게 위기가 닥쳤을 때 현재 상황에 대해 조기경보 지표를 통해 객관적으로 인식하고, 미리 설계된 위기관리에 따라 각 단계의 행동계획을 수행하는 것이다. 기업의 입장에서는 충분한 유동성과 자금을 확보해 예기치 못한 리스크를 돌파해 나가기 위해 위기상황 계획을 세운다. 이때의 성공여부는 얼마나 정확하게 위기상황을 인식할 수 있느냐에 달렸다.

회사채로 자금을 조달하고 담보대출 및 리스를 통해 자산을 운영하는 A사는 [표4]와 같은 기준으로 위기를 인식할 수 있는 지표를 생성했다.

[표4]는 자금조달과 영업 모두에 영향을 미치는 요소들로 위기인식 지표를 구성한 것이다. A사는 이를 기준으로 하나의 지표를 표현하는 등급체계를 갖출 수 있었다. 정상, 위기, 레벨1~3으로 나누어 각각의 위기상황에 대한 대응방안을 준비했다.

2009년 9월 4일 A사의 위기단계가 정상에서 위험수준으로 넘어가며 경고를 알렸다. 회사는 즉시 자금을 준비하고 영업을 축소했다. 며칠 뒤인 9월 15일에 리먼브라더스가 파산을 신청함과 동시에 금융위기가 본격적으로 시작됐다. A사는 영업과 자금조달 모두에서 타격을 입었다. 그러나 위기단계 변화에 의한 조기경보 시스템으로 미리 대응할 수 있었고, 몇 개월 이상 이어진 금융위기를 무사히 이겨낼 수 있었다.

이슈를 제대로
아는 것에서 시작하라

문제의 본질을 꿰뚫는 의사결정목록의 작성

애플의 놀라운 성공의 비밀은 '고객의 목적'에 대한 집중이다. 스티브 잡스는 2010년 애플 세계 개발자 회의Apple Worldwide Developers Conference : WWDC에서 다음과 같이 말했다.

"사람들은 사진 이야기를 할 때 몇백만 화소인지와 같은 눈에 보이는 수치를 가지고서 이야기하려고 하죠. 하지만 저희는 질문을 바꿔서 '어떻게 하면 더 나은 사진을 찍을까'라고 고민했습니다. 그건 전혀 다른 이야기니까요."

애플의 모든 기술은 사용자가 고민하는 것, 원하는 것을 중심에 두고 개발한다. 이러한 애플의 전략 방향은 전반적으로 기존 애플 사용자들의 충성도를 더욱 강화시키고 새로운 제품에 대한 기대를 키운다. 모든 제품의 최종 목적을 고객이 사용하는 목적과 일치시킴으로써 계속해서 새로운 수요를 촉발하는 것이다.

MP3 플레이어도 마찬가지다. 일반적인 MP3 사업자들은 '고객은 어떤 기능을 필요로 할까?'를 고민했다. 그 결과 서라운드 입체음향, 3D 음향, 옆면 유저 키, 칼로리 계산, 어학기능 등 고객이 원하는 다양한 기술을 결합한 제품이 출시됐다.

하지만 애플의 iPod은 오직 고객의 사용 목적에만 집중했다. 소리의 재생이 아닌 음악 그 자체를 즐기는 것이 고객의 가장 큰 목적임은 너무나 당연한 것이었다. 애플은 이러한 진리를 제품에 담기 위해 노력했다. 기존의 MP3 사업자가 개발한 제품은 많은 기능을 추가하다보니 사용법이 점점더 복잡해지고 있었다. 애플은 시류와는 정반대로 극도의 단순함을 추구했다. 누구나 쉽고 편리하게 원하는 명령을 내릴 수 있는 직관적인 인터페이스를 따르기로 한 것이다. 불필요한 기능 역시 최대한 줄임으로써 사용자가 복잡함을 느끼지 않도록 철저하게 배려했다.

iPod에 들어간 버튼은 반드시 필요한 기능인지 수없이 반문한 끝에 결정됐다. 더 이상 제거할 것이 없다는 생각이 들 때까지 버튼을 줄여나갔다. 잡스는 개발팀에서 만들어온 시제품으로 원하는 곡을 세 번 이내의 버튼조작으로 찾지 못하면 불같이 화를 냈다고 한다.

'고객의 목적'에 대한 무서운 집착은 2011년 가을에 선보일 애플의 클라우드컴퓨팅 서비스인 아이클라우드iCloud에서 절정을 이룰 것으로 보인다. 다른 기업은 클라우딩컴퓨팅을 '더 많은 용량의 하드디스크를 구름 위에 띄우는 것'이라 이해했다. 하지만 애플의 정의는 전혀 다르다. '가지고 있는 모든 장치(물론 애플 제품에 한해)의 콘텐츠를 전부 자동으로 동기화 해줌으로써 사용자들의 편의성을 혁명적으로 높이는 것'을 목표로 삼았다.

애플의 '고객 목적 중심'은 기업의 정보 활용 및 분석기술을 높이는 데 가장 중요한 개념이다. 동시에 이 책에서 이야기하고자 하는 경영 의사결정 체계의 혁신과도 깊은 연관성을 갖는다. 이 시점에서 우리는 "그렇다면 경영 의사결정 체계에서 말하는 목적 중심은 과연 무엇일까?"라는 질문을 던져볼 필요가 있다.

경영혁신에 성공한 많은 기업들은 지금 멀리 바라보는 눈을 정보의 활용과 분석으로 돌리고 있다. 그들의 혜안이 가리키는 방향이 변한 것은 너무나 자연스런 현상이다. 앞서 다양한 기업들의 사례를 통해 확인했듯이, 경영혁신을 통해 구축된 ERP와 같은 대규모 시스템으로부터 과거에는 상상도 할 수 없었던 '정확하고 풍부한 정보'가 쏟아져 나오고 있다. 내 손에 들어온 정보를 활용하고 싶고, 조직의 올바른 변화를 유발하고 싶다는 것은 어쩌면 당연한 결과일 수밖에 없는 것이다.

많은 기업들이 다양한 프로세스와 시스템을 도입해 기준정보의 표준화 수준을 끌어올렸다. 이제는 더 이상 그 영역에서 차별화를 꾀할 수 없을 정도다. 때문에 정보의 분석과 활용을 통해 남보다 한 차원 앞선 기회를 스스로 창조해야 한다. 다른 차원의 성과는 이렇게 이루어진다.

기업의 새로운 도전을 성공적으로 진행하기 위해서 잊지 말아야 할 것이 바로 '목적 중심'의 사상이다. 목적은 곧 경영상 이슈를 해결하는 것이며, 이는 올바른 경영의사 결정을 통해 가능하다. 경영 이슈를 제대로 파악하고 문제의 본질을 꿰뚫는 의사결정을 내리는 기업만이 생존경쟁에서 승리한다는 것은 너무도 당연한 이야기다. 그럼에도 실제 기업의 현실을 살펴보면 이런 단순명쾌한 사상과 거리가 먼 일들이 많이 발생한다.

■■■■과연 우리는 기업의 경영 이슈를 잘 알고 있는가

"우리 회사의 경영상 이슈는 무엇인가?"라는 물음에 명쾌하게 대답하는 사람은 많지 않다. 아니, 회사 전체는 고사하고 오랜 시간 몸담고 일해 온 우리 부서의 경영 이슈와 의사결정의 포인트조차 확실하게 설명하지 못한다. 언뜻 보기에는 누구나 대답할 수 있을 것 같은 기본적인 질문처럼 보인다. 하지만 PwC가 기업 컨설팅을 위해 만난 사람들에게 이에 대해 질문했을 때 가장 먼저 보인 반응은 당황스러움이었다. 지금 이 책을 읽는 독자들 또한 이러한 질문을 받으면 당황할 것이 분명하다.

우리가 기업의 경영 이슈를 찾아내기 위해 보편적으로 진행하는 것이 '현장부서 인터뷰'다. 핵심임원과 실무자를 만나 "귀하가 속한 부서의 주요 의사결정사항은 어떤 것들이 있습니까?"라고 질문한다. 그런데 명확한 설명을 듣는 것이 하늘의 별 따기다. 임원들은 실질적으로 기획을 담당하는 스태프를 만나보라며 답변을 넘기기 일쑤다. 질문이 나오자마자 명쾌하게 대답을 하는 경우는 극히 소수다. 그렇다고 일목요연하게 문서로 정리되어 있는 것도 아니다.

우리는 질문을 바꿔 다시 물어본다.

"아침에 출근하시면 제일 먼저 어떤 보고를 받으시나요?", "팀 회의에서 주로 논의되는 안건은 무엇인가요?"

질문에 되돌아오는 답은 한결같다.

"매일매일 다른데 그걸 어떻게 다 일일이 얘기할 수 있나요. 특별히 정해진 건 없습니다."

기업의 상황을 파악하는 인터뷰임에도 얻은 정보는 아무것도 없어 막막

할 때, 그들이 보고서를 건넨다. 어느 기업에나 존재하는 흔한 양식의 보고서에는 10년 전과 변하지 않은 정보가 나열돼 있다. 자세히 살펴보면 기업이 스스로 '나는 매너리즘에 빠졌다'라고 소리 지르고 있는 것처럼 식상한 내용이다. 이들 정보로 알 수 있는 건 오직 하나다. '이런 회사가 성장을 바란다는 건 절대 있을 수 없는 일이다'라는 사실뿐.

한편 조직에 임원이나 팀장이 새로 부임할 경우 그들의 입맛에 맞게 보고 항목이 수정된다. 그런데 아이러니하게도 보고서의 내용은 전혀 변한 게 없다. 실무자들은 이렇다 할 특별함도 없는 정보를 가지고 이리저리 항목을 변경하느라 며칠을 낭비한다. 상황이 이렇다보니 기업의 경영 이슈가 무엇인지 알 수 없다. 설사 이슈를 제대로 파악하고 있다고 해도 정확한 의사결정을 내릴 수 없으니, 결국 기업은 어디로 흘러가는지도 모른 채 표류하는 셈이다.

이런 현상을 가중시키는 원인 중 하나가 대다수 기업에서 지속적으로 승진인사와 보직순환이 이루어진다는 것이다. 물론 기존에 담당하던 업무의 연장선에서 새로운 보직을 맡게 되는 경우도 있다. 그러나 전혀 새로운 분야의 업무를 담당하게 되는 경우도 많다. 아예 처음부터 업무를 파악해야 하는 것이다. 때로는 계열사 간 인사이동으로 아예 새로운 업종에 도전해야 하는 상황이 연출되기도 한다. 문제는 기업이 경영 이슈와 의사결정의 핵심을 파악하는 데 개인의 역량에 의존하는 현실이다. 상황이 이렇다 보니 경영 이슈와 의사결정 사항이 체계적으로 정리된 매뉴얼이 존재하는 기업은 매우 드물다.

급변하는 시대에 한 걸음 느린 의사결정은 기업을 후발주자가 아닌 패배자로 만들기 쉽다. 경영 이슈를 제대로 파악하지 못하는 기업 또한 이미 누군가 만들어놓은 길을 뒤따라갈 수밖에 없다. 제대로 된 경영 의사결정 체계의 정비가 절실한 이유다. 그렇다면 어떻게 해야 효율적이고 효과적으로 의사결정 체계를 구축할 수 있을까?

경영 의사결정 체계를 정비하는 방식은 크게 '밑에서 위로 올라가는' 상향식bottom-up식과 '위에서 아래로 내려가는' 하향식top-down을 생각해볼 수 있다. 이 두 가지 방식에 대해 사례를 통해서 좀 더 구체적으로 살펴보자.

▪▪▪많은 데이터를 확보하는 것은 첫걸음일 뿐이다

Bottom-up 의사결정 체계의 정비는 쉽게 말해 어디에 쓸지는 잘 몰라도 우선 많은 데이터를 모아 놓고, 그들로부터 출발해 경영성과를 규정하는 방식이다. 데이터의 활용방안은 나중에 고민한다. 당장은 데이터를 모으는 작업에 집중하기 때문이다. 과정이 이러하니 필연적으로 IT의 주도 아래 접근할 수밖에 없다. 원천데이터의 수집–정보 활용–분석–실행–성과로 이어지는 Bottom-up 방식은 불행하게도 그동안 수없이 실패를 거듭해 왔다. 때문에 최근에는 전략적인 활용을 통해 성공적으로 Bottom-up 의사결정 체계를 보완하는 기업이 증가하고 있다.

Bottom-up 방식으로 경영의사결정 체계를 구축한 기업의 전형적인 접근법을 살펴보자. P사는 2010년에 기업의 글로벌화 차원에서 단일한 비즈니스 인텔리전스BI를 도입했다. 하나의 통합된 시스템에서 정보를 관리하려는 취지였다. 이를 위해서는 사업본부의 비즈니스 프로세스를 표준화하여 데이터 제공 창구를 단일화해야 했다. 곧이어 기준정보 물동량, 재무, 조직, 원가 등 각 항목의 통합모델링을 거쳐 표준정보를 바로 세웠다. 이제 전사, 사업본부, 해외법인을 대상으로 기업의 경영과 조직 운영에 필요한 분석정보를 적시에 제공하고 의사결정을 내릴 수 있는 환경이 조성된 것이다.

통합모델링을 위해서는 사용자 요건 분석과 업무요건 분석이 먼저 이루어져야 한다. 이는 어떤 데이터를 볼 것이며, 그 데이터를 어디에 담아둘 것인가에 대한 분석이다. 기업의 모든 분석 데이터는 사용자가 개발자의 도움 없이 직접 데이터를 조회할 수 있도록 구성해야 한다. 또한 데이터 웨어하우스date warehouse에 담아둘 데이터는 업무요건에 따라 분석에 필요한 데이터를 선별하고 사용자에 맞춘 형태로 추출한 뒤, 분석에 적합한 단위로 나누고 통합해 쌓아올려야 한다.

P사의 프로젝트에서는 메가 프로세스를 기반으로 통합모델링이 이루어졌다. 전사, 사업본부, 해외법인의 특성에 따라 핵심적인 표준정보의 제공이 가능했다. 더불어 '단일한 BI'라는 기업의 목적을 두고 각국 현장의 공통적인 분석결과를 취합해 BI 정보분석 리포트를 도입했다.

BI정보항목은 구매, 제조, 물류, 판매 등 상위 구분을 가지는 업무영역별 체계로 구성되었다. 임원과 관리자에게는 KPI 정보를, 실무자와 사용자는 리포트용 분석정보를 받게 된다. 이 정보는 사용자마다 최적화된 각기 다른 성격의 화면으로 제공된다. 임원에게는 KPI 중심경영지표 화면이, 관리자에게는 요약정형 화면이, 실무자에게는 업무영역별 표준분석 화면과 담당자 특화 리포트 화면이 제공된다.

이 방대한 BI의 원활한 처리를 위해 기술적인 뒷받침은 필수적이다. 성능 향상을 위해 데이터 처리 가속기BI Accelerator와 병렬처리 데이터베이스도 도입했다. 데이터 인터페이스 창구의 단일화를 위해 적재Extract-Transform-Load :

ETL 도구가 사용됐다. 또한 사용자의 입맛에 맞고 편리한 정보분석을 위해 사용자가 다양한 각도에서 직접 대화식으로 정보를 분석하는 OLAP On-line Analytical Processing 시스템이 제공되었다.

P사는 BI를 전사적으로 통합한다는 목표를 달성했다. 다만 의사결정 지원을 위한 정보 활용도 제고라는 BI 구축 목적의 달성여부는 아직 확인할 수 있는 단계가 아니다. 하나의 통일된 BI가 글로벌 현장의 생산성 향상이라는 변화와 기대목표를 이끌어낸 것은 사실이다. 하지만 아직은 각국의 서로 다른 조직특성 및 다양한 고객의 요구사항을 만족시키도록 계속적으로 보완하는 중이다. 일부 사업부에서는 단일한 글로벌 BI를 구현한 뒤에도 정보 활용도를 제고하기 위해 추가적으로 의사결정 사항을 도출하고 의사결정에 필요한 정보를 반영하고 있다. 아직 완전한 성공이라고 볼 수는 없지만 창대한 성공을 위해 지속적으로 노력하는 중이다.

■■■■활용목적을 분명히 한 뒤 데이터를 정리하라

많은 국내기업이 받아들이고 있는 하향식 의사결정 체계 정비방식은 '무슨 성과를 낼 것인지'라는 목적부터 정의하는 방식이다. 이를 바탕으로 성과를 내기 위해서는 어떤 분석이 필요한지, 분석을 위한 정보는 무엇인지 차례로 되짚어 나간다.

무엇보다 얼마만큼의 매출증대와 원가절감을 이뤄내야 하는지 목표를 구체적으로 세우고 달성 여부를 담당자와 함께 지속적으로 분석하고 모니터링하는 방식이다. 정보 활용의 수립단계부터 의사결정의 정교화와 표준화를 통한 수익개선이라는 명확한 목적을 세우는 것이다.

C사는 P사와 같이 BI를 통합하는 작업을 진행한 뒤부터 고민에 빠졌다. 활용을 전제로 하지 않고 개발한 정보계 시스템은 막대한 투입자원에 비해 실제 효율성이 떨어졌기 때문이다. 특히 국내에서 개발된 다양한 정보계 시스템 중에서도 임원들을 위한 정보시스템은 활용되지 않고 사장된 경우가 대부분이다. 때문에 현장에서 정보가 활용되기 위해서는 다음의 요건을 충족시켜야 했다.

첫째, 경영의사결정에 도움이 되어야 할 것. 둘째, 지나치게 상세한 정보가 아니라 직관력을 제공해야 할 것. 셋째, 경영상황에 따라 유연하게 정보의 변경이 가능할 것. 넷째, 분석 가능한 수준의 상세정보여야 할 것. 다섯째, 정보 추출에 대한 기준이 공유되어야 할 것.

C사는 이들 요건을 충족하는 동시에 경쟁사를 뛰어넘고 다른 기업과는 차별화된 데이터를 제공하는 정보계 시스템을 구축하고자 했다. 앞에서 언급한 다섯 가지 중 첫 번째 요건을 가장 중요한 것으로 꼽았다. 그리하여 경영의사결정을 지원하는 사례 중 '상품 수익성에 기반한 신상품의 사후관리 체계'를 최우선으로 구축했다. 이러한 현상이 두드러지는 것이 금융분야다. 금융상품은 출시 전에는 다양한 가정 아래 상품을 개발한다. 그러나 고객은 결코 기업의 가정대로 반응하지 않는다. 출시 직후의 초기대응이 어떻게 전개되느냐에 따라 기업에 큰 손실을 입히는 상품이 되기도 하고, 반대로 효자상품이 되기도 한다.

C사는 신상품의 라이프사이클을 출시 전과 출시 직후, 그리고 안정화로 나눴다. 출시 전에는 사전손익 시뮬레이션을 통해 적자가 예상되는 상품은 출시하지 않도록 관리했다. 더불어 시뮬레이션으로 수익이 검증된 상품이

라도 손실 위험이 예상되는 상품은 출시 직후 모니터링을 통해 초기에 빠르게 대응할 수 있는 의사결정 정보를 제공했다. 이후 안정화 주기에서 시장성을 상실한 상품은 판매를 중지하고 필요한 경우 개정을 통해 최적의 상품 포트폴리오를 구성할 수 있었다.

이러한 경영의사결정 지원을 위해서는 다양한 시스템이 구축되어야 했다. 미래정보에 기반한 의사결정을 위해 시뮬레이션 시스템도 필요하며, 상품 관련 기준정보를 관리하기 위해 프로덕트 팩토리의 지원은 필수다. 모든 상품 관련 정보는 EIS에 집계되어 경영진과 실무진의 의사결정(상품의 개발 및 단종, 강화, 유지 등)을 지원하도록 구성되었다. C사는 더 나아가 경영의사결정을 지원하기 위한 체계를 고도화했다. 최종적으로 전사 주요 의사결정 목록Chart of Decision Making을 갖추고 경영의사결정 프로세스를 표준화하는 것을 목표로 하고 있다. 성과와 경영진 및 조직원의 책임감이라는 두 마리 토끼를 잡기 위해서다.

■ ■ ■ ■ 의사결정목록의 정비로
　　　성과창출의 첫 단추를 끼워라

많은 기업이 의사결정 프로세스를 세우면서 하는 고민은 Bottom-up 방식과 Top-dawn 방식의 의사결정 체계 중 어떤 방식을 정비하는 것이 더욱 바람직하냐는 것이다. 하지만 성과창출을 위한 최고의 방법은 상향식 의사결정도, 하향식 의사결정도 아니다.

최선책은 먼저 구체적이고 정확한 목표를 설정한다. 그 다음 정보 활용

방향을 찾아내는 하향식으로 접근한 뒤, 정보 활용으로 성과를 창출하는 상향식을 반복하면서 전사적인 의사결정목록을 완성해 나가는 것이다. 이 과정이 반복되면서 정보 활용 목적에 맞춰 기존의 시스템을 개선하거나, 신규투자를 어떻게 유치해 나갈 것인지 등 보다 구체화 된 의사결정이 가능해진다. 한마디로 정보시스템이 성과창출에 최적화되도록 하는 것이다. 이를 위한 첫 단추가 바로 전사적인 의사결정목록을 만드는 것이다.

기업의 전체적 차원에서 활용 가능한 의사결정목록은 회사의 규정을 업데이트하듯이 지속적으로 관리해 나가야한다. 잘 정리된 의사결정목록은 성과창출의 기회를 탐색하기 위한 도구로 사용된다. 뿐만 아니라 의사결정체계를 계속적으로 진화시키기 위한 체크리스트와 같은 역할을 한다.

무엇보다 중요한 것은 각 부문별 주요 의사결정 항목을 전사적 차원에서 작성해보는 것 자체로도 큰 의미를 갖는다는 사실이다. 이후에는 지속적으로 개선하고 진화시켜 나가면 된다. 시작단계에서는 조직원의 머릿속에 있는 의사결정항목이 목록에 녹아들 것이다. 하지만 잘 만들어진 목록은 시간이 지날수록 조직원들의 체계적 의사결정에 긍정적인 영향력을 행사하며 창의적인 결정을 내릴 수 있도록 돕는다. 이것이 다시 목록에 반영되면서 기업의 의사결정 시스템은 선순환의 반복으로 작동하기 시작한다.

한편 의사결정목록의 정비작업은 단기간에 끝내려는 자세보다는 순차적으로 완성해 나간다는 자세를 갖고 진행하는 것이 바람직하다. 우선순위가 높은 의사결정사항에 집중한 후 전체 의사결정으로 확대하는 방식이 더욱 효율적이다.

언제나 방어할 수 있는
현장대응 체계를 갖춰라

군사전략 시나리오와 의사결정 프로세스의 표준화

연평도에 포격이 일어난 직후에 칠순 노모와 아들이 다음과 같은 대화를 나눴다.

"북한이 연평도에 대포를 쏴서 사람들이 많이 다치고 죽었다는데, 왜 TV에서는 자꾸 개 이야기만 하지?"

"네? 개 이야기를 한다고요, 어머니?"

"응, 진돗개 한 마린지 두 마린지 계속 개 이야기만 하네. 이번에 동물들도 많이 죽었나보지?"

"하하하. 어머니, 그건 우리나라 군대의 작전명이에요. 북한에 대한 군사작전에 '진돗개'란 이름을 붙인 거예요."

"그렇구나, 집이 다 무너지고 사람들이 다치고 죽는 마당에 웬 강아지 얘기만 하나 했더니. 그게 군대의 작전명이었단 말이냐?"

"하하하."

노모와 아들의 대화는 웃으며 끝났다.

'진돗개'는 우리나라 토종견의 이름을 따서 만든 대한민국의 경보다. 북한의 무장공비나 특수부대원 등이 대한민국에 침투했을 때, 또는 군부대에서 탈영병이 발생했을 때 등 국지적 위협상황이 벌어졌을 때 단계별로 경보조치가 발령된다. 국가경비에 별다른 일이 없는 평상시에는 '진돗개 셋'이 발령돼 있다. 위협상황이 발생할 가능성이 높을 때는 '진돗개 둘'이 발령돼 군대와 경찰이 비상 경계태세에 들어간다. 위협상황이 실제 일어난 것으로 판단될 경우에는 가장 높은 단계의 경계조치인 '진돗개 하나'가 발령된다. 그때부터 군대와 경찰은 다른 임무가 제한되고 명령에 의해 지정된 지역에서 수색 및 전투를 수행한다.

내친김에 한미연합사령부가 발령하는 데프콘과 워치콘에 대해서도 알아보자. 데프콘Defense Readiness Condition : DEFCON은 적의 도발에 대비한 '방어 준비태세'를 의미한다. 우리나라의 진돗개와 달리 총 5단계로 구성된다.

데프콘 5Fade Out : 전쟁 위험이 없는 상태를 가리킴.

데프콘 4Double Take : 전쟁 가능성이 상존하는 경우. 한국은 휴전상태이기 때문에 1953년 정전협정 이후로 평상시 이 상태를 유지하고 있다.

데프콘 3Round House : 북한이 전면전을 일으킬 조짐을 보일 때 발령. 전군의 휴가와 외출이 금지된다.

데프콘 2Fast Pace : 개인에게 탄약이 지급되고 부대 편제인원이 100% 충원되는 상태를 뜻한다.

데프콘 1Cocked Pistol : 동원령이 선포되고 전시에 돌입한다.

정전협정 이후 우리나라가 데프콘 4에서 데프콘 3으로 격상된 경우는 딱 두 번 있었다. 1976년 일어난 판문점 도끼만행 사건 당시와 1983년 아웅산 폭탄테러 때 '데프콘 3'이 발령됐다.

워치콘Watch Condition : WATCHCON은 북한의 군사활동을 추적하는 정보감시 태세를 말한다. 평상시부터 전쟁 발발 직전까지 5단계로 나누어 발령한다. 1981년부터 운용되었으며 평상시에는 4단계를 유지하고 있다가 상황이 긴박해질수록 낮은 숫자의 단계로 격상된다. 이때는 한국과 미국의 정보당국 간의 합의에 따라 결정된다. 워치콘 3은 1992년 10월 북한이 모든 남북대화를 중단하고 준전시 상태를 선포했을 때 발령되었다. 워치콘 2는 1982년 북한이 IL-82 폭격기들을 전진배치 했을 때, 1999년 6월 제1연평해전(서해교전)이 발발했을 때 등 모두 5차례 발령되었다고 한다.

■■■■ 적의 행동을 예상한 로열 더치 쉘의 비즈니스 시나리오

시나리오를 전략에 활용한 것은 제2차 세계대전 당시 미국 공군이 처음이었다고 한다. 적의 행동을 예상하고 그에 대처할 수 있는 전술과 전략을 미리 세워보기 위해서였다.

이런 군사전략은 기업에도 영향을 미치는데 최근에는 경영활동에 도입하기도 한다. 세계적인 석유기업인 로열 더치 쉘Royal Dutch Shell은 군사전략 시나리오를 경영에 도입해 성공을 거두었다. 쉘은 1970년대 초 최악의 경우를 가정한 시나리오와 구체적인 계획을 포함한 전략을 수립했다. 1973년 제

202 분석의 힘

1차 오일쇼크 때 다른 회사들이 허둥댈 때에도 미리 준비한 시나리오에 따라 필요한 조치들을 밟아 나갔다. 이 사태를 계기로 단번에 정유업계 세계 7위 기업에서 2위로 올라섰다.

그렇다면 우리나라의 기업들은 어떠한가? 위기상황에 대처하기 위한 위기관리 매뉴얼과 시나리오 경영체계를 구축한 글로벌 기업들의 모범 경영 사례까지 기대할 수준은 아니다. 그렇더라도 경영 이슈에 대해서 의사결정의 핵심을 파악하는 역량을 얼마나 갖췄는지 확인해 봐야 한다. 의사결정을 하는 과정의 최소한의 합의절차와 필수 고려요소를 사전에 정의해 놓은 기업들의 수준이 곧 국내 기업들이 세계시장에서 성장할 가능성을 뜻하기 때문이다.

17장에서 언급한 C사의 사례는 신제품의 출시 여부와 출시 후 개정, 판매중단 여부의 결정 등 의사결정을 내리는데 필요한 기준을 사전에 정의했다. 이와 같은 배경은 의사결정 수준을 상향평준화하는 동시에 개별적 의사결정이 실패할 가능성을 사전에 방지한다. 의사결정 프로세스의 표준화와 제도화를 통해 C사는 다음과 같은 상당한 성과를 거두었다.

첫째, 스피드 경영 달성.

가장 큰 효과이익은 스피드 경영이다. 경영진은 기업의 기회와 위협요소에 집중해야 한다. 이때 사전에 정해놓은 기준은 정보를 빠르게 전달할 수 있는 디딤돌 역할을 해준다. 덕분에 집계에서 분석에 이르는 시간을 단축할 수 있다. 최근 C사의 정보분석센터CIC가 중점 분석하고 있는 의사결정 사항은 경영진에게 분석을 통해 보고할 내용을 빠르게 전달할 수 있도록 하자는 것이다.

둘째, 의사결정 과정의 일관성 확보 및 경영진 교체 위험 방지.

경영진 교체에 따른 위험 중 하나는 업무에 대한 노하우가 없는 임원이 잘못된 의사결정을 내리는 경우다. 이를 방지하기 위해 경영진의 의사결정을 표준화 해두는 것이 좋다. 의사결정목록은 임원의 매뉴얼과 같은 역할을 하면서 지속적인 경영관리의 품질을 확보하는 데 도움이 된다. 또한 동일한 임원이라도 매번 다른 의사결정을 내릴 수 있는 리스크가 존재하는데, 이를 극복하는 수단으로도 활용이 가능하다.

셋째, 지속적인 경영관리 능력 향상.

한번 정해놓은 기준이 변경 없이 지속되기는 어렵다. C사의 경우 최근 제품수명주기Product Life Cycle 관리를 위해 사전에 설계한 기준이 맞는지 지속적으로 데이터를 업데이트해야 할 필요성이 대두됐다. 의사결정 기준을 변경하고 관리하는 것 자체가 기업의 경영관리를 선진화하는 과정이라 볼 수 있다.

넷째, 손익분석과 연계한 대안제시 가능.

C사에서는 재무분석에서 시작해 비재무정보까지 분석하는 정보 활용 순서를 경로 1로 간주한다. 경로 2는 의사결정 자체를 의미한다. 경로 1은 가치동인 트리Value Driver Tree와 같은 구조이며, 경로 2차는 경영 의사결정 사항이다. C사가 추구하는 것은 경로 1과 2가 궁극적으로 연계될 수 있도록 스토리라인과 경영 의사결정 그룹이 관리되어야 한다는 것이다. 즉 재무 데이터와 비재무 데이터를 분석하다보면, 현안이 되는 경로 2의 풀Pool 중 하나를 집중분석할 수 있어야 한다는 것이다.

예를 들어 손익 악화의 원인을 찾다보면 취급고를 달성하였으나, 무이자 할부의 남발로 인하여 손익 악화가 발생했다는 원인까지 나오는 것을 경로 1로 보는 것이다. 그 다음에 현재 시점에서 무이자할부를 늘릴 것인지, 중단할 것인지 적정수준은 무엇인지에 대한 답을 경로 2에서 제시할 수 있도록 의사결정의 기준을 정의하는 것이 C사가 추구하는 의사결정 시스템의 방향이라 할 수 있다.

■■■■모바일을 의사결정 지원에 활용한 셰브런

세계 최대의 통합 에너지 기업 중 하나인 셰브런Chevron은 모바일 의사결정 지원을 사용해 의사결정 프로세스의 표준화와 효율성을 촉진했다. 정유산업은 영업이익이 크지 않다. 장비 가용성을 매우 높게 운영해야 하기 때문이다. 따라서 보다 효율성 있는 개선방안을 강구하기 시작했다. 정유시설에 있는 수많은 데이터를 모니터링하기 위해 시스템에 수백 만 달러를 투자했지만 자산정보의 모니터링이 어려웠다. 기계의 확인을 수행하는 현장 운전원은 수기로 정보를 기록한 다음, 나중에 정보시스템에 데이터를 입력하였으므로 장비 고장과 안전사고를 완화시키기에는 늦은 경우가 태반이었다. 더욱이 셰브런은 운전원이 따를 운전규칙을 만들었지만 무용지물이었다. 현장 근로자가 장비에서 문제를 발견한 경우 표준화된 방식으로 이 문제를 해결하기가 쉽지 않았기 때문이다. 정유시설을 보다 효과적으로 운영하기 위해서는 문서화하기 어려운 경험이나 무언의 프로세스 지식을 포착하고 규정할 필요가 있었다.

셰브런은 현장 운전원에게 데이터를 디지털 방식으로 입력하는 방법을 제공할 필요가 있다고 결정했다. 곧바로 정유시설 업무의 표준화를 추진했다. 회사는 의사결정 및 데이터의 수집이 신속하고 효율적으로 변경되도록 표준작업 프로세스를 지속적으로 개선했다. 그 다음 프로세스를 지원하는 데 필요한 기술을 확인하기 시작했다. 시간이 지날수록 지식이 데이터베이스에 추가되었기 때문에 지속적으로 최적기법의 발전과 조정이 가능했다.

작업자가 일일 라운드를 시작할 때 장비를 가동하려면, PDA를 프로세스 이력관리 시스템에 접속해야 한다. 운전원 및 엔지니어는 해당 시스템에서 전송되는 프로세스별 작업정보를 실시간으로 확인할 수 있다. 장비 일부가 작동하지 않을 경우 작업자는 운영직원과 협력하여 최적의 조치를 취할 수 있다. 예를 들어 제어실 운전원은 현장 작업자에게 원스톱 진단을 할 것인지 묻고 현장 작업자는 유지보수 직원이나 다른 사람에게 지시를 따르도록 말할 수 있다. 정유설비에서 수집된 장비와 수동 프로세스 데이터는 다른 셰브런 정유시설의 유사한 데이터와 함께 취합되고, 운영 전문가들은 이를 분석하여 회사의 향후 최적기법 대응을 개선한다.

이를 통해 셰브런은 정유시설 안정성 개선, 비용절감 및 작업자의 업무환경개선 등의 효과를 얻을 수 있었다.

경영 이슈 중심으로
필요 정보를 수집하라

비즈니스 이슈와 핵심 의사결정을 위한 V모델

《탈무드》에는 다음과 같은 격언이 등장한다.

'무엇을 보는지 모르는 채 막연히 바라보는 사람, 어디에 서있는지 모르는 채 우두커니 서있는 사람은 불행하다.'

마치 무한경쟁의 시대에 나갈 방향을 찾지 못한 채, 안갯속을 걷고 있는 수많은 기업의 모습을 표현한 것 같아 마음이 아프다. 지금 비즈니스 환경은 루이스 캐럴의 소설 《이상한 나라의 엘리스》에 등장하는 붉은 여왕의 나라와 같다. 그곳은 주변의 세계도 함께 움직이기 때문에 아무리 열심히 뛰어도 좀처럼 몸이 앞으로 나아갈 수 없다. 붉은 여왕은 엘리스에게 "제자리에 있고 싶으면 죽어라 뛰어야 한다"고 말한다. 이를 두고 시카고 대학의 진화학자 밴 베일른은 생태계의 쫓고 쫓기는 평형관계를 생물학의 '붉은 여왕 효과'라고 불렀다.

이제 붉은 여왕 효과는 생태계를 넘어 기업의 생존환경에도 적용된다.

기업이 집중해야 할 이슈와 기업의 행동 기반이 되는 의사결정의 핵심을 제대로 인지하지 못하면 아무리 열심히 뛰어도 제자리에서 맴돌 뿐이다.

그렇다면 비즈니스 이슈와 핵심 의사결정목록은 어떻게 도출해야 체계적으로 만들어 낼 수 있을까?

여기에서 PwC의 정보도출 방법론인 'V-모델'을 소개한다. 경영진의 역할에 기반한 필요정보와 가치사슬value chain상의 사업부 의사결정 핵심을 파악하고 이를 구체화해 Business Questions를 도출하는 방법론이다.

우선 "경영목표를 달성하기 위한 관리방안이 무엇인가?"라는 질문을 던져보자. 그리고 경영상의 가장 중요한 이슈와 니즈를 도출한다. 이를 위해 업계의 동향과 기업사례를 조사하고 성과동인분석을 실행한다. 다음으로 기업과 조직의 이슈를 보다 구체화한다. 무엇을 보고 하고, 어떻게 분석하고 싶어 하는지를 찾아내는 것이다. 이를 위해 사내에 흩어져 있는 의사결정에 관한 보고서와 KPI를 분석한다. 경영상의 이슈와 니즈를 해결하기 위한 주요 분석 요구사항을 'Business Question'이라고 한다. BQ의 기반 아래 보고서를 설계한다.

종합하자면 경영상의 이슈와 니즈를 구체화한 후 이를 기반으로 'BQ'라는 '의사결정 필요정보'를 정의한다. 이어서 'BQ'를 성과로 연결시키기 위해 기업이 실천해야 할 것과 이에 필요한 실행 가능한 정보를 연결시키는 방법론이다. 여기에서 잠시 이렇게 복잡한 V-모델과 같은 도구를 사용하게 된 배경을 살펴보자.

■■■■ 경영정보의 활용이 저조한
근본적인 원인은 무엇인가

그동안 많은 기업들이 구축한 경영정보 시스템의 활용도는 앞에서 수차례 이야기했듯 매우 저조하다. 그 근본원인을 살펴보면 구축단계에 따라 세 가지 이유가 존재한다는 것을 알 수 있다.

첫 번째 이유는 분석설계 단계에서 활용목적이 불분명한 시스템 요건을 도출하는 것이다. 이때 저지르는 가장 큰 오류는 사용목적에 대한 고려 없이 장황한 분석결과를 얻으려 한다는 것이다. 기업은 가급적이면 시스템을 이용해 복잡한 보고서를 얻는 것이 제대로 된 활용방식이라 예단한다. '무조건 많은' 정보를 정의하는 것이 분석설계의 기준이라고 착각한 까닭이다. 잘못된 생각의 결과는 '왜 기업이 이 정보를 분석하고 결과를 구현하는가?'에 대한 명확한 대답 없이 '그저 많은' 정보항목을 정의하는 데만 급급할 뿐이다. 남는 것은 아무 것도 없는 것이다. 따라서 의사결정에 실제로 도움이 되는 정보는 많지 않은 '쓸데없는' 정보만을 양산해낸다.

두 번째 원인은 구축단계에서 시스템 이외의 부분에 대해서 간과한 것이다. 분석설계 단계에서 정확한 비즈니스 요건을 도출했다 하더라도 사용자 입장에서 데이터를 획득하는 방법과 데이터의 정확도 등에 대한 부분은 해결하지 않고 넘어가면 문제를 해결할 수 없다. 쉽게 말해 '정확한 데이터가 제대로 공급된다'는 가정 아래서 후속 구축업무를 진행한다는 것이다.

예를 들어 '계획 대비 실적'에 대한 정보를 공급하는 경우, 실적 데이터와는 달리 계획 데이터는 사용자들이 직접 입력을 해야 하는 정보다. 만일 이

때 필요로 하는 정보항목을 복잡하게 설계한다면 어떻게 될까. 실제로 운영되는 과정에서 사용자는 수십 가지 항목에 대해서 정확하게 입력을 해야 하기 때문에 활용도가 낮아질 가능성만 높아진다. 결국 처음부터 사용자의 입력 부담을 고려해 경영계획 모델을 설계해야 한다는 뜻이다.

시스템 활용도가 저조한 마지막 원인은 시스템 오픈 단계에서 활용도를 높이기 위한 노력이 형식적으로만 수행된다는 사실이다. 흔히 '정보계'라고 부르는 경영정보시스템은 업무처리에 필수적인 시스템이 아니다. 의사결정을 지원하기 위한 시스템이다. 적나라하게 이야기하면 '있으면 좋지만 없다고 해서 업무에 큰 영향을 주지는 않는다는 것'이다. 때문에 활용도를 높이기 위한 시스템에 대한 교육과 홍보 등 이행을 위한 노력은 간과되거나 형식적으로 수행되어서는 안 된다.

■■■■활용도를 높이기 위한 첫걸음, BQ부터 만들어라

앞에서 이야기한 내용을 바탕으로 경영정보 시스템의 활용도를 높이기 위한 해결방안을 정리해볼 수 있다.

첫째, 목적중심의 요건을 도출한다. 둘째, 시스템이 아닌 프로세스, 제도, 조직 및 역할과 책임에 대해 고려한다. 셋째, 시스템 활용도를 강화하기 위한 이행관리를 수행한다.

한편 구체적인 정보요구사항을 바탕으로 Business Questions가 도출되면, 선정된 BQ별로 구체적인 리포트를 설계해 향후 어떻게 업무에 활용할

[표5] 보험업 BQ 리스트 예시

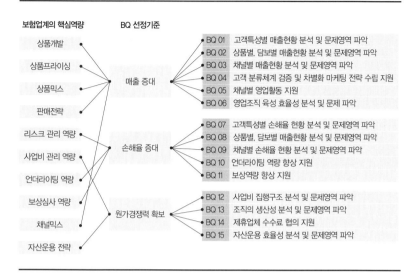

보험업계의 핵심역량   BQ 선정기준

핵심역량	BQ 선정기준	BQ
상품개발	매출 증대	BQ 01 고객특성별 매출현황 분석 및 문제영역 파악
상품프라이싱		BQ 02 상품별, 담보별 매출현황 분석 및 문제영역 파악
상품믹스		BQ 03 채널별 매출현황 분석 및 문제영역 파악
판매전략		BQ 04 고객 분류체계 검증 및 차별화 마케팅 전략 수립 지원
		BQ 05 채널별 영업활동 지원
		BQ 06 영업조직 육성 효율성 분석 및 문제 파악
리스크 관리 역량	손해율 증대	BQ 07 고객특성별 손해율 현황 분석 및 문제영역 파악
사업비 관리 역량		BQ 08 상품별, 담보별 매출현황 분석 및 문제영역 파악
언더라이팅 역량		BQ 09 채널별 손해율 현황 분석 및 문제영역 파악
		BQ 10 언더라이팅 역량 향상 지원
		BQ 11 보상역량 향상 지원
보상심사 역량	원가경쟁력 확보	BQ 12 사업비 집행구조 분석 및 문제영역 파악
채널믹스		BQ 13 조직의 생산성 분석 및 문제영역 파악
자산운용 전략		BQ 14 제휴업체 수수료 협의 지원
		BQ 15 자산운용 효율성 분석 및 문제영역 파악

것인지 가이드를 제시해야 한다. [표5]는 PwC가 정의하는 보험업의 핵심역
량을 기업의 가치증대관점과 연계하여 매출증대, 원가경쟁력 확보, 손해율
개선이라는 기준으로 BQ를 정리한 예시다.

우선 BQ가 정의되면, 주요 분석 요구사항과 연계해서 활용 시나리오를
세운다. [표5]의 사례는 보험사에서 손해율을 분석해서 원인을 찾아내고
대책을 수립해 나가는 시나리오다. 주요 분석 요구사항에서는 분석이 의미
를 갖기 위해서 필수적으로 요구되는 특성들이 정의된다. 그리고 활용시나
리오에서는 이렇게 만들어진 정보가 어떻게 활용되는지를 그려본다. 누가,
어떤 순서로 정보를 분석을 하고, 근본원인을 찾아낸 뒤에는 어떻게 대책
을 수립하는지, 그리고 실행을 위한 행동계획을 수립하는 과정까지 생생하
게 그려본다. 마지막으로 이 자리에 어떤 보고서의 형태로 정보가 공급이

되어야 대책회의가 원활하게 진행이 될 것인지를 정의한다. 이 과정은 운전할 때 실시간으로 연비정보를 제공하는 것과 같은 실행 가능한 정보다. 의사결정의 현장에서 살아 숨 쉬는 정보를 제공하는 것만이 현업의 구체적인 행동을 유발하고 지원하는 역할을 한다. 의사결정에 필요한 정보는 이렇게 정의되는 것이다.

다른 한편으로 활용도를 높이기 위한 적극적인 노력을 기울인 사례가 있다. E사는 프로젝트를 통해서 산출한 정보를 분석하여 비즈니스 이슈를 제기하고, 현장과의 협업을 통해 대책을 수립하는 업무를 정기적으로 실시해 경상적인 업무로 정착시키는 것을 목표로 정했다. 이에 따라 다음과 같은 목표를 갖는 조직을 신설하였다.

첫째, 이미 구축한 시스템에서 산출되는 정보 활용을 통한 데이터 분석 및 비즈니스 이슈를 제기한다. 둘째, 데이터 분석결과에 대한 현업 검토를 지원하고, 현업과 협업을 통한 대안 수립을 지원한다. 셋째, 정보분석을 일회성에 그치지 않고 지속적으로 활용할 수 있는 방안을 확대하고 고도화할 수 있도록 업무 경상화를 추진한다.

이에 따라서 매달 정보 활용 워크숍을 개최해 결과를 발표하고 개선작업을 실행하기로 했다. 더불어 현업의 정보 활용 모범사례를 발굴해 전사적으로 소개하고 분기별로 '정보 활용집'을 업데이트해 직원들에게 배포한다는 계획도 세웠다. '정보 활용집'은 회사의 정보자산을 활용하는 방법이 설명되어 있는 매뉴얼이며, 업무별로 정보 활용을 통해서 성과를 창출한 구체적인 사례들을 소개해 나간다.

경영진을 위한
주요 분석정보를 제공하라

경영정보 대시보드의 작성

모든 사람들이 들었을 법한 이야기가 하나 있다.

빌 게이츠가 사업구상을 하면서 길을 걷다가 100달러짜리 지폐가 길 위에 떨어진 것을 발견했다고 하자. 이 지폐를 줍는 것이 좋을까, 아니면 그대로 길을 걸으며 사업구상을 하는 것이 나을까? 답을 얻기 위해서는 빌 게이츠의 시간당 수입을 계산해야 한다. 마이크로소프트 설립 이후에 빌 게이츠가 하루 14시간을 일한다고 가정하고 시간당 수입을 계산하자. 결과는 무려 1초에 150달러가 넘는 수입을 거두는 것으로 나온다. 결국 빌 게이츠는 출근길에 땅에 떨어진 100달러 지폐를 본다고 해도 줍는데 시간을 들일 가치가 없는 것이다.

이 이야기를 처음 들었을 때에는 해외 경영진이 1초당 100달러보다 더 높은 연봉을 받는다는 것을 우스갯소리 삼아 만든 이야기라고 여겼다. 하지만 시간이 지날수록 연봉의 숫자보다 경영진의 시간 가치에 대해 다시 생각하게 되었다. 다시 말하면 회사가 경영진에게 지불하는 연봉보다 회사가 생각하는 경영진의 시간 가치가 훨씬 높다는 의미다. 마이크로소프트에서 생각하는 빌 게이츠의 1초라는 시간은 100달러 이상, 아니 1,000달러가 될지도 모르겠다.

다른 이야기도 있다.

국내 한 굴지의 기업에서 근무하고 있는 사람의 이야기다. 그는 CEO에게 업무를 보고하기 위한 단 한 장의 보고서를 위해 20여 번이 넘는 퇴짜를 견디고 1주일이 넘는 낮과 밤을 투자했다고 한다. 무사히 작성을 마치고 자신의 한 장짜리 보고서를 퇴짜 놓은 선배와 왜 이렇게 보고서에 시간 투자를 많이 해야 하느냐며 푸념 섞인 질문을 했다고 한다. 선배의 대답은 아무 말도 할 수 없게 만들었다. 최고 경영진이 후배가 만든 한 장의 보고서로부터 직관을 얻어 올바른 의사결정을 내릴 수 있다면 보고서 작성에 투자된 후배의 1주일은 전혀 아까운 것이 아니라는 것이었다.

이 이야기들을 하는 이유는 경영진이 기업정보를 파악하는 업무를 직접 해야 하는 것인지, 경영정보시스템이 경영진에게 줄 수 있는 가치는 어디에 있는지, 그리고 경영정보 시스템을 통해 회사의 모든 정보를 파악하고 부진에 대한 근본원인 분석이 가능한지라는 기초적인 질문에 대한 생각을 해보기 위함이다.

▪▪▪▪ 경영진에게는 '직관적' 정보를 제공하라

우선 경영정보 시스템의 가치와 경영진이 기업정보를 시스템에서 직접 파악하는 것이 필요한가에 대해 생각해보자. 한때 경영정보 시스템을 EIS Executive Information System 라고 부르던 시기가 있었다. 기업의 경영진들이 시스템을 직접 사용하면서 경영정보를 얻을 수 있을 것이라 믿었기 때문이다.

EIS란 용어는 1980년대 초반 미국 MIT 대학에서 처음 사용되었다. 그 목적은 CEO가 경영의 관리적 계획, 감독 그리고 분석을 증진할 수 있도록 정보를 제공하기 위해 설계된 데이터 지향 시스템이었다. 1980년대 중반에는 중간매개자의 필요 없이 최고 중역의 필요에 맞도록 구체적으로 설계된 컴퓨터 기반의 시스템이라 칭했으며, 1990년대에는 CEO를 위한 컴퓨터 기반의 정보전달 및 통제 시스템이라고 정의되었다.

시스템에 대한 자신감이 반영된 생각처럼 보인다. 하지만 국내 경영진은 여전히 시스템에 직접 로그인해 데이터를 조회하고 있는 것 같지는 않다. 경영진의 생각을 변화시켜 시스템 활용도를 높이고자 하는 노력도 있었으나, 이 역시 효과는 미미하다.

EIS라는 말이 소개된 지 30여 년이 넘었음에도 경영진이 직접 시스템을 활용하지 않는다면 '직접'이라는 생각은 좀 바뀌어야 할 것 같다. 최근에 접한 모 기업의 CEO는 휘하의 임원들이 경영정보 시스템을 10분 이상 투자하여 분석하고 있다면 당장 그 임원을 해고해야 한다고 생각하는 인물이었다. 경영정보 시스템에 대한 주관이 매우 뚜렷했다. 시스템은 단순히 '직관'만 제공하면 된다는 입장이었다. 직관이란 중요한 경영지표가 향상되고 있는지, 업무가 계획대로 진행되고 있는지 정도만 확인할 수 있으면 된다. 동시에 지표가 부진한 원인에 대해서는 실무진들이 분석할 수 있는 정보 시스템이 별도로 존재해야 한다고 주장했다.

경영진의 시간은 너무나 소중하기 때문에 경영정보 시스템에 접속하는 것 자체가 낭비로 간주된 것이다. 따라서 경영진에게 정보를 제공하는 방식을 경영진이 직접 얻어가는pulling system 방식을 지양하고 정보를 경영진에게 제공하는 개념 pushing system을 적용하는 것이 가장 효율적이라는 것이다.

■■■■경영정보를 구성하는 최근 트렌드

최근에 개발된 C사의 경영정보 시스템은 위와 같은 사상이 잘 담겨 있는 사례로 꼽힌다. 정보체계는 크게 세 가지로 나뉜다. 1단계는 대시보드라고 불리는 경영진용 시스템이다. 정보제공 방식으로 경영진 집무실의 TV와 터치스크린 화면이 활용되었다. 경영진에게 매일매일 영업정보를 제공할 뿐만 아니라, D+3일에는 전월의 손익을 포함한 모든 경영정보를 마감해 제공할 수 있도록 구현되었다.

2단계에서는 비즈니스 서머리Biz Summary라 불리는 상세화면을 제공했다. 1단계에서 이상징후를 감지한 경영진에게 좀 더 상세한 정보를 제공할 수 있는 정형화면으로 구성되었는데, 경영진 뿐 아니라 실무진에게도 정보를 오픈해 구체적인 데이터를 획득할 수 있도록 설계했다.

3단계는 표준 및 사용자 리포트라고 불리는 것이다. 상세 분석을 위해 실무진이 좀 더 다양한 정보를 조합해 볼 수 있도록 구성했다. 이와 같은 체계는 모 글로벌 회사의 경영정보 시스템의 체계와 동일한 것으로 대부분의 기업들이 1단계가 없거나 3단계가 없이 2단계를 EIS로 오인하여 구성한 경우가 많다.

실제 사용 현황을 살펴보면 경영진은 대부분 1단계 대시보드에서 직관 정보만을 얻는 경우가 많았다. 2단계 분석까지 직접 활용하는 경우는 드물었다. 경영진의 시간을 의사결정을 위한 고민에 더 많이 투자할 수 있도록 2단계 비즈니스 서머리는 좀 더 상세한 정보를 분석해야 하는 실무진 용도로 더 많이 활용되고 있다.

C사의 경영정보시스템 중 대시보드시스템은 타사의 사례에 비해 진일보한 측면이 있다. 타사의 대시보드는 새로운 정보, 즉 KPI가 필요할 때 IT 부서에서 추가 개발을 해야 했다. 하지만 C사의 경우는 KPI에 사전 정의된 중요도를 조합해 새로운 지표를 IT가 아닌 현업에서 바로 추가 할 수 있도록 구성했다. 경영진에게 제공하는 정보의 유연성을 확보하고자 하는 노력의 결과로 볼 수 있다.

최근에 기업에서 새로운 KPI를 뽑으려는 시도는 별다른 의미를 갖지 못한다. 오히려 '어떻게 봐야 하는가'를 고민하는 것이 더 의미가 있다. 기존 KPI를 유의미하게 활용하는 쪽으로 재정비하는 것이 더욱 중요하다는 것이다. 직관적인 정보를 전달하는 KPI인지, 상세분석 KPI인지, 원인분석 KPI 인지 구체적으로 분류하고 이들 사이의 관계를 기업이 최대한 활용할 수 있도록 정리하는 것이 의미가 있다. 이것만으로도 의사결정 화면의 제공이 가능하기 때문이다. 관련 있는 링크를 나열식으로 모두 연결하기 보다는 가장 관련 있는 화면들만 링크하는 것이 더욱 의미 있다. KPI 혹은 지표들은 어떤 관점에서 보여주느냐에 따라 시사점과 생명력이 달라진다. 여기서 정보 분석을 통해 비즈니스적으로 실천이 가능한 시사점을 찾아야 한다. 이는 단순히 정보들이 갖는 관점 사이의 데이터로서 유의미한 결과가 나타나는 것만이 아니다. 그에 따라 실행할 수 있는 내용의 시사점을 전달하는

가를 반드시 따라가 보고 판단하여야 한다.

가능한 다양한 관점을 갖춘 보고서를 무조건 비즈니스 서머리 형태로 올리는 것이 능사는 아니다. 기업이 비즈니스를 진행함에 있어 실천 가능한 시사점을 가진다고 판단이 되고, 계획 및 실행부서와의 협의를 거친 후에 올려주는 것이 맞다. 그 전에는 정형·비정형 보고서OLAP 형태를 통해 추이와 데이터 분석 기간을 충분히 갖고 진행하는 것이 중요하다. 또한 기존의 KPI 중에도 단순히 하나의 지표만으로는 행동이 불가능한 경우에 이들을 조합함으로써 새로운 가능성을 불어넣을 수도 있다.

일례로 지점 효율 분석은 기존에는 물량지표와 유치비용을 따로 보았다. 이것을 유치비용(실패비용을 감안한) 1원당 인당 취급고로 유치채널의 효율을 분석해 지점과 효율을 비교했다. 이를 다시 지점 간의 유치채널 구성비와 유치채널별 효율의 비교를 통해서 본사 영업지원에서 지점에 효율을 높일 수 있는 정보들을 제공해줄 수 있었다. 이렇게 지표들을 보여주는 방식과 시점에 따라서 실행 가능한 정보로서의 생명력을 얻기도 한다.

PART 5

기업의 혈관에
살아 있는 정보를
공급하라

CHAPTER
21

정보분석은 미래 경영의
핵심 경쟁력이다

분석 경쟁력의 진단

요즘 심심찮게 유명인들의 사망소식을 접하곤 한다. 특히 안타까운 것이 열심히 살고자 노력하는 사람이 병마와 싸우다가 결국엔 생을 마감하는 경우다. 뛰어난 외모와 연기력으로 많은 사람들에게 사랑을 받은 영화배우 장진영은 위암 판정을 받고, 2009년 9월 끝내 유명을 달리했다. 충무로의 대표 여배우로서 영화와 드라마에서 인상 깊은 연기로 한시대를 풍미했던 배우다. 그녀는 사망 당일 오전 이미 의식불명 상태에 빠졌다고 한다. 결국 가족과 팬들의 바람을 저버린 채 35세의 짧은 생을 끝으로 세상과 이별하고 말았다. 고인은 위암 판정을 받고 힘겨운 투병생활을 이어왔다. 한때 건강상태가 호전돼 팬들에게 희망을 안겨주기도 했으나 끝내 숨져 팬들의 통곡을 자아냈다.

의사들의 이야기에 따르면 암환자들은 공통적으로 이런 말을 많이 한다고 한다.

"저는 평생 병원 문턱에도 가보지 않았을 정도로 건강했는데 갑자기 이렇게 되었어요."

의사들은 위암을 비롯한 대부분의 암을 예방하기 위해서는 금연, 금주, 규칙적인 운동은 필수지만 무엇보다 정기검진의 역할이 중요하다고 말한다. 특히 위암은 초기에 발견할 경우 치료율이 90%를 넘기 때문에 정기검진을 통해 충분히 예방할 수 있다는 것이 의학계의 정설이다. 영국 런던 대학의 연구팀은 정기적으로 유방암 검진을 한 여성이 유방암으로 인한 사망을 예방하는 효과가 2배 이상 큰 것으로 나타났다고 밝혔다. 또한 이 같은 효과는 검진을 시작한 지 10년이 지난 뒤에도 지속되는 것으로 나타났다.

꾸준히 건강을 유지하기 위해서 우리는 정기검진을 통해 체력을 위협하는 요소를 미리 예방해야 한다. 그런데 이 같은 노력은 기업이 생존해 나가는 데도 필요하다. 지속적으로 경영정보를 분석해 부족한 부분을 채워주는 활동이 있어야만 갑작스러운 위기에도 의연하게 대처할 수 있다. 그렇다면 우리가 병원에 가서 검사를 받듯 기업의 상태를 확인하기 위한 정기검진은 어떻게 이루어질까?

▪▪▪▪ 기업에도 정기검진이 필요하다

기업도 경영을 하다 보면 힘들어질 때가 있다. 우리는 종종 중소기업이 흑자부도를 냈다는 기사를 접한다. 한창 사업을 키우느라 뒤돌아볼 틈도 없이 달리다 보니 경영 자체에 소홀한 결과다. 앞에서 이야기했듯 정기 건강검진이 치명적인 질병을 조기에 발견해 우리의 목숨을 되살리듯, 기업 역시 경영진단을 통해 파산, 부도와 같은 지속가능성을 위협하는 원인에 대해 효과적으로 대처할 수 있다.

우리가 아플 때 취하는 행동은 크게 세 가지로 구분된다.

첫 번째는 문진을 통한 자가검진이다. 치료를 받으러 병원에 가면 의사가 여러 가지 질문을 한다. 속이 쓰리지는 않는지, 현기증을 느낀 경험이 있는지, 가슴에 멍울이 잡히는지 외에도 음주 및 흡연 여부도 빼놓지 않는다. 이 과정에서 개인이 잠재적으로 병이 날 수 있는 환경을 접했는지를 판단해 1차적으로 간이진단이 이루어지는 것이다.

이처럼 가장 기본적인 질문을 통해서 병의 유무를 판단하는 방식으로 기업도 현재 상태를 진단해볼 수 있다. 최근 채권 수금기일이 지체되고 있는지, 대금지불이 늦어져 거래처로부터 클레임을 당한 적은 없는지 등 지표를 통해 운전자금의 건전성을 간단히 확인해볼 수 있다. 고객을 최고의 자산으로 하는 금융기업의 경우에는 고객불만 지수Voice of Customer의 추이를 통해서 경영의 건전성을 미리 가늠해 볼 수도 있다. 이러한 자가검진의 목적은 정확한 병명을 찾는 것이 아니라, 명확한 증상을 통해서 발병 가능성에 대한 개략적인 판단을 하는 데 있다.

두 번째는 주기적으로 건강검진을 받는 것이다. 이는 자가검진에서 파악할 수 없는 혈액검사나 소변, 내시경, 골밀도 검사 등 보다 광범위하고 포괄적인 검진체계다. 즉 오랜 기간 임상을 통해 검증되고 발전된 방식을 통해 상태를 파악하는 것이다. 정기검진 결과는 환자의 현재 건강상태를 의료기법을 동원해 항목별로 표기한 것으로 나타난다. 그래프와 수치 등의 결과가 정상범위를 기준으로 어디에 있는지를 확인하고, 필요에 따라 의사의 소견을 첨부하는 형태를 갖는다.

정기검진을 통해서 암의 발병 여부를 진단할 경우에는 유형에 따라 진단방식이 다르다. '한국 여성의 10대 암 발병원인과 조기 진단방법'을 보면 대장암 유무를 판단하기 위해서 위내시경이라는 기법을, 폐암 유무를 판단하기 위해서는 흉부X-선 검사 등을 활용하는 것을 알 수 있다.

환자에게 정기검진이 있다면 기업에는 경영진단이라는 것이 존재한다. 국내 대기업들은 대부분 정기적으로 경영진단을 수행한다. 정기 종합검진과 마찬가지로 경영진단의 범위는 매우 포괄적이다. 영역별로 경영의 핵심 포인트를 잡아서 그 건전성을 진단한다. 흔히 KPI로 알려진 주요성과지표의 값을 산업평균, 벤치마킹 대상 기업 등과 비교함으로써 해당 회사의 경영수준을 계량적으로 진단하고 이에 대한 처방을 내리는 방식이다. 이런 정기검진의 주된 목적은 표준화된 검사항목에 대해 이상이 있는지를 판단하는 것이다. 특정 질병을 찾아내기 위한 정밀진단과는 구별된다.

마지막 방식은 종합검진을 통해 이상소견이 나오거나 의사가 추가검진에 대한 소견을 냈을 때 진행되는 정밀진단이다. 이 외에도 특별한 이상은 없으나 환자가 지속적인 고통을 호소할 경우에도 이루어진다. 이때는 MRI 등 정기검진에서 사용되지 않는 검진기법이 동원된다.

기업에도 정밀진단에 해당하는 검진법이 존재한다. 자체 경영진단을 통해 특정 영역에 문제가 있다는 것은 파악했으나, 그 원인과 개선방안을 찾아내기 위해 별도의 전담 TF를 구성하는 경우가 그것이다.

정기 건강검진을 통해서 개인의 치명적 질병을 예방하듯 기업을 경영할 때도 정기적으로 진단을 통해 기업의 건전성을 확보해야 한다. 이는 기업의 지속가능성을 확보하기 위한 최소한의 제도적 장치라고 할 수 있다.

■■■■우리 회사의 분석 경쟁력, 어떻게 진단할까

　그렇다면 기업의 분석경쟁력에 대한 진단은 어떻게 진행될까. 분석경쟁력 평가는 기업 내에서 이루어지는 다양한 의사결정을 중심에 두고 이루어진다. 의사결정 과정이 얼마나 건강한지, 즉 주요한 경영변수에 대한 변화를 얼마나 빨리 감지하고 적시에 대응하고 있는지를 살펴보는 것이 목적이다.

　대부분의 기업들이 많은 이슈에 대해서 반복적으로 의사결정을 한다. 그러나 이를 표준화하지 못해 많은 시간과 인력을 낭비하고 있는 것이 현실이다. 의사결정 과정에서 원인을 분석하고 대안을 선택하는 데 필요한 정보를 산출하기까지 걸리는 시간인 '리드 타임'을 효율적으로 사용하는 것은 분석능력의 핵심이라고 할 수 있다.

　우리나라의 기업들은 기업 내 구현된 경영정보 시스템이 의사결정이 아닌 기능이나 주제영역별로 분류되어 막대한 리드 타임을 필요로 할 수밖에 없는 구조를 갖췄다. 리드 타임을 최소화하고 분석능력을 키우기 위해 기업이 진단해봐야 할 것들에 대해 살펴보자. 앞에서 언급했던 기업 신경계의 틀을 기반으로 총 세 가지 영역으로 진단하고자 한다.

　먼저 정보기반 영역이다. 정보기반 영역 진단의 핵심은 정보 활용 분석을 위한 기본을 얼마나 충실히 갖췄는지, 그리고 비부가가치적인 업무의 비율을 최소화하고 보다 '똑똑하게' 일하고 있는지를 점검하는 것이다. 이를 위해서는 먼저 기준정보의 정비수준을 진단해야 한다. 데이터의 중복뿐 아니라 기준정보 관리시스템의 수준을 점검한다. 이어서 결산관리 수준의 진단이 이루어진다. 월차결산과 연차결산을 완료해 경영진에게 보고하기까지 걸리는 시간을 점검하고 평균과 최고 수준의 수치를 집계한다. 이 과정에서 결산을 진행할 때 병목현상이 일어나는 주요지점을 살펴보고 결산의 품질에 대해 평가한다.

정보기반 영역에 심각한 문제가 있을 경우, 의사결정을 지원하기 위한 다양한 시스템을 도입하는 것 자체가 무의미하다. 기업의 자원을 낭비하는 셈이다. 때문에 가장 먼저 철저하게 점검하고 살펴봐야 하는 영역이다.

두 번째 진단은 경영정보 영역에서 이루어진다. 적시에 의사결정을 내리기 위해서는 기업 내외부의 각종 정보를 필요로 한다. 의사결정에 필요한 정보의 신뢰도는 경영정보 영역의 전사와 각 부문의 Plan-Do-See 프로세스에 축적된 정보의 품질에 좌우된다. 각 세부영역의 진단 핵심은 다음과 같다.

- 고객가치 모니터링 : 전사적으로 통일된 고객세분화가 존재하는지를 파악하는 것이다. 여기에서 한 걸음 더 나아가 고객의 니즈를 파악하는 도구가 존재하는지도 점검해야 한다.
- 경영계획 : 프로세스가 고객중심의 전략수립을 지원하는지를 살펴본다. 지원과정 역시 전사적으로 합의해 작동하는지, 수정 및 실행을 진행할 때는 어떠한 후속조치가 이루어지는가도 꼼꼼하게 확인하는 것이 좋다.
- 예산관리 : 예산편성의 근거가 물량과 가격으로 분해되어 있는지(예산편성 근거관리), 예산이 경영계획 및 성과관리와 통합되어 있는지를 점검한다.
- 리스크 관리 : 리스크 정보가 기업에서 발생할 가능성이 있는 위험을 바탕으로 하는지, 관련정보가 충분히 제공되고 있는지를 확인한다.

- 원가관리 : 영업현장이나 생산현장의 원가절감활동에 필요한 원가정보가 적절히 제공되며 이를 바탕으로 정확한 수치가 산출되는지를 점검한다.
- 조직별 손익 : 조직별 성과기여도를 평가하기 위한 정보뿐만 아니라, 조직 간 시너지를 높이기 위한 사내거래 정보가 산출되고 제공되고 있는지를 점검한다.
- 수익성분석 : 고객별, 제품별, 채널별 수익성 정보가 산출되어, 전략수립에 활용이 되고 있는지를 점검한다.

마지막으로 적시 의사결정 영역에 대한 진단은 다음과 같이 크게 다섯 가지로 이루어져 있다.

첫째, 기업 내 주요 의사결정 사항이 미리 정의되어 있는가를 진단한다. 우리나라 기업의 주요 의사결정에 대한 지적수준이 어느 정도일까? 진단결과를 점수화하면 놀랍게도 대부분의 기업이 0점에 가까울 정도로 저조한 수준을 드러낸다. 매번 반복적으로 내리는 의사결정조차도 표준화하지 못하는 것이다.

둘째, 의사결정 필요상황이 정의되었는지를 진단한다. 실제로 기업을 운영할 때는 개별지표를 모니터링한다. 하지만 지표가 나타내는 실적이나 예측치가 좋지 않을 때 필요한 의사결정까지 연계해 관리하는 기업은 거의 없다. 의사결정이 필요한 상황을 진단하고, 결정지표가 부진할 때 적절한 의사결정을 선택하는지를 점검할 수 있다.

셋째, 의사결정 과정에서 사전에 준비된 정보를 얼마나 많이 활용하고 있는지를 진단한다. 경영정보 시스템이 구축된 기업들의 실무자들이 갖는 대표적인 불만사항은 "정형이니 비정형이니 구축된 정보는 많지만 정작 내가 의사결정을 하는데 필요한 정보가 어디에 있는지는 모르겠다"는 것이다. 진단을 통해 실제 의사결정 과정에서 겪는 불편사항을 정의하고 이에 대한 해결방안까지도 마련하는 것이 세 번째 진단항목이다.

넷째, 대안의 사전준비 정도를 진단한다. 이에 대해서는 오해의 여지가 있다. 기업의 의사결정 과정에서 대안은 상황에 따라 다를 수 있기 때문에 정형화해 사전등록 할 수 없다는 것이 담당자들의 시각이다. 그러나 전략대안과 실행과제를 명확히 구분하면 사전등록이 가능하다.

예를 들어보자. 회원을 자산으로 영업(통신사, 카드사 등)을 하는 업종의 경우 적자회원이 발생했을 때 취할 수 있는 대안은 흑자회원 전환을 위한 판촉, 역마케팅, 모니터링 등으로 구분할 수 있다. 실행과제는 각각의 전략대안을 실행하기 위한 구체적인 과제로서, 이는 상황에 따라 여러 가지 형태를 취할 수 있다. 진단을 통해 기업 내 존재하는 대안을 유형화하고 사전준비를 위해 필요한 요건을 정의한다.

다섯째, 실행과제의 사후관리 수준을 진단한다. 기업은 실패를 두려워하지 않아야 한다. 하지만 동일한 실패를 반복하는 것은 두려워해야 한다. 동일한 실패를 반복하지 않기 위해서는 실패한 과제의 원인을 분석하고 개선하는 노력이 필요하다. 동시에 이를 공유하는 것도 중요하다. 기업이 수행한 실행과제가 관리되고 있는지, 특히 실패 원인뿐 아니라 성공의 원인까지 파악해 전사에 공유하고 있는지를 진단한다.

마지막으로 의사결정이 기업 입장에서의 이슈를 넘어 고객과 주주의 입장도 고려하고 있는지를 판단한다. 만약 기업의 의사결정이 고객가치 및 주주가치 체계를 고려하지 않고 이루어지더라도 이러한 지표들(고객만족도,

EVA)의 수준을 진단해야 한다. 또한 해당지표가 의사결정 프로세스에 통합된 정도를 진단해 향후 의사결정체계가 고객가치 및 주주가치 측면에서 균형 있게 수행될 수 있도록 한다.

결국 일을 하는 것은
사람과 조직이다

경영 분석전문가 조직을 만들어라

인류가 어떤 계기로 위험을 무릅쓰고 말을 탔는지는 모르겠다. 하지만 그 행위는 전쟁의 법칙을 완전히 바꿔 버렸다. 인간이 말 타는 법을 발견한 것은 기원전 2000년경이다. 이후 중앙아시아와 페르시아, 아프가니스탄 일대에 살고 있던 부족이 본격적으로 말을 타기 시작했다. 서구에서는 그들을 스키타이Scythian라 불렀다. 이는 하나의 자연현상으로 나타난 새롭고 가공할만한 존재를 가리키는 집합명사다. 스키타이족은 승마기술을 모르던 사람들에게 공포의 대상이었다. 그들을 본 그리스인들은 말과 기수가 하나라고 믿을 정도였다. 고대 그리스 신화에 등장하는 반인반마半人半馬의 괴물 켄타우로스Centauros의 전설도 여기서 태어났다. 그들의 상상력이 낳은 또 다른 반인반수半人半獸의 하급신 사티로스Satyros 역시 신체의 일부가 원래 염소가 아닌 말이었다고 한다.

말을 타는 사람들은 인간 이상의 존재로 보였다. 그들은 다른 사람들의 머리 위로 우뚝 솟아 있었고 엄청난 힘을 자랑했다. 마치 이 세상의 살아 있는 모든 것들을 제압하는 것처럼 보였다. 걷고 뛰는 것이 전부였던 사람이 말을 탄다는 것은 인간이 가진 능력 이상을 뜻했고, 이는 모든 피조물 위에 군림하는 상징적 행위였다.

잉카제국을 정복한 프란시스코 피사로가 이끌던 스페인 기마병들이 1532년 한 번도 말을 본 적이 없는 잉카군 앞에 나타났을 때 자아낸 공포심은 상상을 초월할 정도였다.

고대 인류에게 말을 타는 행위가 경외심을 자아내는 두려움의 대상이었다면, 정보화 사회를 살아가는 현대인이 동경할 만한 것은 무엇일까? 인간과 컴퓨터가 결합된 반인반컴과 같은 것일까? 이런 상상을 펼치다 보면 유쾌함보다는 오히려 기괴함이 느껴지지만 IT로 중무장한 현대사회를 살아가는 기업이 요구하는 인재는 크게 변한 것이 사실이다. 이렇다 보니 기업에 도움이 되고 스스로도 성장할 수 있는 멀티 스페셜리스트의 조건이 무엇인지 궁금함을 참을 수 없다.

■■■■비즈니스와 IT를 넘나드는 기업의 혁신 인재

최근 기업의 행보를 보면 경쟁력을 높이기 위한 각종 TF Task Force를 만들어 업무혁신을 추진하는 것을 알 수 있다. 이들은 대부분 기업 내 IT를 구현해 일상적이고 지속적인 변화를 꾀한다. 이 과정에서 뜻하지 않게 가치 있는 보물을 발견하기도 하는데, 바로 혁신활동을 통해 양성된 인재다. 이들의 특징은 비즈니스와 정보기술 모두에 능통하다는 것이다. 인간의 영민

함과 말의 기동력이 결합된 스키타이족과 같이 기업의 비즈니스 이슈와 첨단정보 시스템 모두에 정통해 양손의 무기를 자유자재로 쓸 줄 아는 융합형 인재다.

기업이 TF활동을 진행하기 전까지만 해도 현업 출신 직원은 현업 업무에만, IT분야의 직원은 정보시스템에만 관심을 두었다. 서로의 영역에는 무관심했던 것이다. 하지만 기존의 업무형식을 대대적으로 뒤집는 혁신을 진행하면서 변화가 생겼다. 기업의 정보시스템을 통합하고 새로운 분야의 데이터를 구축하는 과정에서 기존 업무와 정보기술을 통섭consilience하는 전문가로 거듭나기 시작했다.

너무도 안타까운 것은 훌륭한 인재들을 기업이 적극적으로 활용하지 못하고 있다는 사실이다. 기업이 TF를 구성할 때는 각 분야 최고의 인재를 차출한다. 때로는 많은 비용을 들여 투입한 컨설턴트와 함께 프로젝트를 진행하면서 전문적인 역량을 키운 직원들은 임무가 끝나면 기존 업무로 복귀한다. 인재를 적재적소에 활용할 기회를 스스로 버리는 것이다. 긴 프로젝트에 지쳐 일상적이고 편한 업무를 보고 싶다는 마음과 이대로 TF에 계속 남아 있으면 조직 내에서 자리 잡지 못하는 것은 아닌가 하는 불안감에 현업부서로의 복귀를 희망하는 것이다. 그 결과 귀중하게 만들어진 역량과 인재는 다시 일상적인 업무 속으로 묻혀버리고 만다. 이들에게 새로운 역할과 비전의 제시가 필요한 이유가 바로 이것이다.

우리는 주식투자를 할 때 증권사의 애널리스트가 제공하는 기업 및 시장정보를 참고한다. 기업에서도 이런 애널리스트와 같은 분석업무를 수행하는 정보분석 전문가를 조직할 필요가 있다. 대부분의 기업이 경영관리실 혹은 기획실에 이러한 역할을 일임한다. 하지만 이들은 지나치게 비즈니스 측면에서 분석을 실행하기 때문에 한쪽으로 치우친다는 한계가 있다. 기업이 방대하게 쌓아온 정보자산을 활용하는 역량이 제한적인 것이다. 위와 같은 한계점을 극복하기 위해 기업 내 경영분석 전문가 조직은 비즈니스와 IT 사이에서 적절하게 연결자 역할을 이행해야 한다. 따라서 시스템 프로젝트가 완료되면 TF로 참여했던 인력들을 기존 부서로 돌려보내기보다는 경영분석 전문가 조직으로 전환해 그들의 전문성을 지속적으로 활용하는 것이 좋은 대안이 될 수 있다.

■■■■분석전문가 조직을 키워라

L사는 최근 분석전문가로 구성된 별도의 조직을 출범시켰다. 업무혁신센터 산하에 비즈니스 인텔리전스 분석가 조직인 '정보분석센터center of excellence'를 신설했다. 이들을 기반으로 수많은 데이터를 다양한 방식으로 활용·분석해 경쟁력을 높일 수 있는 대안을 마련하는 것이 핵심과제다. COE 조직은 각 부서에 분산돼 있던 분석, 통계 전문가로 구성되어 있다. 여기에 지속적으로 분석전문가를 충원해 조직을 확대해나갈 예정이다.

이 조직에서 담당하는 업무는 제품가격 모델링, 생산불량 및 이물 관리, 적정재고 유지 등이 주를 이룬다. 예를 들어 제품생산 시 이물과 불량을 줄이기 위한 변수분석 등을 통해 시간당 생산량과 수율을 높일 수 있는 방안을 찾는다. 과제별 프로젝트는 현업 담당자와 COE 담당자가 머리를 맞대고 함께 진행한다. 또한 현업부서를 대상으로 설문조사 등을 통해 분석 작업이 필요한 우선순위 과제를 조사하고 있으며 과제에 따라 COE 전문

인력과 현업부서의 전문가들이 협업하는 방식으로 프로젝트를 진행한다.

다른 사례도 있다. C사는 현장에서 활용할 수 있는 전략적인 시나리오 작성에 중점을 두고 있다. 재무관리 프로젝트 결과 탄생한 경영정보시스템의 정보를 어떻게 현장에서 활용할 수 있는가를 고민하고 이를 시나리오로 체계화하는 작업을 한다. 통계학적 기법에 의한 분석보다 이해하기 쉽고 현장에서 활용이 가능한 시나리오를 개발하는 것을 목표로 한다.

재무관리 시스템에서 제공되는 상품의 손익정보를 이용해 새로운 상품의 수익성 정보 및 비재무정보를 종합적으로 검토거나 상품판매 강화와 취소 등을 결정하는 시나리오를 사전에 구성하는 방식이다. 시나리오는 지속적으로 분석전문가들이 주도해 개발하며 시나리오의 가설은 데이터를 기반으로 검증해 발견된 이슈에 대해서는 현업과 논의한 뒤 개선과제를 도출한다. 분석전문가들은 재무관리 프로젝트를 수행했던 핵심 멤버로 구성해 시스템을 설계한다. 이들이 지속적으로 업무를 수행할 수 있도록 시스템을 구축하는 사람과 활용을 고민하는 사람이 분리되지 않도록 구성하는 것이 특징이다.

P사는 분석전문가 조직의 역량을 강화하기 위해 업무를 분업화하고 더욱 정교한 분석을 진행한다. 이들의 특징은 우선 다른 기업의 전문가 조직과 달리 상당한 규모를 갖추고 있는 것이다. 본사와 해외법인의 정보 관리를 위해 정보관리센터Information Management Center : IMC라는 조직을 구성해 운영한다. IMC는 ERP 도입 이후 장기간 경영정보의 활용을 높이기 위해 지속적으로 노력하고 있다. 또한 시스템 개발 및 운영 그룹, 데이터 생성그룹, 분석전문가 그룹, 정보제공 그룹으로 분업화해 그룹별 업무를 전문적으로 수행한다.

시스템개발 및 운영 그룹은 IT전문가들로 구성된 팀으로 적은 인력으로 전세계 법인을 지원하는 업무를 수행한다. 데이터 생성 그룹은 법인과 본사의 업무 요건을 통합하고 시스템 설계를 담당하는 조직이다. 이들의 역할은 시스템 활용도를 법인 평가에 반영하는 등 시스템 활용을 제고하는 기준을 마련하는 것이다. 분석전문가 그룹은 마케팅 비용을 분석하여 해외 법인이 효과적으로 마케팅 활동을 수행할 수 있도록 지원하는 등 경영정보 시스템에서 제공하는 데이터를 전문적으로 분석하는 조직이다. 정보제공 그룹은 경영정보 시스템 교육 등 현지인들의 매뉴얼 생성을 통해 인력이 교체될 때마다 업무 인수인계가 잘 이루어지도록 관리하는 조직이다.

정보분석 전문가 조직을 세운 세 기업의 사례를 통해 얻을 수 있는 교훈은 전문성을 보유한 '사람과 조직'을 어떻게 육성하는가에 따라 문제해결의 성패가 결정된다는 것이다. 아무리 잘 만든 시스템과 표준화된 프로세스를 갖췄다 하더라도 이를 책임 있게 유지하고 발전시켜나갈 '사람'의 힘이 없다면 소용없기 때문이다. 이 책은 지금까지 어떻게 하면 정보를 잘 활용해 성과를 낼 것인가에 대해서 많은 사례와 방법을 제시했다. 그렇지만 결국 가장 중요한 것은 '사람'이다. 그리고 그들이 시스템에 대한 관리방식을 구축해 가장 효과적으로 활용할 수 있는 조직의 문제를 해결해야 한다.

이제 기업의 미래는 그들이 키워내는 정보분석 전문가에 달렸다. 이들에게 지속적이고 체계적인 훈련을 실시해 이론과 실무의 융합이 이루어지도록 관리해야 한다. 그것이 기업의 역할이며 생존하기 위한 열쇠다. 현장에서 떨어지는 개선과제와 리스크를 해결하는 것도 중요하지만 무엇보다 사람을 키우는 것을 최우선에 두자. 문제를 해결하는 것 역시 조직이 키워낸 인재들의 몫이다.

집요한 분석으로
성공체험을 만들고 확산하라

지속적인 성과창출을 위한 상시 개선체계

최고 120년까지 쉬지 않고 일을 할 수 있는 신비한 기관이 있다. 우리 몸의 혈액의 20분의 1을 소비하지만 무게는 체중의 200분의 1도 되지 않는 곳, 바로 인체의 엔진인 심장이다.

심장은 일생동안 쉬지 않고 스스로 움직이는 펌프 역할을 한다. 규칙적으로 수축과 이완을 반복함으로써 혈액을 전신으로 흘려보낸다. 심장이 수축할 때는 산소가 풍부한 혈액이 대동맥으로 뿜어져 나와 우리 몸 구석구석까지 퍼진다. 반대로 심장이 이완할 때는 이산화탄소와 노폐물을 동반한 혈액이 심장으로 다시 돌아온다. 매일 10만 번 이상의 펌프질을 하고 7,000리터 이상의 혈액을 온몸에 순환시킨다. 덕분에 신체조직에 산소와 영양소를 공급해 생명을 유지할 수 있도록 돕는다.

기업에도 심장과 동일한 역할을 수행하는 조직이 필요하다. 일선 조직에서는 아무래도 '숫자'를 기반으로 분석하는 전문성이 떨어지기 마련이다.

우리 몸에 쌓인 노폐물을 제거하고 그곳에 깨끗한 혈액을 흘려보내지 않으면 인체기관이 괴사하듯이, 기업에도 비효율과 리스크를 제거할 수 있는 정보가 흐르지 못하면 각 조직의 비효율을 제거하는 것이 어려워진다.

■■■■정보분석과 활용으로 끊임없는 성과를 달성하라

정보의 분석과 활용을 기반으로 실질적인 성과를 창출하는 메커니즘이 일회성에 그치지 않으려면 조직의 구석구석에 성과창출의 새로운 활력을 지속적으로 불어넣어야 한다. 끝없는 성과달성을 위한 상시개선 체계는 총 3단계를 거쳐 완성된다.

1단계는 정보분석을 통해 성과를 개선할 기회를 찾아내는 것이다. 기업 내 분석전문가가 추출한 정보를 활용해 성과를 개선하기 위한 방법을 고민하는 데서 출발한다. 이때는 현장의 직관에 의지하는 것보다 명확한 기준, 즉 숫자에 의한 분석에 집중하는 것이 좋다. 새로운 수익창출이 가능한 전략이나 비용을 절감할 수 있는 프로세스 개선기회 등을 발굴해 얻을 수 있는 수익의 규모를 추정한다.

2단계는 개선기회를 담당부서와 검증한 뒤 실행하는 것이다. 과연 현실성이 있는 전략인지, 그것이 기업에 실질적으로 기여할 수 있는 규모는 어느 정도인지 분석해 성과개선의 기준으로 판단한다. 의미 있다는 결과가 도출되면 이를 과제화해 실행시킨다. 상시개선 체계의 성패 여부는 이 단계에서 결정된다고 말해도 과언이 아니다.

3단계는 실제로 얼마만큼의 성과를 거뒀는지를 측정해 보고하는 과정이다. 재무적 성과를 측정하고 과제가 지속적으로 수행되도록 모니터링하는 단계라 볼 수 있다. 2단계가 성공적으로 마무리될 경우 3단계 역시 상대적으로 수월하게 진행할 수 있다.

사례를 들어 진행과정을 좀 더 쉽게 설명해보자.

어느 기업에서 고객, 제품, 지역 등 다양한 차원으로 손익을 산출하는 동시에 기존에 가지고 있던 고객분류 등급으로 고객의 규모 및 추이를 확인할 수 있는 다차원 수익성분석 시스템을 개발했다고 하자. 그런데 정보분석 전문가들의 분석 결과, 과거에 물량 중심으로 데이터를 구분한 고객들의 등급에 문제가 있다는 것이 드러났다. 그들의 제품을 많이 소비할수록 기업에 손해를 안겨주는 고객이 있는데 기존의 시스템에서 VIP로 관리된 것이다. 더 큰 문제는 진정한 VIP에게 부여했다면 좋았을 혜택마저 잘못된 고객에게 돌아갔다는 사실이다. 1단계에서 이야기하는 성과개선의 기회를 발견한 것이다.

문제가 밝혀진 다음에는 기업의 마케팅 전략을 변경하고 실제로 잘못된 관행이 되풀이 되지 않도록 관리하는 것이 중요하다. 하지만 변화를 일으킨다는 것이 결코 쉽지만은 않다. 기업을 구성하는 조직들의 업무관성은 쉽게 변하지 않기 때문이다. 아무리 분석전문가들이 우수고객에게 돌아가야 할 혜택을 엉뚱한 고객이 차지하고 있음을 밝혀도, 최근에 출시한 제품이 사실은 기업의 손실을 증가하고 있다는 사실을 분석해도, 기업은 다음 행동을 개시하지 않는다. 그들이 지금까지 일을 진행해온 과정이 곧 기업의 상식이라는 관성으로 변한 탓에 변화를 두려워하는 탓이다.

기업은 많이 소비하는 고객이 우리의 우수고객이라는 생각을 무너뜨리지 않으려 한다. 상품이 팔리는데 그것이 기업에 적자로 돌아올 리 없다고 믿는다. 한마디로 위기의식을 느끼지 못한다. 특히 문제가 기업의 손익계산서까지 영향을 미치지 않는 한 상황의 심각성을 쉽사리 받아들이려 하지 않는 경향이 강하다. 그렇기 때문에 분석전문가 그룹의 미션은 단순히 사실을 밝혀내는 업무가 아니라 지속적으로 현장이 바뀌도록 관리하는 업무도 함께 이루어져야 한다. 현장이 성공을 체험하게 되면 새로운 개념으로 정의된 기준에 따라 고객을 재분류하려는 움직임을 보일 것이다. 이러한 문제들을 시스템으로 항시 모니터링할 수 있는 환경을 만들어주는 것은 다음 단계에서 풀어야 할 과제다.

■■■■지속적인 성과 개선의 주체

분석에 기초한 지속적인 성과개선을 중앙부서를 중심으로 진행해야만 할까? 현재 이에 대해서는 찬반양론이 뜨겁게 벌어지고 있다. 앞의 사례에서는 심장이라는 예시에서도 알 수 있듯이 중앙부서 중심으로 성과개선을 주도하고 있다.

현장중심의 분석 및 성과개선을 옹호하는 입장은 이러하다. 현장부서가 스스로 혁신을 할 수 있다는 신뢰와 정보의 비대칭성에 의해 현장이 성과개선에 필요한 자료를 대다수 소유하고 있다는 것이다.

과거의 식스 시그마가 대표적인 사례다. 통계를 무기로 정보를 분석하고 스스로 혁신하는 모습을 지향했다. 기업은 중앙에 식스 시그마 사무국을 구성했지만 아이디어 구체화와 실행은 현장의 몫으로 남겨두었다.

현장중심 성과개선의 장점은 한 번에 여러 가지 성과개선을 통해 대규모

혁신을 창출한다는 것이다. 그러나 과제가 실제로 성과를 창출하고 그에 대한 검증을 거쳐 성과개선이라는 지속적인 선순환이 이루어졌는지에 대해서는 의문을 제기할 수 있다. 여기서 지속적인 선순환이란 분석전문가 조직에 의해 계속해서 정보를 활용하는 방식이 업그레이드되고 더불어 정보제공 조직(IT부서와 같은)이 시스템을 발전시켜 또 다시 새로운 정보를 활용하는 과정이 전사적으로 전파되는 구조를 말한다. 이에 그치지 않고 기업의 각 부분의 경영 이슈까지 끄집어내 정보분석을 통한 개선과 해결안을 만들어내는 과정이 일상적으로 실행되어야 한다.

현장중심의 성과개선 방식은 다수의 과제가 동시에 실행된 탓에 모두 추상적이고 불분명한 결과만 가져왔다. 또한 성과개선이란 업무는 기업이 존재하는 한 영원한 테마임에도 단기적 개선업무가 종료된 뒤에는 추가 개선에 대한 추진력을 상실했다.

이와 달리 중앙부서 중심의 분석을 바탕으로 한 성과개선을 옹호하는 입장은 다음과 같다. 중앙부서에 잘 갖춰진 시스템이 있고 하나의 이슈에 대해 집중적으로 분석을 하고 나면 현장부서와의 정보의 비대칭을 줄일 수 있다는 것이다. 또한 정보분석을 통해 이슈를 제기하고 현업과 대안을 함께 만들며 실행 가능하도록 꾸준히 모니터링하고 성과창출의 지속적 선순환 구조 유지가 가능하다. 여기에 성과분석 조직을 상설화해 정규조직으로 인정받아야 하는 당위성을 제시할 수 있다.

중앙부서 중심의 성과개선이 힘을 얻는 또 하나의 이유는 기업 내 다양한 부서의 이해관계를 조정하는 주체가 있어야 한다는 것이다. 현대 기업의 조직은 프로세스에 따라 구성돼 분업화가 훌륭하다. 따라서 정보를 분석하더라도 문제의 원인이 다양한 부문에서 발견되는 경우가 많다.

예를 들어 금융상품 손익이 적자를 기록할 경우, 그 원인은 잘못된 상품 설계와 고객을 유치하는 조직의 비효율, 잘못된 마케팅 전략 등 다양한 부분에 걸쳐 존재한다. 이는 하나의 원인으로 결정할 수 없는 문제이며 개별 조직의 힘만으로는 정확한 해결이 어렵다. 이런 경우 대체로 각 조직마다 자기 부서의 잘못은 은폐하고 타 부서의 책임으로 돌리는 경우가 많다. 개별조직에 해결을 위임하는 경우 근본적인 원인 파악조차 진행되지 못할 가능성이 존재하는 것이다.

현장중심과 중앙부서 중심 모두 각각의 장단점이 존재한다. 기업은 두 방식이 제시한 해결책의 이점만을 뽑아내고 그것을 기업 환경에 맞게 융합하는 방법을 고민해야 한다. 이때는 단계적으로 접근해 성과창출을 위한 최적의 대안을 제시하는 것이 중요하다.

부록

CIC를 위한 정보 활용 및 분석 트레이닝

Level I	1	Problem Solving Technique	
	1-1	IBPS (Issue Based Problem Solving)	문제를 정의하고 해결책을 제시할 때 가설 중심적, 분석적으로 접근하여 효율을 높임
	1-2	7 Step Problem Solving	문제, 원인, 해결책을 구조적으로 접근하고 연역적 사고를 하며 로직 트리를 사용
	1-3	The Guide PwC Problem Technique	PwC 문제해결 방법론에 따라 체계적이고 효율적으로 문제를 해결하는 훈련
	1-4	Case Study	실제 비즈니스 사례를 연구하여 문제해결에 대해 연구함

Level II	2	External Process Analysis	
	2-1	Customer Segmentation	고객 세분화로 타깃 마케팅 또는 상품개발에 적용
	2-2	Conversion Waterfall	고객이 상품구매를 위해 거치는 의사결정단계를 분석하여 자사의 강약점을 분석
	2-3	Customer Satisfaction Analysis	고객의 의사결정에 영향을 주는 요소를 식별하고 관리 여부를 분석
	2-4	Competitor Cost Structure	경쟁사의 비용발생 구조를 파악해 수익성 및 경쟁력을 강화
	2-5	Customer Experience map	고객에게 '경험'이라는 정서적인 유대감을 만들어주고 충성고객 확보
	2-6	Elasticity Analysis	상품의 가격이 변동할 때 수요가 변화하는 정도를 분석해 가격정책 수립
	2-7	Persona	고객을 정성적으로 관찰해 라이프스타일과 목표를 분석해 상품 및 마케팅 통찰력을 도출
	2-8	Industry Life Cycle	특정산업의 라이프사이클을 단계별로 분석하여 적절한 전략을 수립
	2-9	Value Chain Analysis	제품이 완성되는 과정을 부가가치가 이뤄지는 공정 및 활동 별로 세분화
	2-10	Market Share Analysis	해당 산업군 내에서 어떠한 위치를 차지하고 있는지, 경쟁구도를 분석
	2-11	Value Map	하나의 테이블에 두 개의 핵심적인 데이터 집합을 시각적으로 보여주어 직관적으로 이해
	2-12	Industry Map Analysis	해당 시장의 상황 및 원동력, 이해관계자 등 에 대하여 큰 흐름을 분석
	2-13	Multiple Regression Analysis	수요, 공급과 같은 종속변수와 독립변수간의 관계를 통계적으로 분석
	2-14	Conjoint Analysis	고객의 선호 및 인지 가치로 볼 때 특정 상품에 대해 지불할 의사를 측정
	2-15	Price Optimization	기업의 전략적 목표와 수익을 고려한 최적 가격결정 기법

3	Internal Process Analysis	
3-1	Spend Analysis	비용을 카테고리별로 세분화하여 비용절감 과제를 발굴하고 우선순위를 도출
3-2	Financial Analysis	재무제표 활용으로 당사의 재무적 안정성을 평가
3-3	Activity Based Accounting	회계제도 전반에서 활동을 주된 관리대상으로 하여 분석
3-4	Future Value Analysis	미래가치를 기준으로 현재 경영활동의 결과를 분석하고 타당성을 검증함
3-5	Process Map	상품 혹은 서비스가 완성되기까지 주된 일련의 공정 과정을 도식화함
3-6	Yield Analysis	생산성을 분석하여 원가절감 및 생산계획에 활용
3-7	Multiple Regression Analysis	내부 프로세스에 영향을 미치는 다수의 독립변수가 있을 경우 종합적으로 통계분석함
3-8	Probit and Logit Model	고객 상품구매의 의사결정 분석을 통한 시장점유율과 가격 및 상품특성 간의 관계를 예측
3-9	S-Curve	어떤 기술을 기반으로 기업의 미래전략을 수립하고, 언제 신기술을 채용할 것인지 분석
3-10	Least Square CAGR	End-point CAGR 대비 데이터의 변동폭이 큰 장기간의 성장률을 정확하게 계산함
3-11	BCG Matrix	포트폴리오 관점에서 각 비즈니스 간 전사 자원배분의 의사결정을 분석
3-12	Parenting Advantage	기업의 사업다각화를 기업-사업 간 관계에서 생성되는 가치에 초점을 맞춰 분석

Level II

4	Decision-making Process Analysis	
4-1	VDT (Value Driver Tree)	전사 가치동인체계를 규명하고, 각 기능영역별로 산재한 정보를 통합하여 재배치함
4-2	Sensitivity Analysis	사업에 영향을 미치는 주요변수를 파악하고 환경변화에 따른 사업성 변동폭을 측정

Level III

5	Industry-specific Analysis	
5-1	금융 산업	고객별 손익 분석, 변액보험 리스크 헷징, 고객별 신용도 분석
5-2	제조 산업	견적원가 시뮬레이션, 사업계획 손익시뮬레이션 등
5-3	유통(할인, 면세점) 산업	매장 배치 최적화, 자금수지 추정, 일/월별 손익 분석 등
5-4	수주(건설, 중공업) 산업	중장기 재무제표 예측 및 시뮬레이션 모델 등
5-5	항공, 물류 산업	잠재 경로 분석을 통한 수익률 극대화 등

1. 이슈 기반 문제해결 Issue Based Problem Solving

기업에 문제가 발생했을 때, 가설중심적이고 분석적인 접근법을 활용해 '문제의 정의·이슈 도출·분석·통찰력 발굴·전달'로 이어지는 단계로 문제를 해결하는 방식. 각 단계별로 실행 가능한 해결법을 도출하는 데 초점을 맞춘 PwC 고유의 문제해결 방법론이다. 자동차 생산 및 판매 사업을 하는 A사의 사례를 통해 구체적으로 살펴보자.

1단계 : 문제의 정의

해결하고자 하는 문제를 기업의 가치와 결부해 하나의 문장으로 문제점을 기술하는 과정이다. 기업 여건, 환경, 리스크 등 제반정보를 수집해 문제의 영역을 살펴본 다음 문제를 가장 잘 표현하는 주요 문장을 도출한다.

이는 구체적이고 실행 가능하며, 기업의 가치증대와 제약조건 등이 분명히 드러나는 하나의 문장이어야 한다. 도출된 문장은 담당 조직의 동의를 구한 뒤 진행하는 것이 효율적이며 안정적이다.

약 3,600억 달러의 매출 규모를 가진 A사는 글로벌 금융위기로 인해 자동차 산업의 규모가 세계적으로 축소되면서 수익성이 급격히 하락했다. 상황을 개선하기 위해 판가인하를 통한 매출증가와 제조공정 프로세스 개선으로 원가를 절감하고자 했다.

| 문제영역 예시 |

- 경기 안정으로 자동차 시장이 조금씩 예전의 규모로 돌아가고 있다. 그럼에도 A사의 시장점유율은 점차 하락하고 있다.

- A사의 수익성은 비용 상승과 판매부진에 따른 재고 증가로 저하되고 있다.
- 최근 A사는 이사회에서 턴어라운드(기업회생)를 위해 새로운 CEO를 선출했다.
- A사에서 생산되는 제품이 고객의 니즈를 충족시키지 못한다는 평가를 받으며 고객만족도 역시 떨어지고 있다.
- 판관비와 제조원가 및 단위원가가 지속적으로 상승하는 중이다.
- 신규 생산공장에 대한 투자수익이 투자금액을 초과하지 못하고 있다.

| 문제의 정의 |

향후 3년 이내에 이익을 15% 이상 상승시킬 수 있는 방법은 무엇인가?

| 문제해결 |

시장의 내·외부 환경분석(업종 동향, 소비자 동향, 향후 경기전망, 경쟁사 동향 등)과 주요 이해관계자 및 기업의 가치동인을 파악한다.

2단계 : 이슈 도출

1단계에서 정의한 문제에 근거해 증명 또는 반증이 가능한 가설을 수립한 뒤, 이슈트리issue tree를 구성한다. 모든 이슈트리는 '문제의 정의'에서 출발한다. 기업의 가치동인에 부합하는 이슈들을 선정해 중복이나 누락 없이 구성한다. 이슈는 문제와 관련된 키워드와 가설을 그룹화하거나 평준화해 서브 이슈트리와 우선순위를 결정한다.

다음은 A사의 가치를 향상시키기 위해 이익률 신장이라는 가치동인에

근거해 매출신장과 비용절감이라는 두 개의 가설을 설정한 이슈트리다.

 A사는 현재 시장점유율 하락과 원자재 가격 상승이라는 위기에 봉착했다. 또한 수익성 악화의 가장 큰 원인인 악성재고가 증가하고 있다. 이러한 상황을 타개하기 위해 새로운 CEO가 부임했지만 상황은 그리 만만치 않았다. 제품이 타깃 시장의 니즈를 충족시키지 못했고 각 자동차 브랜드마다 높은 간접비가 중복되고 있었다. 엄청난 자금을 투자한 신규 생산공장은 투자비를 회수하지 못하고 있었다. 이러한 상황을 이슈트리를 통해 분석하고 문제를 도출해 개선방법을 찾고자 했다.

 매출신장은 현재 A사가 처한 재고 증가를 해결하는 것으로 이어진다. 3년이라는 비교적 짧은 기간 안에 달성 가능한 방식을 찾아야 한다. 제품믹스 변경은 장기간에 걸쳐 수행이 가능하므로 '가격인하를 통한 매출신장'을 서브이슈로 도출한다. 동시에 이슈 실행을 위한 데이터 수집이 용이한지도 고려해본다. 비용절감은 기존의 생산과정에서 중복이 있었던 점을 우선적으로 감안한다. 관리비 절감보다 제조공정의 개선을 통한 비용절감을 도출했다.

이슈트리를 한 번 작성한 것으로는 문제해결로 이어지지 못한다. 최적의 이슈트리를 위해 다양한 관점에서 반복적으로 상황을 판단하는 노력이 필요하다.

3단계 : 분석

지금까지 도출된 이슈와 가설의 검증 및 반증을 위한 분석계획을 수립하는 과정이다. 이 과정을 위해서는 먼저 이슈의 검증에 필요한 분석항목과 데이터, 수집방식을 정의한다. 분석항목을 정의하고, 누가, 어떤 데이터를 갖고 있는지, 어떤 산출물을 언제까지 만들 것인지에 대한 계획을 수립한다. 이를 담당할 인력을 배치한 다음 작성기한 및 우선순위를 결정한다. 최종 산출물은 스토리보드 형태로 제시하는 것이 일반적이다.

A사의 기존 재고 중 '판매율이 낮은 제품의 가격인하'라는 가설을 검증하기 위해서는 A사와 경쟁사의 가격분석을 수행해야 한다. 이때 필요한 데이터는 상품별 재고현황과 판매현황, 과거 인센티브 프로그램의 효과를 입증할 수 있는 이력, 가격인하에 따른 판매율 증가가 수익성에 미치는 영향을 확인하기 위한 대상 제품의 마진율 등이다.

데이터를 수집하는 기준은 경제상황과 제품의 연관성 파악을 위해 적어도 지난 5년간의 데이터가 필요하다. 모든 자료는 데이터베이스에 근거하며, A사의 재무파트나 마케팅 부서가 보유한 것을 참조해 시간을 절감할 수 있다. 시장조사와 같은 현장 데이터가 있으면 좋지만 너무 많은 시간이 소요

				핵심업무 계획				
			문제 정의 : 향후 3년 이내에 이익률을 15% 증가시킬 수 있는 방법은 무엇일까?					
가설	필요 분석	필요 데이터	시간 범위	원천	책임자	기한	최종 산출물
판매율이 낮은 편인 기존 제품의 가격 인하	제품 가격	•제품 모델 별 가격, 판매, 재고 현황 •인센티브 프로그램 이력 •대상 제품 의 마진	최근 5년	•재무정보 •판매 및 재고정보 •담당자 인터뷰	Susan Doe	2010.05.15	•A 제품 수요 분석 차트 •A 제품 인센 티브 프로 그램에 따른 재고 예측 차트
	경쟁사 제품 가격	•경쟁사 제 품 모델별 가격, 판매, 재고현황 •인센티브 프로그램 이력 •시장점유	최근 5년	•재무정보 •판매정보	Susan Doe	2010.05.15	•시장점유율 현황표 •경쟁력 있는 가격 차트

되므로 생략한다. 여기서 중요한 것은 정의된 문제의 큰 그림을 놓치지 않으면서 문제해결의 핵심동인을 찾아내는 것이다.

최종 산출물인 스토리보드는 일목요연하게 작성한다. 스토리보드는 우리가 말하고 싶은 내용을 구조화하는 작업이다. 첫 번째 슬라이드에는 앞으로 등장할 내용을 요약해 넣는다. 두 번째 슬라이드는 프로젝트를 추진하게 된 주요 사실과 문제들을 중요하게 서술한다. 다음 슬라이드에서는 상위수준High Level의 답변을 서술한다.

A사의 경우 '단기간의 매출신장과 원가절감을 통해 3년 이내에 15% 이상의 수익률 상승을 달성한다'와 같은 형식이 가능하다. 이후 이슈별로 중요한 주장을 서술하고 그에 대한 지원 데이터를 구성한다.

이러한 구조적인 커뮤니케이션의 장점은 모든 참여자들에게 표준적인 접근방법을 제공하고 논쟁의 구조를 분명하게 잡아주어 관련 정보를 조직하는 구조적 틀을 제공하는 것이다. 최종적으로 고객에게 제공할 가치를 구현해 현재의 프로젝트 성과물을 논리적이고 명확하게 제시한다.

4단계 : 통찰력 발굴

지금까지 파악한 사실과 분석결과 등을 바탕으로 사실을 분석한다. 이때 설정한 가설 및 진행경과 등에 대한 통찰을 제공하고 기업에 가치제공을 보장하는 것이 목적이다. 설득력 있는 통찰을 위해서는 회의 및 워크숍을 통해 문제해결 과정에 대해 내부적으로 공감하고 확신하는 기회가 필요하다. 이를 위해서 전혀 다른 관점에서 문제에 접근해 사고할 필요가 있다. 유용한 방식으로는 브레인스토밍, 드 보노의 여섯 색깔 모자, 매트릭스 재구성 등이 있다. 여기서는 여섯 색깔 모자를 바탕으로 통찰력을 키우는 방법을 살펴보고자 한다.

창의적 사고와 사고기법 분야의 권위자인 에드워드 드 보노가 완성한 것으로, 신속하고 효과적으로 의사결정에 도달할 수 있도록 생각의 원리를 짚어준다. 이 방식은 모든 참석자들이 같은 방향으로 집중력을 발휘할 수 있기 때문에 효율성과 시간절약의 측면에서 문제해결에 도움이 된다.

방식은 다음과 같다. 회의 또는 워크숍에 참석한 참가자들에게 여섯 가지 각기 다른 색깔의 모자의 역할을 부여한다. 모자는 하나의 이슈를 바라보는 다양한 관점을 의미하는데, 이 특성에 따라 회의를 진행하도록 한다.

회의는 기본적으로 자유토론 방식으로 진행한다. 순서를 두고 모자를 바꿔 쓰되, 해당 모자가 지닌 특성에 맞게 구성원들이 의견을 개진하는 것

모자의 색	특성	의견제시 사례
흰색	사실적, 객관적, 중립적 사고, 정보의 전달	•재고량이 많은 제품의 가격이 인하되면 판매와 매출이 늘어 이익이 증가
초록색	창조적 사고, 새로운 아이디어, 가능성, 추가적 대안 제시	•판매경로 다양화, 고객 세분화에 따른 가격차별, 합동 브랜드 판매방안 강구
노랑색	긍정적이고 낙천적 사고, 타당성 검토	•지금 당장의 가격인하가 추후 더 큰 가격인하를 방지 •판매 확대를 통한 시장점유율 상승 및 시장장악력 제고
검정색	방어적, 신중함, 비판적 판단, 리스크에 중점	•가격인하는 곧 품질저하라는 연상작용 때문에 발생할 수 있는 브랜드 가치의 하락에 주의 •경쟁사가 가격인하에 동참할 경우 가격전쟁의 가능성 제시 •기존 상품의 브랜드 가치가 현저히 낮을 경우, 가격인하에도 불구하고 판매량 상승을 기대하기 어려울 가능성 제시
빨강색	감정, 직관, 자신감, 예감	•전통적으로 가격인하 시 판매율이 상승했으므로, 향후에도 그럴 것이라 확신
파랑색	냉철함, 이성적인 판단, 사고과정을 기획하고, 다른 모자들의 사용을 통제	•지금까지 계획적으로 업무를 수행했으므로 발생 가능한 리스크에 대한 분석과 사례조사 등을 통해 우리의 가설을 명확하게 증명

이 핵심이다. 모자를 쓰는 과정을 통해 새로운 관점에서 가설을 재분석하고 기업의 가치증대를 제고한다.

다만 불필요한 논쟁이나 충돌이 일어나는 것을 방지하고, 자신을 너무 내세우거나 상대방을 공격하는 것을 금지한다. 더불어 다양한 관점에서 이슈를 재논의할 수 있는 시간을 제공한다.

5단계 : 전달

도출된 최종결과를 조직끼리 공유하고 실행할 수 있도록 최대한 효과적

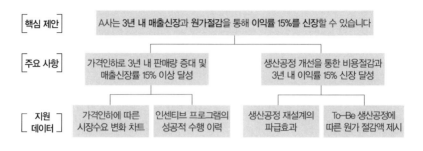

으로 커뮤니케이션하는 과정이다. 지금까지 도출한 문제와 해결방안, 그리고 이를 통해 제공할 수 있는 가치가 아무리 훌륭해도 조직간 커뮤니케이션이 비논리적이거나 내용 연결이 안 되면 누구도 받아들일 수 없다. 따라서 청중의 특성에 따라 말하고자 하는 바를 최대한 간결하고 일목요연하게 전달할 수 있어야 한다. 이 책에서는 바바라 민토의 피라미드 구조를 활용하고자 한다.

핵심 제안에서는 전달하고자 하는 최종 결론을 제시해야 하므로 A사가 도달해야 할 목표인 이익률 15% 상승을 표현한다. 주요 사항은 핵심 제안을 증명할 수 있는 주요 포인트다. A사는 가격인하를 통한 매출신장과 생산공정 프로세스 개선을 통한 원가절감을 내세웠다. 마지막 단계에서는 이를 지지하는 데이터와 사실을 제시한다.

A사는 총 매출규모의 30%인 1,008억 달러의 판매가격 인하를 통해 매출을 달성했다. 원가절감 측면에서는 가치 엔지니어링Value Engineering을 통한 제조부품 원가절감과 구매비용 혁신으로 제조원가의 10%를 절감해 3년간 15%의 수익률을 증가시킴으로써 목표를 달성했다.

이때 주의할 것은 결론이나 해결방안을 서두에 배치하며 전달하고자 하는 메시지는 논리적이고 평이한 용어를 사용하는 것이다. 반복적인 언급 역시 지양하며 정확하게 아이디어를 전달한다. 불필요한 정보는 배제하고 연관 자료만 제시하는 것도 중요하다. 최종 메시지를 전달하는 공식적인 자리 이전에 비공식적인 사전 설명 등을 통해 미리 알려 공식발표 자리에서 초래할 수 있는 충격 등을 사전에 예방한다.

2. 고객 세분화 Customer Segmentation

전략과 마케팅의 실행 효과를 증가시키기 위해 유사한 특성을 지닌 소비자 집단을 구분하는 작업이다. '고객 세분화의 목적 설정·기준변수 설정·세분화 작업 실행·각 집단의 프로파일링'으로 이루어진다. 세분화된 고객의 데이터를 바탕으로 차별화된 마케팅과 CRM 전략을 수립할 수 있다. 또한 로열티 프로그램 기획 및 고객 포트폴리오 관리도 가능하다.

이번에는 신용카드 기업인 B사의 사례를 바탕으로 고객을 세분화하는 과정을 살펴보자. B사는 그동안 매출액을 기준으로 우수고객과 일반고객 등을 일괄적으로 나눠서 관리해 왔다. 하지만 B사는 구체적인 전략을 수립하고 마케팅 효과를 높이기 위해 고객을 행동 중심, 라이프스타일 중심으로 분석할 필요가 있다고 판단했다. 곧바로 고객 세분화에 착수한 B사는 목적 설정, 세분화 기준 설정, 실행, 프로파일링의 4단계로 계획을 세웠다.

1단계 : 고객 세분화의 목적 설정

기업의 내·외부 환경을 바탕으로 수립된 마케팅과 CRM 제도를 전략적으로 리뷰한 뒤, 이를 바탕으로 고객 세분화의 목적을 설정한다. 주로 매출 확대와 브랜드 인지도 상승, 업무효율성 및 로열티 증가 등 전략적 실행력을 위한 목적이 후보가 된다.

기업환경의 분석은 시장동향 및 전망, 경쟁사와 고객의 동향을 기준으로 한다. 자사 전략의 리뷰를 통해 먼저 문제점을 도출하고 개선사항과 시사점을 도출한다. 이때는 모든 전략의 방향이 마케팅과 CRM의 관점에서 검토되어야 한다. 이들을 바탕으로 고객 세분화의 목적을 설정할 수 있다.

고객 세분화를 진행하기 전에 기업전략을 리뷰해야 한다는 필요성이 최근 들어 더욱 주장되고 있다. 기업의 핵심사업이 특정 세대와 소비자층을 겨냥하기 시작하면서 마케팅의 세분화 역시 중요하다는 것을 깨달았기 때문이다. 하지만 기존의 세분화는 단순히 통계자료를 기준으로 했기 때문에 실제 고객들의 성향 파악에 제한이 있었다. 잠재고객을 추출하고 신규고객의 증대, 우수고객 활성화 프로그램 기획 등 성공적인 마케팅 전략을 위해서는 차별화된 고객 세분화가 필요하다.

고객 세분화의 1차 목적은 각 집단에 맞춘 차별화된 전략을 제공해 판매율을 높이고 기업의 수익성을 극대화하는 것이다. 따라서 먼저 기업의 수익성을 중심으로 1차 관리 대상 고객을 구분하고, 고객의 니즈를 중심으로 2차 관리 대상을 정의한다. 그리고 이들의 조건에 최적화된 판매전략을 정의한다.

B사는 고객 세분화의 목적을 수립하기 위해 현재의 문제점들을 도출했다. 우선 성숙산업에 접어든 신용카드 포인트 사업의 경우, 특정 라이프스타일을 갖는 고객을 겨냥한 타깃 마케팅이 중요해지고 있었다. 기존에는 인구통계학적인 정보를 바탕으로 나이, 성별 등으로 고객의 그룹을 결정하는 방식이 사용되었다. 하지만 이는 효과가 매우 낮았다. B사는 고객 세분화의 목적을 캐쉬백 사용률과 적립률을 높이고 수익성을 극대화하는 것으로 설정했다. 세부적으로는 캐쉬백 적립률이 높은 고객(자사수익성) 분석과 보유가맹점 사용량이 높은 고객(고객 관점)을 분석하는 것으로 방향을 설정했다.

2단계 : 세분화의 기준변수 설정

고객 세분화에 가장 적합한 기준변수를 정의하는 과정이다. 우선 목적 이행에 가장 적합한 기준변수 집단을 도출한다. 이후 기준변수를 평가해 최종적인 세분화 변수를 정의한다. 이때 집단별 특성을 파악하기 위한 공통 변수도 함께 정의한다. 기준에 따라 1차 세분화Primary Segmentation를 진행한 뒤 이를 바탕으로 2차 세분화Secondary Segmentation에 들어가는 과정이라 할 수 있다.

1차 세분화는 기업의 이익을 중심에 두고 진행된다. 기업이 어떤 고객에게 관심을 두는 것이 이득인지 따져본 뒤 관리 고객의 수준을 구분한다. 각 고객의 수준에 따라 전략방향과 지표를 도출하는 작업을 실시하는 것으로 마무리 된다. 이때 도출되는 기준변수는 수익성, 충성도, 고객생애가치, 로열티, 매출기여도 등이 대표적이다.

2차 세분화는 고객의 관점에서 이루어진다. 기업이 관심 가져야 할 고객의 니즈와 행동 패턴은 무엇인지 살펴보고, 세분화된 고객에 맞춘 상품(서비스)믹스를 제공한다. 이는 채널 전략을 수립할 때 활용할 수 있다. 2차 세분화에서 도출되는 기준 변수는 고객 가치, 라이프 스테이지, 니즈, 채널, 인구통계학, 지리학, 행동양식, 가격 등이 있다.

기준변수는 일반적으로 2단계까지 도출한다. 예를 들어 수익성이란 기준변수를 정의한 뒤에는 다음 단계로 나가 매출과 비용까지 설정하는 것이다.

참고로 인구통계학적 공통변수는 나이, 성별, 소득수준, 거주지, 직업 등이 있다. 세분화 변수를 평가하는 대표적 기준으로는 목적 적합성과 데이터 획득성이 있으므로 이를 활용하는 것도 좋은 방법이다.

B사의 기준변수 설정

세분화 방식	설명	기준변수 예시
1차 세분화 (기업가치 중심)	• 자사의 이익에 관점을 둠 • 어떤 고객에게 관심을 가져야 하는가? • 관리고객의 레벨을 구분 • 고객 레벨별 전략 방향 및 관리지표 도출작업 시 활용	• 수익성 • 매출 • 이탈률
2차 세분화 (고객가치 중심)	• 고객의 이익에 관점을 둠 • 타깃 고객이 바라는 니즈는 무엇인가? • 타깃 고객의 행동 패턴 및 특징은 무엇인가? • 세분화별 상품믹스와 서비스 전략 제공 및 채널별 매치 전략 수립 시 활용	• 가격 • 라이프 스테이지 • 니즈 • 구매동기 • 인구통계 • 지리적 통계 • 채널 • 구매행동

B사는 고객군을 가장 특징적으로 설명할 수 있는 세분화 변수를 설정했다. 고객을 구분하는 기준변수는 매우 많다. 하지만 고객 세분화 목적에 적합하고 데이터 획득이 가능한 정보를 선택해야 한다. B사는 자사의 이익 관점에서는 수익성, 매출, 이탈률 등을 기준으로 선정했다. 고객의 이익 관점에서는 가격, 구매동기, 구매행동, 채널 등을 변수로 설정했다.

3단계 : 세분화 작업 실행

앞에서 설정한 세분화 변수를 기준으로 군집화 작업을 실행하는 과정이다. 우선 세분화 대상 고객을 정의한 뒤 1·2차 세분화 작업을 실행한다. 대상 고객은 세분화 기준에 따라 데이터 획득이 가능한 고객을 기준으로 이상치outlier를 제외한 유효고객으로 선정한다. 군집화 작업을 시행할 때는 집단별 '고객가치 제안Value Proposition'의 작성이 가능한지도 함께 검토한다. 수익성과 로열티가 높은 집단은 1순위 타깃으로 정의하고 이들에게 프리미엄 서비스를 제공해 충성고객으로 만드는 방안을 구상해야 한다. 반대로 수익

1차 세분화(기준변수 : 공헌이익)

세분화 기준	주요 현황
❶ 고수익 : 5만원 이상	• 총 고객 31만 6,171명(4.5%) • 활동비율 98.6% • 1인당 수신비율 26.6% • 1인당 총판매금액 9,400만 6,000원
❷ 중수익 : ~5만원 미만	• 총고객 34만 5,750명(4.9%) • 활동비율 96.2% • 1인당 수신비율 48% • 1인당 총판매금액 2,435만 6,000원
❸ 저수익 : ~1만 5천원 미만	• 총고객 297만 2,567명(42.1%) • 활동비율 43.9% • 1인당 수신비율 95% • 1인당 총판매금액 217만 1,000원
❹ 무수익 : 0원	• 총고객 85만 37명(12.1%) • 활동비율 22.4% • 1인당 수신비율 95% • 1인당 총판매금액 112만 원
❺ (–)수익 : 0원 미만	• 총고객 356만 8,243명(36.4%) • 활동비율 85.1% • 1인당 수신비율 94% • 1인당 총판매금액 921만 4,000원

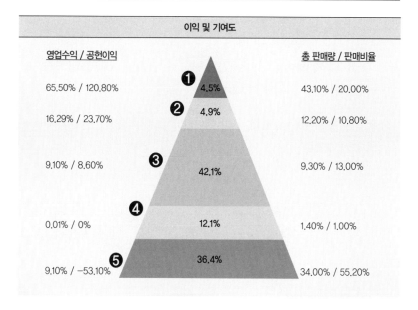

이익 및 기여도

영업수익 / 공헌이익

65.50% / 120.80%
16.29% / 23.70%
9.10% / 8.60%
0.01% / 0%
9.10% / −53.10%

❶ 4.5%
❷ 4.9%
❸ 42.1%
❹ 12.1%
❺ 36.4%

총 판매량 / 판매비율

43.10% / 20.00%
12.20% / 10.80%
9.30% / 13.00%
1.40% / 1.00%
34.00% / 55.20%

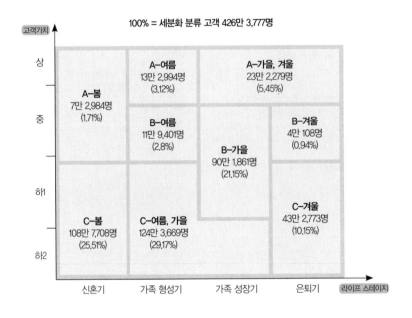

100% = 세분화 분류 고객 426만 3,777명

- 고객가치 (세로축: 상, 중, 하1, 하2)
- 라이프 스테이지 (가로축: 신혼기, 가족 형성기, 가족 성장기, 은퇴기)

A-봄
7만 2,984명
(1.71%)

A-여름
13만 2,994명
(3.12%)

A-가을, 겨울
23만 2,279명
(5.45%)

B-여름
11만 9,401명
(2.8%)

B-가을
90만 1,861명
(21.15%)

B-겨울
4만 108명
(0.94%)

C-봄
108만 7,708명
(25.51%)

C-여름, 가을
124만 3,669명
(29.17%)

C-겨울
43만 2,773명
(10.15%)

성과 로열티가 모두 낮은 집단은 저비용만으로도 대상 고객을 공통적으로 움직일 수 있는 CRM 방안을 구상한다.

B사는 선정된 변수에 따라 고객 세분화를 실행했으며, 1차 세분화를 공헌이익에 따라 세분화해 분석했다. 먼저 수익성을 기준으로 각 고객을 세분화했다. 이를 바탕으로 고객 수, 활동비율, 고객 1인당 수신비율 및 매출액을 분석한다. 공헌이익은 고객별 매출액에서 발생한 직접비용을 차감해 생성했다. 마이너스 수익의 고객군과 무수익 고객군은 기업의 입장에서 주요 마케팅 관리 대상이 된다.

B사의 2차 세분화는 고객가치와 라이프 스테이지에 따라 군집화했다. 그

결과에 따라 고객군집마다 각기 다른 수익성 강화 방안을 세웠다. 고수익 고객의 경우 유지 방안을, 수익성이 낮은 고객군은 수익성을 상승시키기 위한 전략을 구상했다.

4단계 : 세분화 집단 프로파일링

고객의 정보를 종합적으로 활용해 구분된 집단의 특성을 파악하는 과정이다. 전통적인 고객 세분화 방법론의 한계를 탈피하고자, 페르소나 방식을 병합해 프로파일링을 실시한다.

각 집단을 대표하는 가상인물을 설정해 모델링을 한 뒤, 집단별 특성을 도출한다. 이를 바탕으로 각 집단이 추구하는 가치를 추론함으로써 고객의 특성에 맞는 마케팅과 CRM 전략을 세울 수 있다.

B사는 3단계 결과에서 형성된 고객군을 대상으로 체크카드를 사용하는 고객들을 프로파일링했다. 일반적인 데이터 분석 및 고객 세분화의 결과만으로는 고객의 행동과 니즈 파악이 쉽지 않았다. 따라서 고객군에 따라 인구통계학적 사실들을 토대로 샘플을 추출해 페르소나 분석을 실행했다.

필요에 따라 타깃 인터뷰를 진행했으며, 데이터 분석과 결합해 그들의 라이프스타일을 모델링했다. 그 결과 각 집단의 대표 인물을 묘사해낼 수 있었고, 각 집단의 행동 패턴과 그들의 니즈, 그리고 카드를 사용할 때의 지불심리를 파악할 수 있었다. B사는 고객 세분화를 통해 사업전략 수립과 타깃 마케팅 수행이라는 성공적인 피드백을 확보했다. 다음 페이지의 그림을 살펴보자.

그림은 B사가 체크카드를 사용하는 고객을 세분화한 사례다.

우선 각 고객집단을 모델링한다. 고객은 모두 6개의 집단으로 나뉜다.

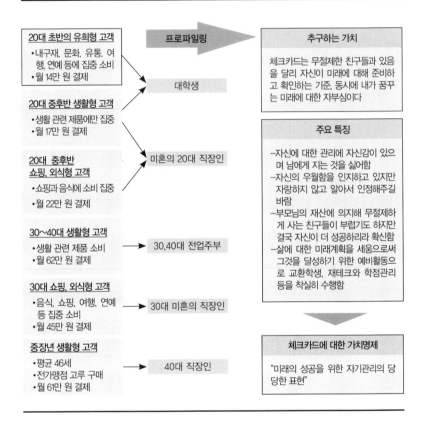

첫 번째 집단은 20대 초반의 '유희형 고객'이다. 이들은 문화, 여행, 엔터테인먼트, 내구재 등의 소비에 집중하는 특성을 지녔다. 월평균 약 14만 원을 결제한다. 주로 대학생이 이들 고객에 포함된다.

두 번째 집단은 20대 중후반의 '생활형 고객'이다. 오직 생활과 관련해 월평균 17만 원의 체크카드를 사용한다. 세 번째 집단은 '쇼핑과 외식형 고객'이다. 이들 역시 20대 중후반 고객으로 쇼핑과 음식값을 지불하는데 체크카드를 이용하고, 매달 22만 원을 결제한다. 이 두 집단은 대학생과 미혼의 여성 직장인이 주요 고객이다.

네 번째 집단은 30~40대의 '생활형 고객'이다. 전업주부들로 구성된 이 집단은 가사를 돌보는 데 주로 체크카드를 이용하며, 월평균 62만 원을 결제한다.

다섯 번째는 30대의 '쇼핑과 외식형 고객'이다. 30대 초반의 미혼 직장인들로 이루어졌으며 음식과 쇼핑, 여행, 엔터테인먼트 등에 집중적으로 체크카드를 사용한다. 월평균 45만 원을 결제한다.

마지막은 40대 직장인으로 이루어진 '중장년 생활형 고객'이다. 평균 46세의 고객들로 전가맹점에서 고르게 체크카드를 사용한다. 월평균 61만 원을 결제하는 것으로 파악됐다.

이들 중 첫 번째 집단을 프로파일링해 보자.

이들이 추구하는 가치는 자금관리에 무절제한 친구들에 비해 자신이 앞서간다는 사실을 확인하는 것이다. 동시에 나만의 자부심을 바탕으로 그들과 다른 미래를 준비한다는 차원에서 체크카드를 사용한다.

주요 특징은 자신에 대한 관리에 자신 있으며 남에게 지는 것을 싫어하는 것이다. 자신의 우월함을 인지하고 있지만 주변에 자랑하는 것은 이미지에 마이너스 요소가 된다는 생각에 주변에서 알아서 인정해주길 바란다. 또한 부모님의 재산에 의지하는 친구들을 부러워하지만 결국엔 자신이 더욱 성공할 것이라 확신한다. 앞에서 이야기했듯 삶에 대한 미래계획을 세우며 이를 달성하기 위한 예비활동으로 학점관리, 교환학생 활동, 재테크 등을 착실히 수행하는 모습을 보인다.

결국 20대 대학생들이 체크카드를 사용하는 이유는 '미래의 성공을 위한 자기관리의 당당한 표현'이란 가치로 정의할 수 있다.

이처럼 고객집단의 모델링은 세분화된 집단별 인구통계학, 니즈, 행동, 채널, 가치 등의 정보를 모두 통합하고 활용해 유사정보를 묶는다. 이들 정보를 바탕으로 특성을 도출한 뒤 해당 집단이 추구하는 가치를 추론한다. 여기에 적합한 전략과 채널을 기획하는 것이 이번 단계의 결과물이라 할 수 있다.

3. 비용분석 Spend Analysis

기업의 총구매비용을 카테고리별로 세분화하여 비용절감의 잠재성이 큰 영역을 발굴해 우선순위대로 실행하는 분석기법. 전략구매 과정의 초반부에 해당한다.

이번에는 대형 통신기업의 자회사로서 출판, 인터넷, 광고사업 등을 진행하는 C사의 사례를 통해 비용분석 과정을 살펴보자. 이 회사는 2000년부터 시장경쟁의 심화로 수익성이 급격하게 떨어지면서 이를 개선하기 위해 총 비용에 대한 분석을 통해 적정성을 검토하고자 했다.

1단계 : 데이터 수집과 통합, 유효성 검증

구매와 관련된 업체와 주문내역, 구매 총비용 등 모든 자료를 데이터베이스 형태로 통합하는 과정이다. 이후 취합된 기준정보와 거래정보 간의 관계를 고려해 데이터를 정비한다. 한마디로 비용분석을 위한 기초자료raw data를 얻는 것이다.

수집된 자료에 대해 데이터 클린징을 하는데, 이때 자료의 유효성에 대한 검증이 이루어진다. ERP 도입 기업의 경우 구매·생산·재고·영업 등 SCM 정보와 회계정보가 통합되어 상대적으로 쉽게 관련정보를 집계할 수 있다. ERP를 도입하지 않은 기업이라도 SCM과 회계정보의 정합성에 대해 검증할 수 있는 기회로 활용이 가능하다.

미국의 대표적 통신기업에 서비스를 제공하는 C사의 경우, 비용분석을 위해 자체 데이터관리의 구조를 먼저 파악해보았다. 필수 데이터로 공급업체 관련 정보와 구매 오더 정보, 구매를 요청한 부서, 실제 구매를 처리한 정

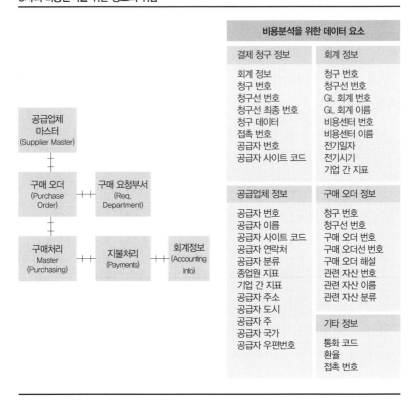

보와 이에 대한 지불처리 정보, 회계에 반영된 정보가 필요했다. 이를 도식화한 것이 위의 그림이다. 모든 정보는 구조적으로 연결되어 있으며, 오른쪽의 세부 관리항목을 통해 다양한 데이터 요소가 존재하는 것을 알 수 있다.

2단계 : 공급업체 정규화

데이터의 유의미한 분석을 위해 정보 공급업체의 마스터 정보와 중복이나 오류가 있는 정보를 바로 잡고 체계를 수립하는 과정이다. 먼저 공급업

	공급업체 이름	공급업체 그룹
☐	FEDEX	FEDERAL EXPRESS
☐	FEDEX SHP 01/02/10 AB#	FEDERAL EXPRESS
☐	FEDEX SHP 01/24/10 AB#	FEDERAL EXPRESS
☐	FEDEX SHP 01/25/10 AB#	FEDERAL EXPRESS
☐	FEDEX SHP 01/30/10 AB#	FEDERAL EXPRESS
☐	FEDEX SHP 02/06/10 AB#	FEDERAL EXPRESS
☐	FEDEX SHP 02/08/10 AB#	FEDERAL EXPRESS
☐	FEDEX SHP 02/11/10 AB#	FEDERAL EXPRESS
☐	FEDEX SHP 02/13/10 AB#	FEDERAL EXPRESS
☐	FEDEX SHP 02/20/10 AB#	FEDERAL EXPRESS

	공급업체 이름	공급업체 그룹
☐	ABM ENGINEERING SERVICES	ABM INDUSTRIES INC
☐	ABM INDUSTRIES	ABM INDUSTRIES INC
☐	ABM JAINTORIAL MIDWEST	ABM INDUSTRIES INC
☐	ABM JAINTORIAL SERVICES	ABM INDUSTRIES INC
☐	ABM JAINTORIAL SERVICES CORP	ABM INDUSTRIES INC
☐	ABM SECURITY SERVICES	ABM INDUSTRIES INC

모기업   **자회사**

- FEDEX
  - FEDEX
  - Federal
  - Federal Express
  - FEDEX EXPRESS
  - FEDEX EXPRESS SHP 01/02/10
  - ...

체의 데이터를 모두 취합한 뒤, 같은 변수 관계에 있는 정보를 취합해 체계를 설정한다. 계층Hierarchy형태로 구성된 공급업체의 정보를 활용해 각각의 변수와 관련한 모든 거래를 비용분석에 반영한다.

일부 기업은 비용분석과 관련해 공급업체의 정규화를 지원하는 소프트웨어 설비를 갖추었지만, 대부분의 기업은 이러한 역량이 약한 것으로 알려져 있다. 이 과정은 비용분석 작업에서 가장 시간이 많이 소요되는 영역으로, 전체 데이터의 분량에 따른 작업시간을 고려해야 한다.

앞 페이지의 표는 C사의 기업의 외상매입금Account payable 시스템에서 공급업체 정보의 중복성을 제거하고 동일한 속성의 기업으로 체계를 구성하는 프로세스다. 한 기업을 여러 명칭으로 호칭할 경우 이를 하나로 묶어주는 작업을 표현한 것으로 왼쪽은 데이터 구성을, 오른쪽은 여러 가지 기업 정보를 계층에 맞게 분류하는 과정을 보여준다.

C사의 경우 공급업체 중 ABM이란 기업과 FEDEX란 기업에 대한 정보가 제대로 관리되고 있지 않음을 알 수 있다. C사의 공급업체에 대한 정보를 분석해보니, 하나의 거래처로 분류되어야 할 FEDEX가 필요할 때마다 여러 가지 형태로 생성되어 관리되고 있다. 이처럼 공급업체를 체계적으로 관리하지 못하면 유의미한 분석이 어렵다. 따라서 오른쪽과 같이 데이터를 체계적으로 정비화하는 작업이 필요하다.

3단계 : 비용의 구체화 및 체계화

기업의 구매 데이터를 카테고리화 시킨 뒤 카테고리에 따라 비용 데이터를 세분화하고 체계적으로 분석하는 과정이다. 이를 위해 먼저 구매내역을 분석해 카테고리 또는 유형을 정하고 해당 카테고리별로 비용실적을 집계한다. 여기에 구매금액의 크기와 기업에 미치는 리스크를 고려해 사분면에 구매 카테고리별 금액을 표기한다. 각 사분면의 환경요인에 따라 차별화된 구매전략을 수립한다. 이때는 표준화된 구매 카테고리를 분류하는 참고자료가 있으므로 확인하는 것이 좋다.

위의 표는 구매금액과 구매 리스크를 기준으로 비용분석을 할 때 중점에 두어야 할 전략을 정리한 것이다. 각 사분면은 기업 핵심전략, 상품

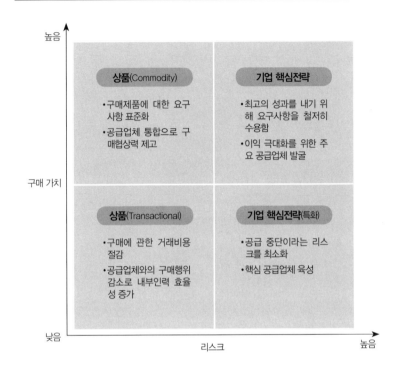

Commodity, 상품Transactional, 기업 핵심전략(특화)으로 구분된다. C사의 경우 인쇄와 출판을 본업으로 하는 기업이므로 1사분면에는 본업에 핵심이 되는 구매품인 인쇄용지 등을 나열한다. 인터넷 출판의 경우에는 IT와 관련된 비용이 포함된다.

2사분면에는 하드웨어와 소프트웨어 등을 배열한다. 이들은 시장에서 상품의 형태로 존재하며 경쟁입찰을 통해 가격이 결정된다.

3사분면에는 사무용품 등의 구매에 들어가는 행위와 노력을 최소화할 수 있는 항목이 포함된다.

마지막으로 4사분면에는 출판 및 인쇄에 필수적인 잉크와 법률 검토 비용 등을 선택한다. 이들은 구매금액이 크지는 않으나 없으면 기업이 큰 위기에 빠질 수 있는 항목이므로 관심을 두고 지켜봐야 한다.

각 사분면의 특성에 맞는 구매전략을 수립한 뒤에는 이에 따라 구매를 진행해야 비용절감의 효과를 확인할 수 있다.

4단계 : 비용절감을 위한 기회영역 발굴

기업의 구매 카테고리별 전략에 따라 비용절감 영역을 집중적으로 발굴하는 과정이다. 구매비용 데이터는 구매카테고리별(대·중·소) 적정 공급업체 수 분석, 구매주문서와 구매계약서의 존재유무 확인, 계약과정의 정책 확인 및 준수 여부 분석, 주요 계약일 분석과 지불조건 분석 등으로 구분한다. 이는 내·외부적 효율성을 통해 추가적인 투자 없이도 비용절감이 가능한 영역이다. 다만 구매 카테고리는 산업의 특성이나 내부의 전략에 따라 다양하게 설정할 수 있으므로 세밀하게 확인해야 한다.

C사의 인쇄, 용지, 마케팅, 설비 등 각각의 구매 카테고리에 따라 구매금액과 공급업체를 그래프로 표현해보니 의외로 설비와 비용과 관련해 접촉하는 공급업체가 많다는 사실을 확인했다. 이 그래프를 바탕으로 공급업체 수의 적정성을 검토하고 업체의 수를 줄임으로써 회사 내부적으로도 인건비 절감이라는 효과를 거둘 수 있다. 특히 마케팅의 경우 지출금액 대비 무려 517개의 공급업체와 접점이 있다는 것도 매우 비효율적인 구매행태이므로 개선의 여지가 필요하다.

C사는 그래프를 더 발전시켜 공급업체 중 공식적인 계약에 의해 구매한

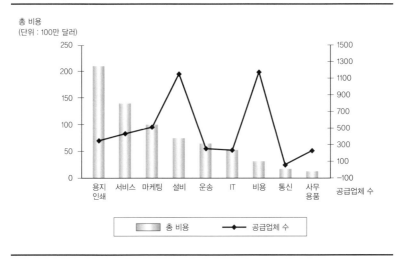

총 비용
(단위 : 100만 달러)

범례:
- 총 비용
- 공급업체 수

금액과 그렇지 않은 금액의 비율을 비교해봤다. 그 결과 14%나 계약서 없이 거래했으며 비용도 매우 높은 것으로 나타났다. 이어서 현업부서에서 구매요청을 하고 승인절차를 거친 구매와 그렇지 않은 경우를 비교해보니 역시 놀라운 결과가 나왔다. 공식적인 구매승인 절차 없이 구매한 금액은 전체 구매비용의 26%를 차지했다.

5단계 : 우선순위 추천

비용절감 영역 선정결과에 따라 실행을 위한 우선순위를 결정하는 과정이다. 4단계의 결과에 따라 구매비용 절감 금액과 실행에 대한 난이도를 고려해 로드맵을 작성한다. 이후 기업의 상황에 따라 단계별로 실행한다.

이때는 구매비용에 대한 계량적인 분석보다 실제로 비용절감을 실행할 때의 정성적인 요인을 더욱 고려하는 것이 좋다. 특히 인건비나 종업원 복

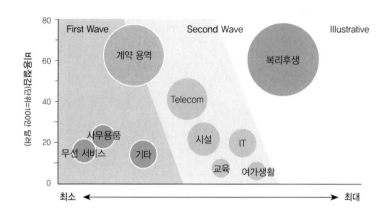

지비용의 경우 비용절감의 규모가 매우 크고 가능성이 높음에도 많은 기업들이 우선순위로 보지 않는 경향이 있다. 이는 인건비 절감에 대한 조직의 수용도가 낮고 기타 간접적인 비용(파업으로 인한 조업 영향 등)이 크기 때문인 것으로 분석된다.

이 그래프는 기업의 비용절감의 기회를 나타낸 것이다. 비용절감 가능 금액과 비용절감 영역을 분석해 가장 효과적인 기회를 발견할 수 있다. 이후 비용절감 실행의 난이도를 고려해 로드맵을 작성할 수 있다.

구매비용 절감 잠재성과 난이도에 따라 구매 카테고리(용지, 통신, IT 등)를 매핑해보면 위와 같이 구분되며 1~3단계로 진행된다. 복리후생비는 금액은 크지만 조직저항이 큰 영역이므로 3단계에서 진행한다. 이를 통해 기업의 구조조정 등 특단의 경우에만 실행하는 것으로 우선순위를 선정했음을 알 수 있다.

C사는 총 비용의 5%인 약 350억 달러의 구매원가 절감을 달성했다. 이후 설계된 비용분석 툴을 통해 원가절감의 기회를 지속적으로 모니터링하며, 추가 달성을 목표로 하고 있다.

4. 가치동인 트리 Value Driver Tree

기업의 재무적 성과를 트리 구조로 설계함으로써 현황과 성과를 한눈에 파악하고 문제의 핵심영역을 빠르게 찾기 위한 방법이다. 이익증대와 비용 절감, 기업의 재무상황, 집중 관리영역 도출 등 기업의 전반적인 정보를 도출하는 것이 가능하다. 또한 문제를 개선한 후에도 재무적 효과를 쉽게 측정할 수 있다.

빌딩관리 기업인 D사의 사례를 바탕으로 이익을 증가시키기 위해 성과개선을 위한 핵심동인을 분석하는 과정을 확인해보자. 이 기업은 2008년까지 연평균 10%라는 안정적 수익창출을 이루고 있었다. 하지만 관계사 매출의 비중이 매우 큰데다 그마저도 점차 증가해 원가개선과 외부시장의 확대를 통한 이익 증대가 시급했다. 그리하여 성과개선을 위한 핵심동인을 분석하기로 했다. D사의 경우 원가효율화를 위해서는 계약방식을 인당제에서 평당제로 전환해야 할 필요가 있었다. 또한 수의계약 방식으로 이루어지는 발주는 통제가 어려워 원가효율에 문제가 있기에 경쟁입찰 방식으로 수정하는 것이 유리했다.

1단계 : 계정 분개를 통한 VDT 도출

전체 사업의 재무적 성과와 현황을 파악하기 위해 각 사업마다 계정을 구성하고 인과관계를 트리 형태로 설계하는 과정이다.

매출이익을 구성하는 하부 손익계정(매출 및 매출원가)을 사업별로 구분해 트리 형태로 설계한다. 다음으로 분개한 계정별 금액과 비중을 계산해 기입하면 된다. 매출과 매출원가의 분개는 최하위의 관리항목까지 포함

D사의 하부 손익계정 파악

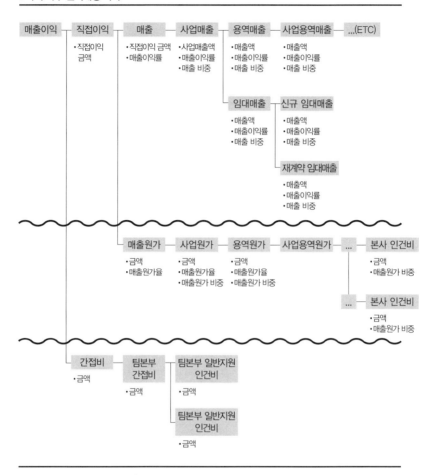

한다.

계정별로 금액과 비중을 계산하는 이유는 어느 한 계정에 변화가 발생할 때 각각의 유관계정 및 전체이익에 재무적으로 얼마나 영향을 미치는지 손쉽게 파악하기 위한 것이다.

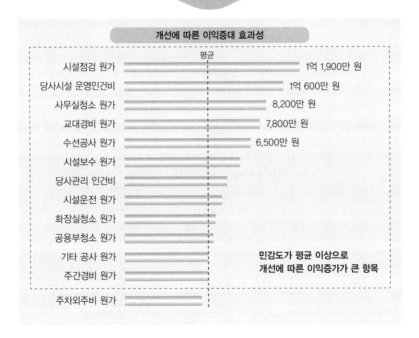

대상항목	구성인자(물량×단가)	
최하위 레벨(레벨 6)의 38개 항목	인자1	인자2
당사관리 인건비	= 면적 ×	면적당 당사관리 인건비
당사관리 경비	= 면적 ×	면적당 당사관리 경비
외주임대 수수료	= 면적 ×	면적당 외주임대 수수료
⋮	⋮	
주차설비 월정원가	= 면적 ×	주차장 주차설비 월정원가
기계경비 월정원가	= 면적 ×	설치개수당 기계경비 원가
기타 월정원가	= 면적 ×	면적당 기타 월정원가

인자 변화에 따른 원가절감 및
매출이익 증가 비교

개선에 따른 이익증대 효과성

평균

항목	금액
시설점검 원가	1억 1,900만 원
당사시설 운영인건비	1억 600만 원
사무실청소 원가	8,200만 원
교대경비 원가	7,800만 원
수선공사 원가	6,500만 원
시설보수 원가	
당사관리 인건비	
시설운전 원가	
화장실청소 원가	
공용부청소 원가	
기타 공사 원가	
주간경비 원가	
주차외주비 원가	

**민감도가 평균 이상으로
개선에 따른 이익증가가 큰 항목**

E사의 경우 VDT 설계는 손익을 구성하는 하부 손익계정의 파악에서 시작된다. 프로젝트에서 매출계정은 관리항목까지, 원가계정은 건물관리 프로세스 단위까지 분류되었다. 분석은 각 VDT 계정의 매출비중, 매출원가비중 및 매출이익률, 매출원가율까지 산출돼 이루어졌다.

2단계 : 민감도 분석

기업의 이익창출에 영향력이 큰 계정을 골라내 집중적으로 관리하기 위해 계정별로 민감도를 분석하는 과정이다. 우선 각각의 계정을 구성하는 인자를 도출한 뒤 정의를 내린다. 다음으로 구성인자의 단위 변화에 다른 원가절감액 및 매출이익 증가액을 비교해 평균 민감도 이상인 계정을 추출한다. 이들을 금액이 높은 순서로 분류하면 된다.

민감도 분석 대상은 최하위 레벨의 계정이다. 계정을 구성하는 인자는 해당 계정을 결정짓는 핵심 구성요소다. 예를 들어 기계경비 월정원가는 설치개수×설치개수 당 기계경비 원가로 정의할 수 있다.

민감도 측정 시 인자 변화의 단위는 현실적으로 통제 가능한 인자를 1단위만큼 올리거나 내렸을 때의 이익 변화의 규모와 같다. 예를 들어 하나의 물량을 줄였을 때, 단가를 5% 줄였을 때의 이익 변화의 규모를 측정하는 것이다. 다만 통제 불가능한 인자가 존재할 경우에는 특성에 따라 두 개의 인자 중 하나만 의미를 갖는 경우도 있으므로 확인이 필요하다.

이 과정을 통해 계정항목 개선으로 증대되는 이익규모와 최하단 계정의 단위원가에 대한 매출이익의 민감도를 도출할 수 있다.

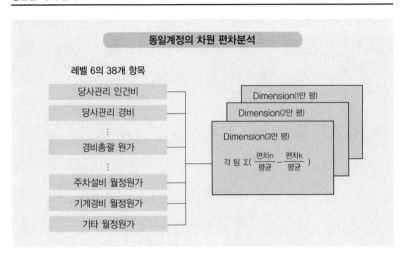

동일계정의 차원 편차분석

레벨 6의 38개 항목

당사관리 인건비
당사관리 경비
⋮
경비총괄 원가
⋮
주차설비 월정원가
기계경비 월정원가
기타 월정원가

Dimension(1만 평)
Dimension(2만 평)
Dimension(3만 평)

각 팀 $\Sigma(\dfrac{\text{편차n}}{\text{평균}} - \dfrac{\text{편차k}}{\text{평균}})$

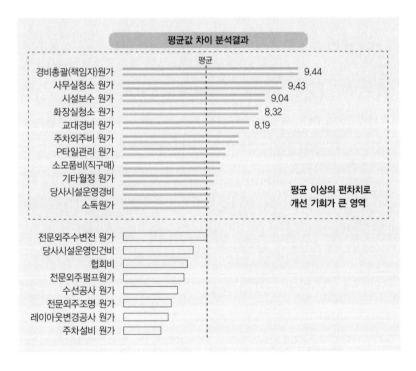

평균값 차이 분석결과

평균

경비총괄(책임자)원가 ————————————— 9.44
사무실청소 원가 ————————————— 9.43
시설보수 원가 ———————————— 9.04
화장실청소 원가 ——————————— 8.32
교대경비 원가 ——————————— 8.19
주차외주비 원가
P타일관리 원가
소모품비(직구매)
기타월정 원가
당사시설운영경비
소독원가

**평균 이상의 편차치로
개선 기회가 큰 영역**

전문외주수변전 원가
당사시설운영인건비
협회비
전문외주펌프원가
수선공사 원가
전문외주조명 원가
레이아웃변경공사 원가
주차설비 원가

3단계 : 평균값 차이 분석

집중적으로 관리해야 할 계정 중 비효율이 큰 영역을 파악해 우선 개선 영역으로 설정하는 과정이다.

먼저 금액의 규모를 구분한 뒤 동일계정의 규모별 편차를 분석한다. 다음으로 전체 편차와 평균을 분석한다. 이들 중 평균 이상의 편차를 가진 비효율 계정을 분류한다. 이때 금액의 규모는 사업의 특성을 고려해 선정한다. 개선기회에 대해서는 계정항목별로 사업장 간의 차이를 분석해 평균 초과분을 개선기회로 간주한다. 그래야 개선 이후 발생하는 이익을 가늠할 수 있다. 참고로 이 단계에서는 비효율 영역과 개선대상의 편차가 0보다 커야 한다는 사실을 염두에 두고 실행해야 한다.

4단계 : 핵심가치 동인Key Value Driver 도출

이익에 대한 민감도가 높고 편차가 큰 영역을 이익개선의 핵심가치 동인으로 설정한다. 민감도 분석과 평균값 차이 분석을 기준으로 구분한다. 이들의 분석 결과를 사분면 매트릭스에 옮겨 표현한 뒤, 민감도가 높고 편차가 큰 영역을 이익개선의 핵심영역으로 선정한다. 핵심가치 동인을 나누는 기준은 사업의 특성이나 내부의 전략적 중요도에 따라 다양하게 설정할 수 있다.

E사는 민감도 분석과 평균값의 차이를 분석한 결과의 조합, 그리고 개선규모를 감안하여 개선기회가 있는 영역을 매트릭스 분석(행과 열로 배열해 놓은 자료를 행과 열의 의미를 가지고 분석하는 것)을 통해 선정했다. VDT 설계에 있어 분석대상 사업장은 매출의 90% 가량을 차지하는 매출 상위 52개 사업장이었는데, 이는 분석 수행의 효율과 신뢰도 측면에서 분석대상을 적당히 한정시킨 것이다.

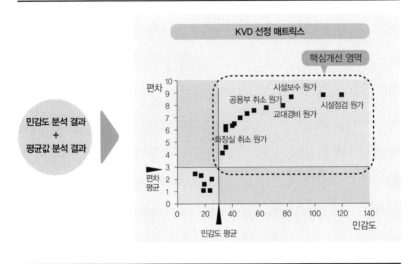

5단계 : 핵심성과 지표Key Performance Indicator 개선

핵심관리 및 개선영역에 대해 이익을 극대화시킬 수 있도록 성과관리 지표를 새롭게 개선하는 과정이다. 우선 핵심가치 동인을 관리하는 KPI를 신설한 뒤, 임원 및 조직별로 KPI를 배분한다. 다음으로 각각의 KPI의 산식과 측정주기, 가중치 등을 정의한다.

가중치 설정은 공감대 형성을 위해 임직원의 직접적인 참여 아래 결정되는 것이 중요하다. 또한 과정 지표와 결과 지표의 균형 있는 배치가 필요하다. KPI는 한 번 설정했다고 마무리되는 것이 아니라 지속적으로 수정과 보완이 필수적이므로 각별히 주의해야 한다.

KPI 개선

As-Is KPI

분류	핵심지표
핵심	매출이익
	매출이익율
영업	외부시장이익률
	고객만족도
효율	평당제확대
	BIMS확대
	시설관리외주화율
	시설인당관리면적
	건무리관리원가율
	인당이익
	중대재해발생건수

To-Be KPI

분류	비율	담당	팀	관리소장
재무	70%	매출이익	매출이익	매출이익
		재계약 상승률	재계약 상승률	면적당 시설점검 원가
		PM매출액	외부수주 금액	면적당 시설운전 원가
		FM원가율	내부수주 금액	면적당 사무실청소 원가
		신규수주 금액	시설원가율	포스트당 교대경비 원가
			미화원가율	면적당 시설보수 원가
			경비원가율	면적당 화장실청소 원가
				면적당 공용부청소 원가
고객	20%	고객만족도	RevPAS	악성 클레임 건수
			악성 클레임 건수	
혁신	10%	경쟁입찰 외주발주율	경쟁입찰 외주발주율	평균시설 비정상가동 건수
		간접비 비율	평균시설 비정상가동 건수	

신설

분류	전략	전략목표	KPI	산식	정의	단위	주기
혁신	사업구조 고도화	신관리체계 도입 극대화	경쟁입찰 외주 발주율	경쟁입찰 외주 (전체 외주 관련계약) 발주 수	외주 발주 시 경쟁입찰을 통해 발주한 비율	%	반기
	품질/효율 경영	품질강화	평균시설 비정상 가동 건수	-BIMs에서 파악된 시설의 정상가동 건수 -BIMs 적용사업장 수	평균시설 정상가동률을 높임으로써 품질강화 추구	건	월

분석의 힘은 강하다!

빌 게이츠는 "움직인 만큼 귀중한 정보가 들어오고 성공확률도 높아진다"고 말했다. 실제로 성공한 기업이나 CEO를 보면 스스로 움직여 생생한 정보를 잡고 다음에 취할 행동과 계획을 결정했음을 알 수 있다. 가치 있는 정보를 남보다 일찍 얻기 위한 그들의 집념과 열의는 결코 평범한 것이 아니다.

지금 기업의 정보들이 쌓이다 못해 폭풍처럼 밀려오고 있다. 이들은 과거의 단순했던 숫자와 문자의 조합을 넘어 사진이나 그림, 동영상과 같은 복잡한 구조를 가진 빅 데이터의 모습을 갖췄다. 지금껏 급변하는 시장과 소비자의 요구를 먼저 차지하기 위해 데이터 분석에 막대한 투자를 단행해온 기업들은 이제 생존을 위해 빅 데이터를 분석해야 할 상황에 놓인 것이다.

여기서 우리는 그동안 다양한 기업의 컨설팅을 진행하면서 확인한 '분석'의 역할을 국내 기업에 알려야 할 순간이 찾아왔음을 직감했다. 분석이 가진 힘은 경쟁우위 확보는 물론, 데이터를 하나의 큰 자산으로 취급하고 이를 성과로 연결시킬 수 있을 정도로 강했다. 《분석의 힘》에 등장한 다양한 기업 사례와 통찰력은 오랜 시간 현장에서 활동하며 얻은 소중한 깨달음이다. 또 어떤 새로운 분석이 기업의 미래를 변화시킬지 기대해보며 이 책이 나오기까지 큰 도움과 조언을 아끼지 않으신 많은 분들께 감사의 마음을 전한다.

현장에서 혁신을 이끌며 이 책의 고민을 구체화하는 계기를 만들어주신 삼성전자의 박경정 전무님, 김홍기 상무님, 김인철 상무님, 삼성카드의 박종윤 전무님과 부족한 글을 읽고 기꺼이 추천의 글을 적어주신 서울대학교 경영학과 안태식 교수님, LG화학 한민기 상무님, 미래에셋생명의 백성식 상무님께 진심으로 감사드린다.

또한 현장의 따끈따끈한 교훈을 정리해준 전범수 이사, 조은기 이사, 김은섭 이사, 최성연 이사와 김종수 선생, 날카로운 통찰력으로 이 책에 단초를 제공하고 초심을 잃지 않고 마무리해준 황민상 이사, 한광희 이사, 박동규 이사에게도 고마움을 전한다. 후선에서 지원을 아끼지 않은 강창호 상무, 김이식 상무, 김재환 상무, 김재인 이사, 임상표 이사와 처음부터 끝까지 편집을 함께한 진영수 선생, 김형중 선생, 최희정 선생, 박형준 선생, 강정헌 선생, 류창성 선생, 고용출 선생, 양영훈 선생, 김호동 선생의 노고에 박수를 보낸다. 더불어 솔루션의 각도에서 책을 바라보도록 협업의 기회를 주신 한국오라클의 권혁준 전무님, 박광진 상무님께도 감사드린다.

마지막으로 지도 편달해주신 안경태 회장님, 장경준 대표님, 김의형 대표님, 유희찬 본부장님께 깊은 감사를 드린다. 부족한 글이지만 많은 기업이, 많은 독자들이 이 책을 통해 분석역량을 한껏 높여서 빅 데이터 시대를 해쳐나갈 소프트 경쟁력을 갖추길 바란다.

삼일PwC컨설팅 기업 인텔리전스 그룹 일동

분석의 힘

발행일	2011년 10월 17일 초판 1쇄
	2014년 8월 20일 초판 6쇄
지은이	유태준, 한광희
발행인	허정도
발행처	주식회사 교보문고

출판등록	제406-2008-000090호(2008년 12월 05일)
주소	경기도 파주시 광인사길 212
전화	대표전화 1544-1900
	도서주문 02-3156-3681
	팩스주문 0502-987-5725

종이	㈜타라유통
인쇄	㈜현문

ISBN	978-89-97235-07-0 03320
값	15,000원